汽车使用性能与检测

（第2版）

主　编　王忠良　樊　啸
副主编　孙　明

北京理工大学出版社
BEIJING INSTITUTE OF TECHNOLOGY PRESS

内 容 提 要

本书是根据教育部中等职业学校专业教学标准基本要求，并参照相关行业技能鉴定规范及中级技术工人等级考核标准编写的。

本书内容包括汽车动力性及检测、汽车燃料经济性及检测、汽车制动性及检测、汽车操纵稳定性及检测、汽车舒适性及检测、汽车通过性、汽车前照灯检测、汽车车速表检测、汽车排气污染物检测、汽车噪声检测、汽车的合理使用，共11个项目。

本书可作为中等职业学校汽车运用与维修专业教材，也可作为相关岗位培训或自学用书，同时可供汽车检测与维修技术人员学习和参考。

图书在版编目（CIP）数据

汽车使用性能与检测 / 王忠良，樊啸主编. —2版. —北京：北京理工大学出版社，2019.10

ISBN 978-7-5682-7750-1

Ⅰ.①汽… Ⅱ.①王… ②樊… Ⅲ.①汽车-性能检测-职业教育-教材 Ⅳ.①U472.9

中国版本图书馆CIP数据核字（2019）第239579号

出版发行／北京理工大学出版社有限责任公司
社　　址／北京市海淀区中关村南大街5号
邮　　编／100081
电　　话／（010）68914775（总编室）
（010）82562903（教材售后服务热线）
（010）68948351（其他图书服务热线）
网　　址／http://www.bitpress.com.cn
经　　销／全国各地新华书店
印　　刷／定州市新华印刷有限公司
开　　本／787毫米 × 1092毫米 1/16
印　　张／14
字　　数／313千字
版　　次／2019年10月第2版 2019年10月第1次印刷
定　　价／35.00元

责任编辑／张荣君
文案编辑／张荣君
责任校对／周瑞红
责任印制／边心超

北京理工大学出版社中等职业教育交通运输类系列教材

专家委员会

梁家生：广西理工职业技术学校
林美云：福州第一技师学院
陆炳仁：鞍山交通运输学校
吕丽平：北京交通运输职业学院
马海英：黄河交通学院
马书红：抚顺市第二中等职业技术专业学校
马玉光：辽阳技师学院
孟范辉：张家口机械工业学校
曲晓绪：长春职业技术学校
任家林：集安市职业教育中心
孙　璐：鞍山交通运输学校
孙洪雁：长春职业技术学校
汪洪青：长春职业技术学校
王　影：沈阳市金杯职业技术学院
王怡南：北京交通运输职业学院
王远明：东莞市汽车技术学校
魏祥武：辽宁省交通高等专科学校
吴　刚：辽宁职业技术学院
吴复宇：北京交通运输职业学院
武　丹：沈阳市汽车工程学校
向忠国：武汉市交通学校
肖景远：辽阳技师学院
肖良师：长沙汽车工业学校
徐天元：长春职业技术学校
杨军身：营口农业工程学校
杨璐铨：天津劳动经济学校
姚　飞：沈阳市汽车工程学校
于立辉：长春市机械工业学校
袁　亮：郴州工业交通学校
张生强：武汉市交通学校
张生强：武汉市交通学校
赵金鹏：沈阳市汽车工程学校
赵珊娜：鞍山交通运输学校
赵志明：长春市机械工业学校
郑　毅：北京交通运输职业学院
周广春：武汉市交通学校
王少华：天津职业技术师范大学
周立红：抚顺市第二中等职业技术专业学校
周鹏程：武汉市第一职业教育中心
朱胜平：武汉市交通学校

前　言

随着汽车工业的迅猛发展，大量新知识、新技术不断涌现，并被迅速推广和应用。汽车技术的这一变化，必然引起汽车运用领域的相关产业和相关技术的根本性变革。了解汽车使用性能，正确合理使用汽车，以及正确选择汽车检测方法等已经变得越来越迫切。同时，企业对汽车运用与维修专业人才的专业素质、操作水平等也提出了更高的要求。长期以来，我国的中等职业教育教材过分看重专业知识，没有突出对学生职业岗位能力的培养，而目前中职学生文化基础薄弱，使教学难度增大，不易取得良好的培养效果，与企业的实际需要没有很好地接轨。

“汽车使用性能与检测”是中职汽车运用与维修专业中的一门主干课程，本课程在“汽车发动机构造与维修”“汽车底盘构造与维修”“汽车电气设备构造与维修”“电控发动机维修”等课程的基础上，以培养学生职业能力为目标，以汽车使用性能与检测为主要内容，采用基于工作过程的课程方案设计，以行动导向组织教学过程。本书编写时力求贴近专业实际需求，体现专业特点，强调专业岗位的实用性，侧重专业技能的培养和训练，并根据汽车类专业所需的最基本内容，在传统教材的基础上进行改革创新，使教材的版面更加生动活泼，便于中职学生更好地理解和接受，适应汽车行业对技能型人才的培养要求。本书具有以下特点：

1.采用了项目、工作任务的形式编写。以汽车维修企业、汽车检测站实际工作项目为依据设计，通过任务目标、任务引入、相关知识、任务实施、习题与思考等模块设置，使学生能够对汽车的综合性能及维修质量进行检验，同时注重培养学生的社会适应能力。

2.体现了职业教育的特点。注重知识的前沿性和全面性，内容的实用性和实践性，能力形成的渐进性和系统性。

3.反映了汽车工业的新知识、新技术、新工艺和新标准，同时注意新设备、新材料和新方法的介绍，其工艺过程尽可能与当前生产情景一致。

4.体现了汽车专业中级工应知应会的知识技能要求，突出了技能训练和学习能力的培养，符合专业培养目标和职业能力的基本要求，取材合理，难易程度适中，切合中职学生的实际水平。

5.文字简洁，通俗易懂，以图代文，图文并茂，形象直观，形式生动，容易培养学生的学习兴趣，有利于提高学习效果。

本书由沈阳市汽车工程学校王忠良、樊啸任主编，沈阳市汽车工程学校孙明任副主编。本书在编写过程中，得到了辽宁交通高等专科学校、沈阳汽车综合性能检测中心的大力支持，在此表示感谢。

由于编者水平有限，编写时间仓促，书中难免有不当之处，敬请使用本教材的师生和读者批评指正。

编　者

目 录

Contents

项目一　汽车动力性及检测…………………………………………………………… 1

项目二　汽车燃料经济性及检测………………………………………………………… 32

项目三　汽车制动性及检测……………………………………………………………… 48

项目四　汽车操纵稳定性及检测………………………………………………………… 74

项目五　汽车舒适性及检测……………………………………………………………… 113

项目六　汽车通过性……………………………………………………………………… 125

项目七　汽车前照灯检测………………………………………………………………… 130

项目八　汽车车速表检测………………………………………………………………… 146

项目九　汽车排气污染物检测…………………………………………………………… 154

项目十　汽车噪声检测…………………………………………………………………… 187

项目十一　汽车的合理使用……………………………………………………………… 200

参考文献………………………………………………………………………………… 213

项目一　汽车动力性及检测

任务目标

1. 了解汽车动力性评价指标及汽车动力性理论分析。
2. 知道汽车检测站的基本知识。
3. 可叙述底盘测功台的结构与工作原理。
4. 会用底盘测功台检测汽车底盘输出功率。
5. 可根据底盘测功的检测结果，对汽车的动力性能做出评价，并提出维修建议。
6. 培养良好的安全与卫生习惯和团结协作意识。

任务引入

汽车动力性决定了汽车在行驶中能达到的最高车速、最大加速能力和最大爬坡能力，是汽车各种性能中最基本、最重要的一项性能，它直接影响汽车的平均技术速度。随着我国高等级公路里程的增长、公路路况与汽车性能的改善，汽车的行驶车速越来越快。汽车行驶的平均速度越快，汽车的运输生产率就越高。但在用汽车随着使用时间的延长，其动力性会逐渐下降，如不能达到高速行驶的要求，将会降低汽车应有的运输效率及公路应有的通行能力，甚至会成为交通事故、交通堵塞发生的潜在因素。因此，对在用汽车动力性的检测越来越受到人们的普遍重视。

在室内检测在用汽车动力性时，一般采用驱动车轮输出功率或驱动力作为诊断参数，这须在底盘测功台上进行。驱动车轮输出功率的检测，即通常所说的底盘测功。底盘测功的目的：一是获得驱动车轮的输出功率或驱动力，以便评价汽车的动力性；二是用获得的驱动车轮输出功率与发动机飞轮输出功率进行对比，求出传动效率，以便判定底盘传动系的技术状况。

相关知识

一、汽车动力性评价指标及汽车动力性理论分析

1. 汽车动力性评价指标

汽车动力性是指汽车在良好、平直的路面上行驶时，汽车由所受到的纵向外力决定的、所能达到的平均行驶速度。

汽车动力性直接影响汽车平均行驶速度。动力性越好，汽车以最快的运输速度完成运输工作的能力越高。因此，动力性是汽车的重要使用性能之一。

汽车动力性通常以汽车加速性、最高车速及最大爬坡度等项目作为评价指标。动力性代表了汽车行驶可发挥的极限能力。在评价汽车动力性时，由于汽车用途和使用条件的不同，对其要求也不一样。如经常在公路干线上行驶的汽车，起主要作用的是汽车最大速度，而加速性的要求居于次位。而市内行驶的汽车正好相反，由于城市内交通繁忙，汽车在行驶中需要经常制动、停车和起步。汽车加速性能便成为评价这类汽车动力性的主要指标。

（1）汽车加速性

汽车加速性表示汽车的加速能力，通常用汽车加速时间或加速距离表述。它对汽车平均行驶速度影响很大。

1）加速时间。加速时间可分为原地起步加速时间和超车加速时间。

原地起步加速时间，是指汽车由 1 挡或 2 挡起步，以最大的加速强度，选择恰当的换挡时间，逐步换挡至最高挡位，达到预定距离或车速所需要的时间。一般可用从汽车静止加速行驶到 400 m 距离或者升至 100 km/h 的速度所需的时间表示汽车原地起步的加速能力。

超车加速时间，是指汽车用最高挡或次高挡由预定的车速，以最大加速强度，加速到某规定车速所需的时间。超车加速能力强，表明汽车超车过程中并行时间短，与对向交通流发生碰撞事故的概率低。超车加速能力通常采用以最高挡或次高挡从 30 km/h 或 40 km/h全力加速至某预定高速所需的时间表示。

2）加速距离。加速距离可分为原地起步加速距离和超车加速距离。

原地起步加速距离，是指汽车由 1 挡或 2 挡起步，以最大的加速强度，选择恰当的换挡时间，逐步换挡至最高挡位，达到预定车速所经过的路程。可用从汽车静止加速行驶至 100 km/h的速度所经过的路程表示汽车原地起步的加速能力。

超车加速距离，是指汽车用最高挡或次高挡由预定的车速，以最大加速强度，加速到某规定车速所经过的路程。

为了使汽车安全地从有坡度的匝道驶入高速公路，也有以汽车在规定的坡道（6%）上达到规定车速所经过的加速时间来表示汽车加速性能的。

（2）最高车速

最高车速，是指汽车在平直的良好道路（混凝土或柏油）上行驶时所能达到的平均最高行驶车速。

（3）汽车上坡能力

汽车上坡能力用最大爬坡度 i_{max} 表示。最大爬坡度，是指汽车满载时，以 1 挡在良好路面所能爬上的坡度。它是载货汽车动力性的评价指标，代表了汽车的极限爬坡能力。载货汽车经常在各种不同道路行驶，必须要求有足够的爬坡能力。载货汽车的最大爬坡度一般为 16°左右。越野汽车有时需要在恶劣的道路或无路条件下行驶，需要克服松软坡道路面的较大阻力以及凹凸不平路面的局部大阻力。轿车的动力性较载货汽车好，爬坡能力强，且主要在良好路面行驶，一般不强调其爬坡能力。

2. 汽车的行驶原理

（1）汽车驱动力

汽车驱动力 F_t 是发动机曲轴输出转矩经离合器、变速器（包括分动器）、传动轴、主减速器、差速器、半轴传递至车轮作用于路面的力，如图 1-1 所示。

图 1-1　汽车驱动力

（2）汽车行驶阻力

汽车行驶阻力＝滚动阻力＋空气阻力＋坡道阻力＋加速阻力

1）滚动阻力。滚动阻力是指当车轮在路面上滚动时，两者之间的相互作用力以及相应的轮胎和支撑面变形所产生的能量损失的总称。它包括：道路塑性变形损失；轮胎弹性迟滞损失；其他如轴承、油封损失，悬架零件间摩擦和减振器内损失等。当汽车在松软路面上行驶时，滚动阻力主要是由路面沉陷变形引起的；当汽车在硬路面上行驶时，滚动阻力则主要是由轮胎变形引起的。

影响滚动阻力的因素如下：

①轮胎的结构、帘线、花纹及橡胶品种。在保证轮胎有足够的强度和寿命的前提下，减少帘线层数，可以使胎体减薄而减小滚动阻力。子午线轮胎，因帘线层数少，所以其滚动阻力较一般轮胎的滚动阻力小，而且随车速的变化小。胎面花纹越粗，滚动阻力越大。为了减少滚动阻力，F1 比赛通常采用无花纹或花纹很少的轮胎，下雨天才采用有花纹的轮胎。

②轮胎气压。轮胎气压降低时，在硬路面上轮胎变形大，因此滚动阻力增大；轮胎气压过高，汽车在软路面上行驶时，路面产生很大塑性变形，将留下轮辙，同样使滚动阻力增大。

③路面的种类和状况。坚硬、平整而干燥的路面，滚动阻力最小。路面不平，滚动阻力将成倍增长。这是因为路面不平会引起轮胎和悬架机构的附加变形及减振器内产生的阻力成倍地消耗能量。松软路面由于塑性变形很大，同样会使滚动阻力增加很多。

④行车速度。车速在 100 km/h 以下时，滚动阻力系数变化不大；在 100 km/h 以上时，滚动阻力增长较快。车速达到某一高速时，如 150～200 km/h，滚动阻力将迅速增长，因

为这时轮胎将产生驻波现象，即轮胎周缘不再是圆形而呈明显的波浪状。出现驻波后，滚动阻力显著增加。而且轮胎的温度也很快升高，胎面与轮胎帘线层会发生脱落，出现爆胎现象。这对高速行驶的车辆很危险。

驱动轮的驱动力大于从动轮的滚动阻力。驱动力越大，滚动阻力也越大。这是因为在驱动力矩作用下，胎面与接触地面存在一定的滑动，增加能量损耗。另外，汽车转弯行驶时，轮胎会发生侧偏现象，滚动阻力同时增加。

2）空气阻力。汽车在空气介质中行驶时，受到的空气作用力在行驶方向上的分力称为空气阻力。空气阻力包括摩擦阻力和压力阻力两大部分。

①摩擦阻力。摩擦阻力是空气在车身表面产生的切向力的合力在行驶方向的分力。当气流流过车身时，因黏性的作用，空气微团与车身表面发生摩擦，从而阻碍了气体的流动。摩擦阻力与车身表面粗糙度及表面积有关。

②压力阻力。压力阻力是作用在汽车外形表面上的法向压力的合力在行驶方向上的分力。它包括以下 4 部分：

a. 形状阻力。汽车行驶中，空气流经车身时，汽车前方的空气被相对压缩，于是压力升高，而车身尾部和圆角处空气压力较低，形成涡流，引起负压。由于汽车前后部压力差所引起的阻力，称为形状阻力。形状阻力大小与车身主体形状有很大关系，例如车头、车尾的形状及挡风玻璃的倾角等。

b. 干扰阻力。突出于车身表面的部分所引起的空气阻力，称为干扰阻力，如门把手、后视镜、翼子板、悬架导向杆、驱动轴等产生的阻力。

c. 诱导阻力。汽车上下部压力差（即升力）在水平方向的分力，称为诱导阻力。汽车上部和下部的空气压力不同，引起横向气流和车辆的升力，横向气流会在车身表面产生涡流分离现象，造成压差，从而产生诱导阻力。

d. 内循环阻力。发动机冷却系、车身内通风等需空气流经车体内部时形成的阻力，称为内循环阻力。

以上几种阻力在一般轿车上的所占比例见表 1-1。

表 1-1　空气阻力组成

组成	摩擦阻力	形状阻力	干扰阻力	诱导阻力	内循环阻力
比例/%	8～10	55～60	12～18	5～8	10～15

为了减小空气阻力，现代轿车的外形一般采用圆滑、流畅的曲线来消隐车身上的转折线。前围与侧围，前围、侧围与发动机罩，后围与侧围等地方均采用圆滑过渡；发动机罩向前下倾；车尾后厢盖短而高翘，后翼子板向后收缩；挡风玻璃采用大曲面玻璃，且与车顶圆滑过渡；前风窗与水平面的夹角一般为 25°～33°，侧窗与车身相平；前后灯具、门把手嵌入车体内；车身表面尽量光洁、平滑，车底用平整的盖板盖住，以降低整车高度。这些措施都有助于减小空气阻力，如图 1-2 所示。

3）坡道阻力。汽车上坡时，因为其重力在平行于路面方向的分力与汽车前进方向相反，所以称为坡道阻力，如图 1-3 所示。

图 1-2　现代轿车减小空气阻力的措施

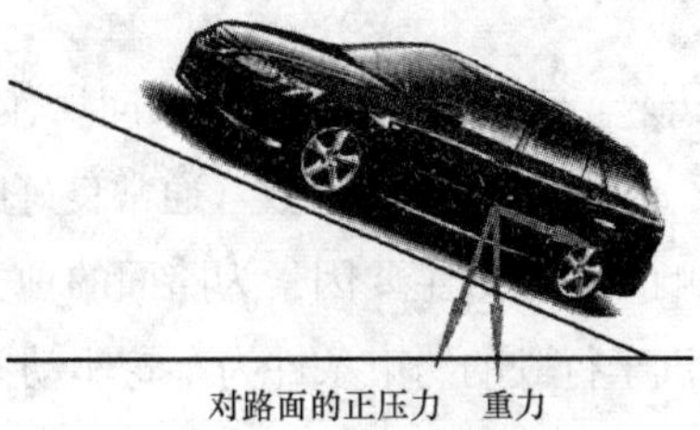

图 1-3　汽车行驶坡道阻力

4）加速阻力。汽车加速行驶时，需要克服本身质量加速运动的惯性力，该力称为加速阻力。加速时平移质量产生平移惯性力，旋转质量产生旋转惯性力偶矩。

3. 汽车行驶的驱动条件与附着条件

（1）汽车行驶的驱动条件

汽车正常行驶时驱动力必然与各行驶阻力相平衡，如图 1-4 所示。

$$F_t=F_f+F_i+F_w+F_j$$

式中：F_t——汽车的驱动力；

F_f——汽车滚动阻力；

F_i——汽车的坡道阻力；

F_w——空气阻力；

F_j——汽车的加速阻力。

图 1-4　汽车驱动力组成

汽车等速行驶时（$F_j=0$）：　$F_t=F_f+F_i+F_w$

汽车加速行驶时：　$F_t>F_f+F_i+F_w$

汽车无法启动或减速行驶时：　$F_t<F_f+F_i+F_w$

可见，汽车行驶的必要条件是：　$F_t\geqslant F_f+F_i+F_w$

也就是说，汽车能够行驶，其驱动力必须大于或等于由滚动阻力、坡道阻力和空气阻力组成的阻力之和。

汽车在水平道路上等速行驶时，需要克服地面滚动阻力 F_f 和空气阻力 F_w。当汽车上坡行驶时，还需要克服坡道阻力 F_i。当汽车加速行驶时，还需要克服加速阻力 F_j。

（2）汽车的驱动附着条件

汽车能够充分地加速、爬坡和实现最高车速，不仅受汽车本身的驱动力和行驶阻力影响，还受到轮胎与地面之间的附着条件的制约。

从让汽车最大限度发挥其驱动能力的目的出发，实际上，轮胎传递的轮缘切向力受到接触面的制约。当车轮驱动力 F_t 超过某值（附着力 F_ϕ）时，车轮会发生滑转现象。

$$F_f + F_i + F_w \leqslant F_t \leqslant F_\phi$$

附着力 F_ϕ 的计算式为：

$$F_\phi = \phi F_z$$

式中　F_z——接触面对车轮的法向反作用力；

　　ϕ——滑动附着系数（通常良好路面的 ϕ 为 0.80～1.0，而结冰路面仅为 0.1～0.25）。

影响附着系数主要因素为路面的种类与状况、轮胎的结构和气压以及其他一些使用因素。因此，汽车行驶的约束条件为车轮驱动力要大于或等于行驶阻力，同时应小于或等于附着力。当车轮驱动力大于附着力时，车轮将发生滑转现象。驱动轮发生滑转时，将形成类似制动拖滑的连续或间断的黑色轮胎印。

4. 影响汽车动力性的主要因素

（1）发动机性能

发动机功率越大，汽车的动力性越好。设计中发动机最大功率的选择必须保证汽车预期的最高车速。

最高车速越高，要求的发动机功率越大，其后备功率也越大，加速爬坡能力必然较好。但发动机功率不宜过大，否则在常用条件下，发动机负荷过低，燃料消耗将会增加。

（2）传动系的参数

传动系机械效率和变速器的挡数对汽车动力性有较大影响。

发动机的动力在传送过程中必然存在损失。动力损失越小，发动机有效功率就会更多地转变为驱动功率，说明传动系机械效率高，汽车动力性好。

变速器挡数增加，发动机在接近最大功率工况下的工作机会增加，发动机的平均功率利用率高，可得到的后备功率大。例如，在两挡变速器的一挡与直接挡之间增加两个挡位时，汽车的最高车速和最大爬坡度均不变。但在一定的速度范围，可利用的后备功率增大了，有利于汽车的加速和上坡。为了改善动力性能，通常重型货车使用组合式变速器，其挡位可多达 9～10 个前进挡。

另外，减小空气阻力系数、减轻汽车的质量和选用滚动阻力系数小的轮胎，将使汽车的行驶阻力减小；在日常使用中，应注意定期润滑传动件，采用适当的轮胎气压及定期对底盘进行检查调整，都可使汽车的动力性得到改善。

二、汽车检测站简介

汽车检测站是综合运用现代检测技术，对汽车实施不解体检测诊断的机构。它具有现代的检测设备和检测方法，能在室内检测出车辆的各种性能参数，并能诊断出各种故障，为全面、准确评价汽车的使用性能和技术状况提供可靠的依据。

1. 检测站的任务

按中华人民共和国交通部令第29号《汽车运输业车辆综合性能检测站管理办法》的规定，汽车检测站的主要任务如下：

1）对在用运输车辆的技术状况进行检测诊断。

2）对汽车维修行业的维修车辆进行质量检测。

3）接受委托，对车辆改装、改造、报废及其有关新工艺、新技术、新产品、科研成果等项目进行检测，提供检测结果。

4）接受公安、环保、商检、计量和保险等部门的委托，为其进行有关项目的检测并提供检测结果。

2. 检测站的类型

按不同的分类方法，汽车检测站可分为不同的类型。

(1) 按服务功能分类

按服务功能，检测站可分为安全检测站、维修检测站和综合检测站三种类型。

安全检测站是国家的执法机构，不是营利性企业。它按照国家规定的车检法规，定期检测车辆中与安全和环保有关的项目，以保证汽车安全行驶，并将污染降低到允许的限度。这种检测站对检测结果往往只显示“合格”“不合格”两种，而不做具体数据显示和故障分析，因而检测速度快，检测效率高。如果自动化程度比较高，其年度检车量可达数万辆次。检测合格的车辆凭检测结果报告单办理年审签证，在签证有效期内准予该车辆行驶。这种检测站一般由车辆管理机关直接建立，或由车辆管理机关认可的汽车运输企业、汽车维修企业等企业或事业单位建立，也可多方联合建立。

维修检测站主要是从车辆使用和维修的角度，担负车辆维修前后的技术状况检测。它能检测出车辆的主要使用性能，并能对汽车进行故障分析与诊断。它一般由汽车运输企业或汽车维修企业建立。

综合检测站既能担负交通运输管理部门的综合性能检测、公安车辆管理部门的安全性检测及环保部门的环保性能检测，又能担负车辆使用、维修企业的技术状况诊断，还能承接科研或教学方面的性能试验和参数测试。这种检测站检测设备多，自动化程度高，数据处理迅速准确，因而功能齐全，检测项目广且深度大，可为合理制定诊断参数标准、诊断周期以及为科研、教学、设计、制造和维修等部门或单位提供可靠依据，并能担负对检测设备的精度测试等项工作。

(2) 按规模大小分类

按规模大小，检测站可分为大、中、小三种类型。其中，大型检测站检测线多，自动化程度高，年检能力大，且能检测多种车型。大型综合检测站可成为一定地区范围内的检测中心。

中型检测站至少有两条检测线，目前国内地市级及以上的城市建成或正在筹建的检测站多为这种类型。

小型检测站主要指一些服务对象单一的检测站，如规模不大的安全检测站和维修检测站就属于这种类型，它不能担负更多的检测任务。这种检测站设有一条或两条作用相同的检测线。如果是一条检测线，它往往能兼顾大、小型汽车的检测；如果是两条检测线，其中一条线往往是专检测小型汽车，而另一条线则兼顾大小型汽车的检测。这种规模的检测站在国外较为常见。

有些检测站虽然服务对象单一，但站内设置的检测线较多，因而不应再称之为小型检测站，如国外把拥有四条安全环保检测线的检测站视为中型检测站。

(3) 按自动化程度分类

按检测线的自动化程度，检测站可分为手动式、全自动式和半自动式三种类型。

手动式检测站的各检测设备，由人工手动控制检测过程，从各单机配备的指示装置上读数，笔录检测结果或由单机配备的打印机打印检测结果，因而占用人员多、检测效率低、读数误差大，多适用于维修检测站。

全自动式检测站利用微机控制系统将检测线上各检测设备连接起来，除车辆上部和下部的外观检查工位仍需人工检查外，能自动控制其他所有工位上的检测过程，使设备的起动与运转、数据采集、分析判断、存储、显示和集中打印报表等全过程实现自动化。检测长可坐在主控制室内通过闭路电视观察各工位的检测情况，并通过检测程序向各工位受检车辆的引车员和检测员发出各种操作指令。对车辆的每一项检测结果均能在主控制室内的微机显示器和各工位上的检验程序指示器上同时显示，因而检测长、各工位检测员和引车员均能随时了解检测状况。

由于全自动式检测站自动化程度高，检测效率高，能避免人为的判断失误，因而获得广泛应用，目前国内外的安全检测站几乎全部为这种形式。

半自动式检测站的自动化程度或范围介于手动式和全自动式检测站之间，一般是在原手动式检测站的基础上将部分检测设备（如侧滑检测台、制动检测台、车速表检测台等）与微机联网以实现自动控制，而另一部分检测设备（如烟度计、废气分析仪、前照灯检测仪、声级计等）仍然手动操作。当微机联网的检测设备因故不能进行自动控制时，各检测设备仍可手动使用。

(4) 按站内检测线数分类

按站内检测线数，检测站可分为单线检测站、双线检测站、三线检测站等多种类型。总之，站内有几条检测线，就可以称为几线检测站。例如，日本某陆运事务所的检测站有8条检测线，可称为八线检测站。

(5) 按所有制分类

按所有制，检测站可分为全民所有（国家经营）检测站、集体所有（集体经营）检测站和个体所有（私人经营）检测站三种类型。例如，日本就有国家车检场和民间车检场之分，我国也早已出现集体所有制企业建立的检测站。

(6) 综合检测站按职能分类

如果按职能分类，综合检测站可分为A级站、B级站和C级站三种类型，其职能分述如下：

A级站：能全面承担检测站的任务，即能检测车辆的制动、侧滑、灯光、转向、前轮定位、车速、车轮动平衡、底盘输出功率、燃料消耗、发动机功率和点火系状况以及异响、磨损、变形、裂纹、噪声、废气排放等状况。

B级站：能承担在用车辆技术状况和车辆维修质量的检测，即能检测车辆的制动、侧滑、灯光、转向、车轮动平衡、燃料消耗、发动机功率和点火系状况以及异响、变形、噪声、废气排放等状况。

C级站：能承担在用车辆技术状况的检测，即能检测车辆的制动、侧滑、灯光、转向、车轮动平衡、燃料消耗、发动机功率以及异响、噪声、废气排放等状况。

3. 汽车检测站的组成及工位布置

(1) 检测站组成

检测站主要由一条至数条检测线组成。对于独立而完整的检测站，除检测线外，还应包括停车场、清洗站、泵气站、维修车间、办公区和生活区等设施。

1) 安全检测站。一般由一条至数条安全环保检测线组成。例如，从20世纪80年代开始，日本陆运事务所的国家车检场，即使规模较小也有两条安全环保检测线。其中，一条为大、小型汽车通用自动检测线，另一条为小型汽车（轴质量500 kg或以下）的专用自动检测线。除此以外，还配备一条新规检测线，以对新车进行登录、检测之用。日本中等规模的国家车检场，一般设有四条安全环保检测线，如东京沼律车检场就是如此。四条自动检测线中，一条为大、小型汽车通用检测线，其余三条为小型汽车专用检测线。另外，还配备一条新规检测线和一条柴油车排烟检测线。

2) 维修检测站。一般由一条至数条综合检测线组成。

3) 综合检测站。一般由安全环保检测线和综合检测线组成，可以为一条，也可以为数条。国内交通系统建成的检测站大多属于综合检测站，一般由一条安全环保检测线和一条综合检测线组成，如图1-5所示。

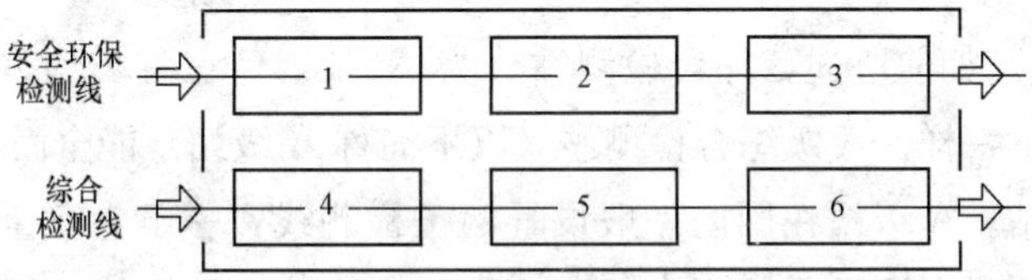

图1-5 双线综合检测线平面布置

1—外观检查工位；2—侧滑制动车速表工位；3—灯光尾气工位；
4—外观检查及车轮定位工位；5—制动工位；6—底盘测功工位

由于对环境保护的日益重视，环保管理部门要求对机动车的排放性进行单独检测，所以一些综合性能检测站也单独设置了一条至数条环保检测线，主要用于机动车尾气排放性能的检测。

(2) 检测线组成和工位布置

不管是安全环保检测线，还是综合检测线，它们都由多个检测工位组成，布置形式多为直线通道式，检测工位则按一定顺序分布在直线通道上。

1）安全环保检测线。手动式和半自动式的安全环保检测线，一般由外观检查（人工检查）工位、侧滑制动车速表工位和灯光尾气（废气，下同）工位组成。其中，外观检查工位带有地沟。全自动式安全环保检测线既可以由上述三工位组成，也可以由四工位或五工位组成。五工位一般指汽车资料输入及安全装置检查工位、侧滑制动车速表工位、灯光尾气工位、车底检查工位（带有地沟）、综合判定及主控制室工位，如图 1-6 所示。

对于安全环保检测线，不管是三工位、四工位、五工位，也不管工位顺序如何编排，其检测项目都是固定的，因而均布置成直线通道式，以利于进行流水作业。

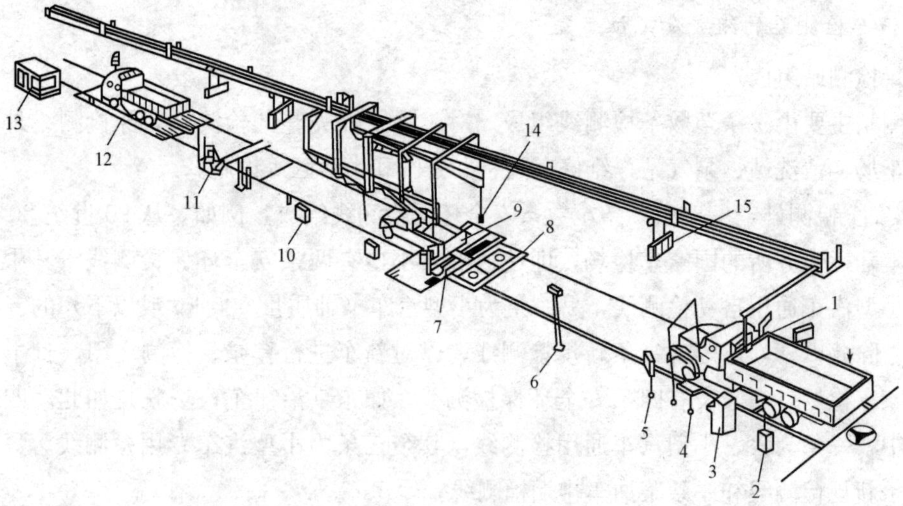

图 1-6　国产五工位全自动安全环保检测线

1—进线指示灯；2—烟度计；3—汽车资料登录计算机；4—安全装置检查不合格项目输入键盘；5—烟度计检验程序指示器；6—电视摄像机；7—制动检测台；8—侧滑检测台；9—车速表检测台；10—废气分析仪；11—前照灯检测仪；12—车底检查工位；13—主控制室；14—车速表检测申报开关；15—检验程序指示器

2）综合检测线。如前所述，综合检测站分为 A、B、C 三种类型，职能各不一样，因而检测线的职能也不一样。A 级综合检测站（以下简称 A 级站）能全面承担检测站的任务，是职能最全的检测站。A 级站在国内一般设置两条检测线：一条为安全环保检测线，主要承担公安部门车管所对车辆进行年审的任务，另一条为综合检测线，主要承担对车辆技术状况的检测诊断。A 级站的综合检测线一般有两种类型：一种是全能综合检测线，另一种是一般综合检测线。全能综合检测线设有包括安全环保检测线主要检测设备在内的比较齐全的工位，而一般综合检测线设置的工位不包括安全环保检测线的主要检测设备。

A 级站的一般综合检测线主要由底盘测功工位组成，能承担除安全环保检测项目以外项目的检测诊断，必要时车辆须开到安全环保检测线上才能完成有关项目的检测，国内已建成的综合检测站有相当多是属于这种类型的。与全能综合检测线相比，一般综合检测线设备少，建站费用低，但检测效率也低。

B 级综合检测站和 C 级综合检测站的综合检测线不包括底盘测功工位。

4. 检测站的工艺路线

对于一个独立而完整的检测站，汽车进站后的工艺路线流程如图 1-7 所示。图 1-8 所示为 GB 21861—2008《机动车安全技术检验项目和方法》规定的车辆安全技术检验流程。

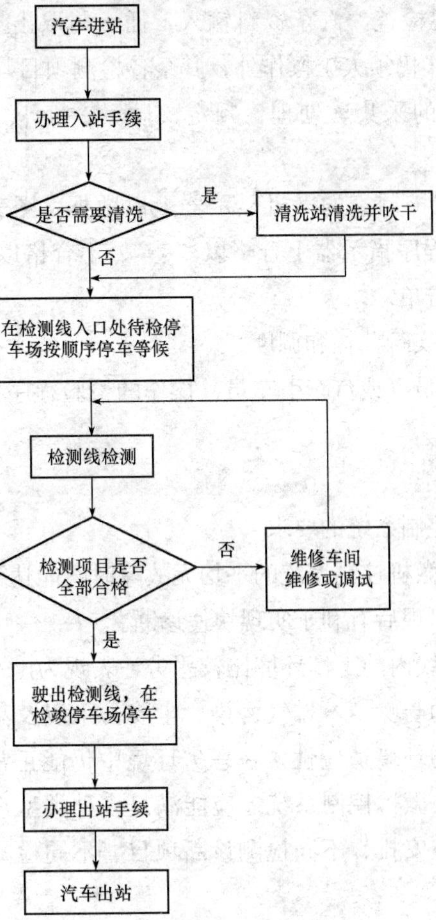

图 1-7　检测站工艺路线流程

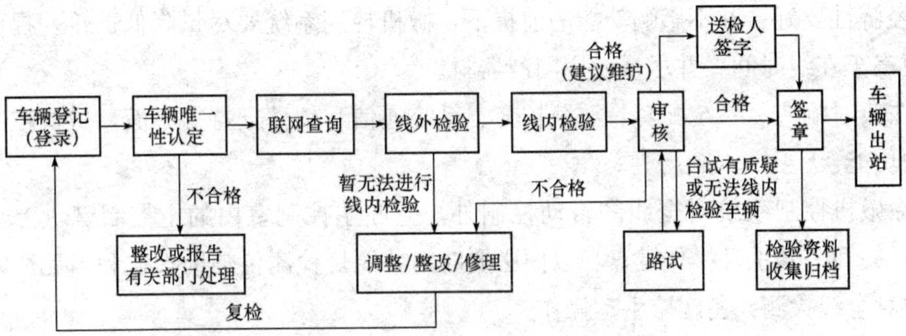

图 1-8　机动车安全技术检验流程

5. 汽车检测线的微机控制系统

(1) 汽车检测线微机控制系统的功能

1）能输入、传输、存储、查询、打印汽车资料。

2）除车上、车底外观检查，汽车资料输入，插入与取出排气分析仪（或烟度计）探头，以及移动声级计等工作仍须人工操作外，其余各检测项目均能由微机实现全自动控制。即检测设备的运行，数据的采集、处理、判定、显示、打印、存储、统计等，均能自动进行。

3）检测结果既能在主控制室的微机显示器上以数据、图表、曲线等方式进行动态显示，同时又能在工位检验程序指示器上合格以“○”、不合格以“×”或直接用文字显示，并能集中打印检测结果报告单。

4）主控制室能对全线实行监控和调度。

5）具有指令汽车驾驶员（或汽车引车员）操作的检验程序指示器（灯箱、彩色显示器或电子灯阵）。

6）具有丰富的软件功能。

(2) 汽车检测线微机控制系统的要求

1）可靠性要高。要求微机控制系统的平均无故障时间能达到数千小时以上并设有自检和自诊断系统，以便故障出现后有利于实现快速诊断。

2）适应性要强。检测线内的工作环境比较恶劣，表现为电源电压波动、各用电设备相互干扰、汽车运转造成振动与噪声、排气污染、尘埃污染以及温度和湿度不易控制等，因而微机控制系统应有较强的环境适应性，在恶劣环境中仍能正常工作。另外，汽车种类繁多，检测线类型设计不一，微机控制系统还应能满足多种类型汽车的检测诊断，并应能根据用户要求装配成不同工位安排、不同检测诊断项目、不同检测诊断工艺、不同规模和不同档次的系统。

3）使用方便性要好。微机控制系统应能满足人机对话方便，操作简单易学，显示直观明了，数据易存、易查，组线灵活以及维修、管理方便等要求。

4）经济性要好。在不影响功能的前提下，微机控制系统要尽量降低造价，提高检测效率，缩短汽车在线时间，并尽量使用国产器材。

5）在实时响应、系统配套、系统扩充、系统通信和软件支持等方面，微机控制系统应有较强的功能。

6）除微机控制系统对全线的自动控制外，应在主控制室内的主控制键盘上，设置自动/手动开关和一套手动操作键盘，以便必要时对前照灯检测仪辅助操作和当无法实现全自动检测时对全线检测设备实施手动操作。

国产 CAISM 全自动检测系统的主控键盘面板如图 1-9 所示。其上的大灯仪操作键区和设备操作键区，均为手动操作键盘。

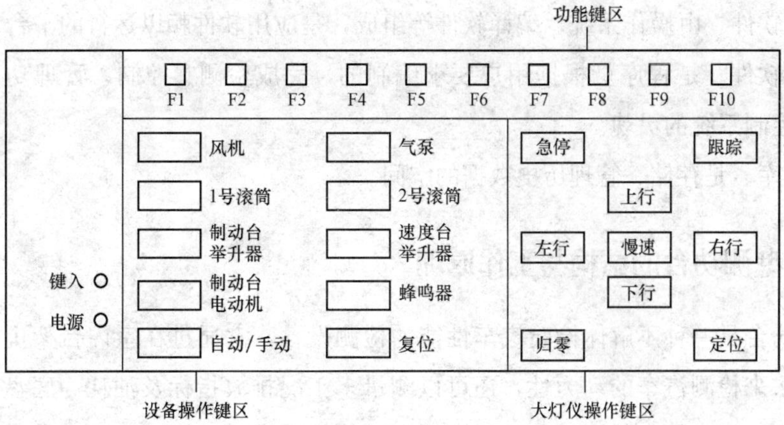

图 1-9 国产 CAISM 全自动检测系统的主控键盘面板

（3）检测站微机控制系统的工作原理

汽车综合性能检测站（以下简称检测站）微机控制系统是将微机技术与自动控制技术、网络通信技术相结合，对车辆的安全性、动力性、燃料经济性、尾气排放、整车装备等参数进行测量、计算、判断，并将结果进行输出、存储、传送的智能化系统，它具有实时性、可靠性、准确性的特点，是现代汽车检测作业中不可或缺的重要工具。

对检测站的微机控制系统而言，其终端被控对象通常可分为：力、速度、位移、流量、光、气体参数等，这些被控对象抽象起来又可分为模拟量和开关量，控制系统通过 A/D 或 I/O 装置将模拟量或开关量转换成微机可识别的数字量，经微机处理后，再通过 D/A 或 I/O装置驱动执行机构，完成对汽车检测的控制过程。微机控制系统如图 1-10 所示。

图 1-10 微机控制系统示意

（4）检测站微机控制系统的组成

检测站微机控制系统由硬件部分和软件部分组成，其中硬件部分包括计算机及其外设、外部接口、传感器及前端处理单元等；软件部分包括系统软件、应用软件及数据库等。

1）微机及外设。由 CPU、ROM、RAM、外存储器、键盘、鼠标、扫描仪、显示器和打印机等组成，是微机控制系统的中枢。

2）外部接口。由模拟量输入/输出设备、开关量输入/输出设备和通信设备组成，是微机与控制对象交互信息的桥梁。

3）传感器。由压力传感器、位移传感器、电磁传感器和流量计等组成，是将力、位移、速度、流量等检测对象转换成微机可识别对象的工具。

4）前端处理单元。由放大器、执行机构等组成，前者将传感器信号调理、放大、传送到外部接口设备，后者将外部接口设备的控制动作传递给检测设备。

5）系统软件。由操作系统、编译软件等组成，是应用软件赖以运行的平台。

6）应用软件。是程序员根据用户要求编制的，完成检测、控制、管理功能的程序语言，是微机控制系统的灵魂。

7）数据库。是存储、管理历史数据的空间。

三、底盘测功台的结构与工作原理

底盘测功台是一种不解体检验汽车性能的检测设备，它通过在室内台架上模拟道路行驶工况的方法来检测汽车的动力性，还可以测量多工况排放指标及油耗。底盘测功台通过滚筒模拟路面，通过功率吸收加载装置来模拟道路行驶阻力，通过飞轮的转动惯量来模拟汽车的直线运动质量的惯量，故能进行符合实际的复杂循环试验，因而得到广泛应用。近年来，由于计算机技术的高速发展，为数据的采集、处理及试验数据的结果分析提供了有效的手段，同时为模拟道路状态准备了条件，加速了底盘测功台的发展，再加上各类专用软件的开发和应用，使汽车底盘测功台得到了广泛推广。

底盘测功台按照不同的分类方法，可以分为不同的类型。按测功装置中测功器形式不同，底盘测功台可以分为水力式、电力式和电涡流式三种；按测功装置中测功器冷却方式不同，底盘测功台可以分为风冷式、水冷式和油冷式三种；按滚筒装置承载能力不同，底盘测功台又可以分为小型（承载质量小于等于 3 t）、中型（承载质量大于 3 t 且小于等于 6 t）、大型（承载质量大于 6 t 且小于等于 10 t）和特大型（承载质量大于 10 t）四种。

汽车底盘测功台主要由道路模拟系统、数据采集与控制系统、安全保障系统及引导系统等构成。

汽车在道路上运行过程中存在着运动惯性、行驶阻力。要在测功台上模拟汽车在道路上的运行工况，首先要解决模拟汽车整车的运动惯性和行驶阻力问题，这样才能用台架测试汽车运行状况的动态性能。为此，在该测功台上利用惯性飞轮的转动惯量来模拟汽车旋转体的转动惯量及汽车直线运动惯量，采用电磁离合器自动或手动切换飞轮的组合，在允许的误差范围内满足汽车惯量模拟。至于汽车在运行中所受的空气阻力、非驱动轮的滚动阻力及爬坡阻力等，则采用功率吸收加载装置来模拟。路面模拟是通过滚筒来实现的，即以滚筒表面取代路面，滚筒的表面相对于汽车做旋转运动。

滚筒式底盘测功台一般由框架、滚筒装置、举升装置、测功装置、测速装置、控制与指示装置和辅助装置等组成。国产 DCG—10C 型汽车底盘测功台，是一种采用美国 Intel 公司生产的单片微机作为系统的控制核心，适用于轴质量不大于 10 t，驱动车轮输出功率不大于 150 kW 的滚筒式检测台，其机械部分的结构如图 1-11 所示。

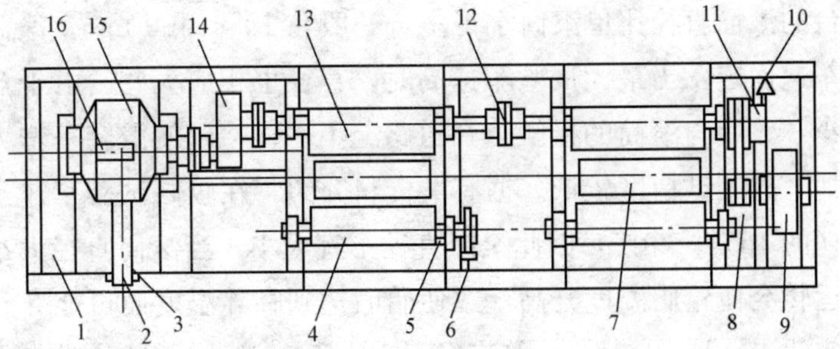

图 1-11　国产 DCG—10C 型底盘测功台机械部分结构

1—框架；2—测力杠杆；3—压力传感器；4—从动滚筒；5—轴承座；
6—速度传感器；7—举升装置；8—传动带轮；9—飞轮；10—电刷；11—离合器；
12—联轴器；13—主动滚筒；14—变速器；15—电涡流测功器；16—冷却水入口

1. 框架与滚筒装置

底盘测功台的滚筒相当于连续移动的路面，被测车辆的车轮在其上滚动。滚筒有单滚筒和双滚筒之分，如图 1-12 所示。

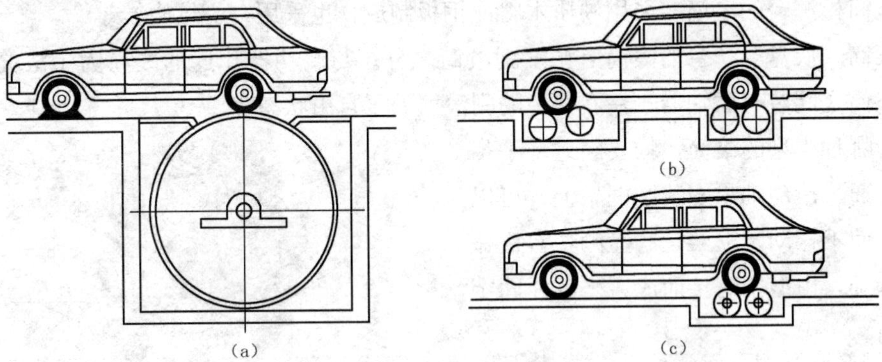

图 1-12　滚筒式底盘测功台

(a) 单轴单滚筒式；(b) 双轴双滚筒式；(c) 单轴双滚筒式

(1) 单滚筒检测台

支撑两边驱动车轮的滚筒各为单个的检测台，称为单滚筒检测台。单滚筒检测台的滚筒直径一般较大，大多在 1 500～2 500 mm。滚筒直径越大，车轮在滚筒上滚动就越像在平路上滚动，使轮胎与滚筒的滑转率小、滚动阻力小，因而测试精度较高。但加大滚筒直径会受到制造、安装、占地和费用等多方面的限制，因此滚筒直径不宜过大。

单滚筒检测台对车轮在滚筒上的安放、定位要求严格，而车轮中心与滚筒中心在垂直平面内的对中又比较困难，故使用不方便。所以，这种检测台仅适用于汽车制造厂、科研院所和大专院校科研性试验，不适用于汽车维修企业、汽车综合性能检测站的生产性试验。

(2) 双滚筒检测台

支撑汽车两边驱动车轮的滚筒各为两个的检测台称为双滚筒检测台。

双滚筒检测台的滚筒直径比单滚筒小得多，一般在 185～400 mm。滚筒直径往往随检测台的最大试验车速而定，当最大试验车速高时，直径也相应大些。由于双滚筒检测台滚筒直径相对比较小，轮胎与滚筒的接触与在道路上不一样，致使滑转率增大，滚动阻力增大，滚动损失增加，故测试精度较低。据有关资料介绍，在较高试验车速下，轮胎的滚动损失常达到传递功的 15%～20%，因此滚筒直径不宜太小。当滚筒直径太小时，长时间在较高试验车速下运转会使轮胎温度升高，致使胎面达到临界温度而可能导致早期损坏。因此，最大试验车速达 160 km/h 时，滚筒直径不应小于 300 mm；试验车速达 200 km/h 时，滚筒直径不应小于 350 mm。近年来，滚筒直径已有变大的趋势，可高达 530 mm。

双滚筒检测台具有车轮在滚筒上的安放、定位方便和制造成本低等优点，因而适用于汽车维修企业和汽车综合性能检测站等生产单位，尤其是单轴双滚筒式得到了广泛应用。

双滚筒检测台的滚筒多采用钢质材料制成，采用空心结构。按其表面形状不同，又有光滑式、滚花式、沟槽式和涂覆层式等多种形式。目前，光滑式滚筒和涂覆层式滚筒应用最多，滚花式和沟槽式应用较少。光滑式滚筒表面的摩擦因数较低，而涂覆层式滚筒是在光滑式滚筒表面上涂覆摩擦因数与道路实际情况接近一致的材料制成的，是比较理想的一种滚筒形式。

单滚筒检测台的滚筒多采用硬质木料或钢板制成，也采用空心结构。

双滚筒式底盘测功台的滚筒有主、副滚筒之分。与测功器相连的滚筒为主滚筒，左右两个主滚筒之间装有联轴器，左右两边的副滚筒处于自由状态。

不管哪种类型的滚筒，均要经过动平衡试验，并通过滚动轴承安装在框架上，可以高速旋转而不振动。框架是底盘测功台机械部分的基础，由型钢焊接而成，坐落并固定在地坑内。

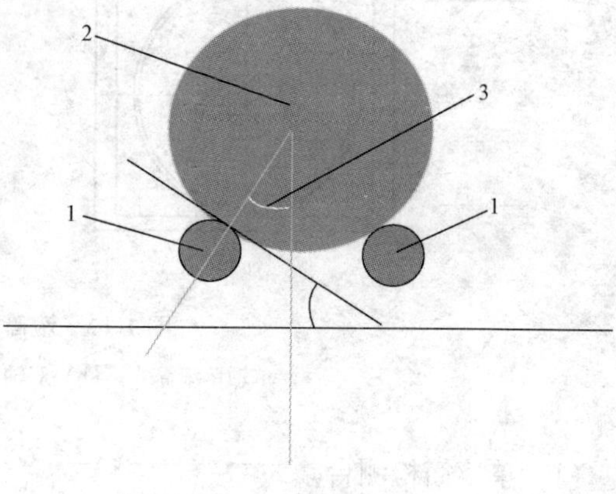

图 1-13　滚筒的安置角

1—滚筒；2—车轮；3—安置角

车轮与滚筒中心连线与车轮中心的铅垂线间的夹角称为滚筒的安置角，如图 1-13 所示。滚筒的安置角大小与滚筒大小、滚筒中心距及轮胎半径有关，滚筒直径越大，车轮直径越大，安置角越小；滚筒中心距越大，安置角越大。所以不同吨位级的汽车底盘测功台适应不同范围的轮胎尺寸。GB/T 17993—2005《汽车综合性能检测站能力的通用要求》规定，滚筒的安置角不得小于 26°。

2. 测功装置

测功装置能测量发动机经传动系传至驱动车轮的功率。测功装置也是加载装置，对于滚筒式底盘测功台是十分必要的。这是因为汽车在滚筒式底盘测功台上试验时，检测台应模拟车辆在道路上行驶所受的各种阻力，因此需要对滚筒加载，以使车辆的受力情况如同在实际道路上行驶一样。

测功装置由测功器和测力装置组成。滚筒式底盘测功台常用的测功器有水力测功器、电力测功器和电涡流测功器三种。不论哪种测功器，它们都是由转子和定子两大部分组成的，并且转子与主滚筒相连，而定子是可以摆动的。

汽车综合性能检测站和汽车维修企业使用的滚筒式底盘测功台，多采用电涡流测功器。电涡流测功器具有测量精度高、振动小、结构简单、易于调控等优点，并具有宽广的转速范围和功率范围。

(1) 电涡流测功装置的基本结构

电涡流式测功装置的基本结构可分为水冷式和风冷式两种。

水冷式电涡流测功装置的基本结构，如图 1-14 所示。

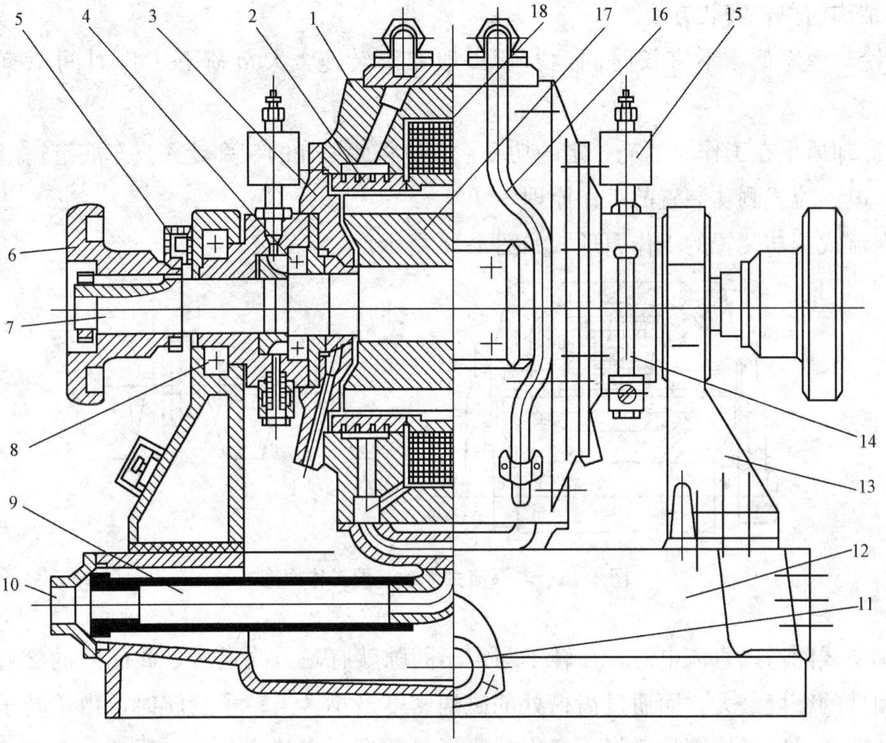

图 1-14 水冷式电涡流测功装置

1—励磁体；2—涡流环；3—端盖；4—轴承；5—测速传感器；6—联轴器；
7—主轴；8—滚动轴承；9—进水软管；10—进水口；11—排水口；12—线圈；
13—轴承架；14—油面指示器；15—油杯；16—出水管；17—感应子；18—励磁绕组

水冷式电涡流测功装置主要由转子（包括带齿状凹凸的感应子 17、主轴 7）和定子（包括作为磁轭的铁芯、涡流环 2、励磁绕组 18、端盖 3）组成。因其结构复杂，安装不方便，故应用较少。

风冷式电涡流测功装置的基本结构，如图 1-15 所示。

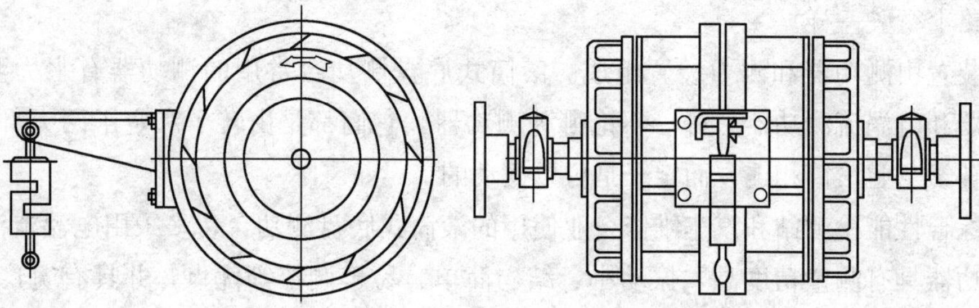

图 1-15　风冷式电涡流测功装置

风冷式电涡流测功装置主要由转子、定子、励磁线圈、支撑轴承、冷却风扇叶片、力传感器等组成。其特点如下：

1）结构简单，安装方便。

2）冷却效率低，不宜长时间运行，一般在高转速、大负荷下工作时间不宜超过数分钟。

3）冷却风扇在工作时消耗一定的功率，故应将此消耗的功率计入汽车底盘输出功率。

（2）电涡流式测功装置的工作原理

电涡流式测功装置的工作原理，如图 1-16 所示。

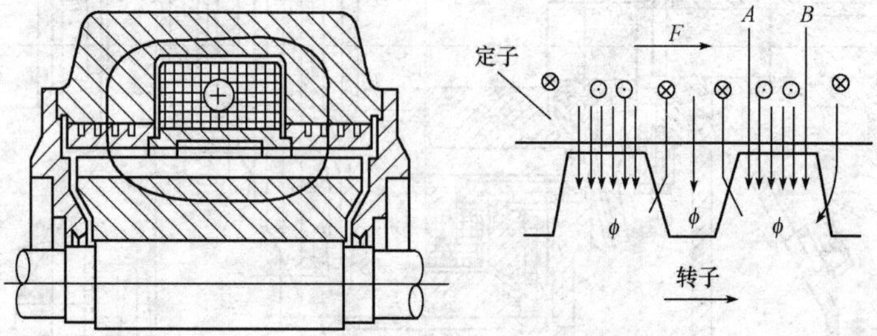

图 1-16　电涡流式测功装置工作原理

当励磁线圈通以直流电时，在转子与定子间隙就有磁力线通过，此间隙的磁通分布在转子齿顶处的密度最大，而通过齿槽处的磁通密度最小。当转子旋转时，由于转子的齿顶与齿槽断续通过励磁线圈的磁场，便引起磁通量的大小交替变化。由磁感应定理可知，此时在定子的涡流环内产生感生电动势，试图阻止磁通的减小，于是就有电涡流产生。电涡流产生后，一方面产生热量，消耗能量；另一方面会产生磁场，此磁场将阻碍转子旋转，即定子产生阻碍转子旋转的力。根据力的作用与反作用原理，转子同时产生对定子的作用力，此力试图推动定子旋转。于是此力便通过与定子处外壳相连接的力臂引入测力装置，从而可进行力矩测量。

当测功机转子以转速 n（r/min）转动，且给励磁线圈加一定的电流时，可摆动的定子外壳就产生一定的阻力矩 T（N·m），于是便可得到吸收功率 P：

$$P = T \cdot n / 9\,549 \qquad (\mathrm{kW})$$

汽车底盘输出最大功率＝测功装置所消耗的功率＋滚动阻力所消耗的功率＋
台架机械阻力所消耗的功率＋风冷式测功装置冷
却风扇所消耗的功率

对于形式固定的底盘测功台及确定的车型，其滚动阻力所消耗的功率、台架机械阻力所消耗的功率及风冷式测功装置冷却风扇所消耗的功率为定值，可由实验测得。根据实验数据及测功机所测得的吸收功率，即可计算驱动轮输出的最大功率。

3. 飞轮机构

飞轮机构用于模拟汽车在道路上行驶时的动能，常采用离合器，以实现与滚筒的自由结合。飞轮机构通常具有一组多个飞轮，飞轮机构的转动惯量及其在各个飞轮上的分配应与所测车型加速能力试验和滑行能力试验的要求相适应。

汽车在道路上行驶时，汽车本身具有一定的惯性能，即汽车的动能；而汽车在底盘测功台上运行时，车身静止不动，是车轮带动滚筒旋转，在汽车处于减速工况时，由于系统的惯量比较小，汽车很快就停止运行。所以检测汽车的减速工况和加速工况时，汽车底盘测功台必须配备惯性模拟系统，如图 1-17 所示。

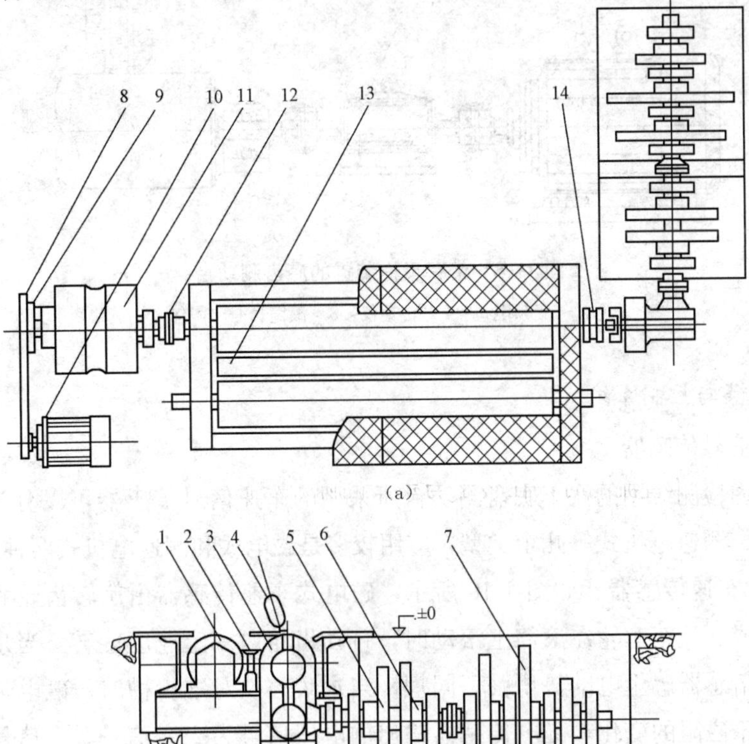

（a）

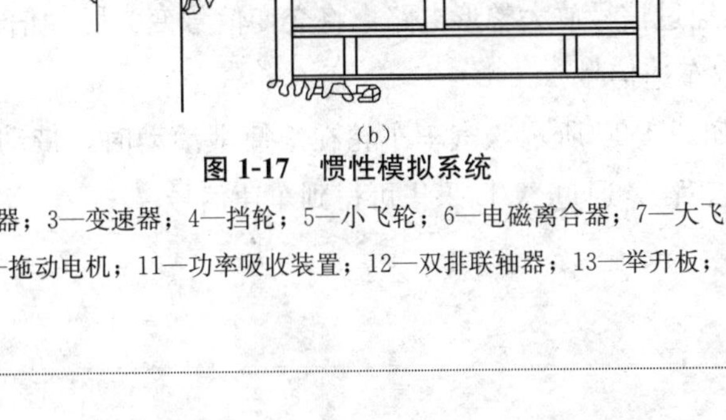

（b）

图 1-17　惯性模拟系统

1—滚筒；2—举升器；3—变速器；4—挡轮；5—小飞轮；6—电磁离合器；7—大飞轮；8—传动链；9—超越离合器；10—拖动电机；11—功率吸收装置；12—双排联轴器；13—举升板；14—牙嵌式离合器

汽车底盘测功台台架转动惯量是通过飞轮来实现的。目前由于对汽车台架的惯量没有制定相应的标准，因而国产底盘测功台所装配的惯性飞轮的个数不同，且飞轮惯量的大小也不同，飞轮的个数越多，检测精度越高。

4. 反拖装置

反拖装置是采用反拖电机带动功率吸收装置、滚筒及车轮以及汽车传动系的一种装置，如图 1-18 所示。其主要由反拖电机、滚筒、车轮、转矩仪（或电机悬浮测力装置）等组成。利用反拖装置，可以方便地检测汽车底盘测功台台架的机械损失，还可以检测汽车传动系、主减速器、车轮与滚筒的阻力损失等。但值得注意的是，在检测过程中，主减速器、车轮与滚筒的正向拖动与反向拖动阻力有差异，目前尚未得到广泛应用。

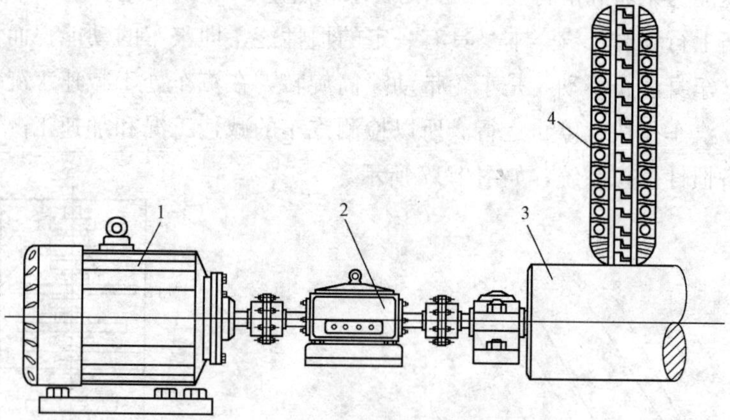

图 1-18　带有反拖装置的底盘测功台

1—变频电机；2—转矩仪；3—滚筒；4—轮胎

5. 数据采集与控制系统

（1）车速信号传感器

目前，国内检测线用的汽车底盘测功台所采用的车速信号传感器可以分为光电式、磁电式、霍尔式、测速电机式等几个类型，应用较多是磁电式和测速电机式两种。

1）磁电式车速传感器。如图 1-19 所示，磁电式车速传感器由旋转齿轮和永久磁铁及感应线圈等组成。汽车车轮在滚筒上滚动时，带动齿轮以一定速度旋转。当永久磁铁对准齿顶时，磁电传感器感生电动势增强。同理，当永久磁铁对准齿槽时，磁电传感器感生电动势减弱，由于磁阻的变化，磁电传感器输出的电压信号为交变信号。因信号较弱（一般在3 mV），所以必须经过信号放大整形电路，将交变信号变为脉冲信号，送入 CPU 高速输入口（HSI），以获取车速信号。

2）测速电机。如图 1-20 所示，汽车车轮在滚筒上滚动时，带动测速电机旋转，产生的电压与滚筒转速成正比，通过 A/D 采集可得到车速信号。

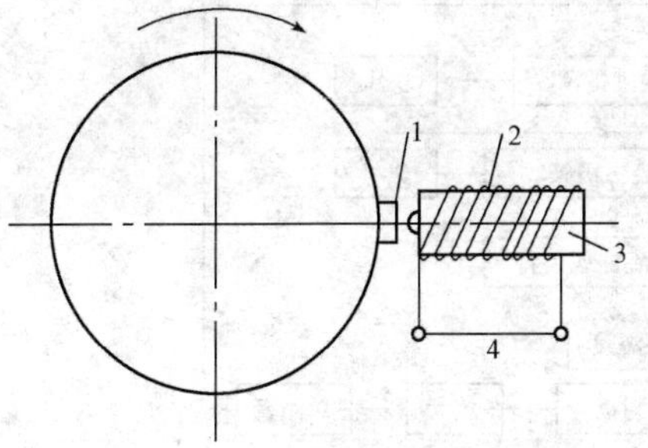

图 1-19　磁电式车速传感器工作原理

1—销子；2—绕组；3—永久磁铁；4—脉冲电压变换器

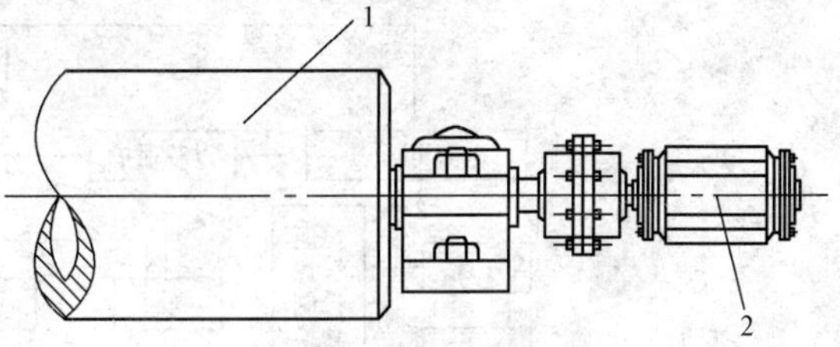

图 1-20　测速电机工作过程

1—滚筒；2—测速电机

（2）测力装置

汽车底盘测功台驱动力传感器可分为两种：一种是拉压传感器，安装图如图 1-21（a）所示；另一种是位移传感器，其安装图如图 1-21（b）所示。它们一边连接功率吸收装置的外壳，另一边连接机体。

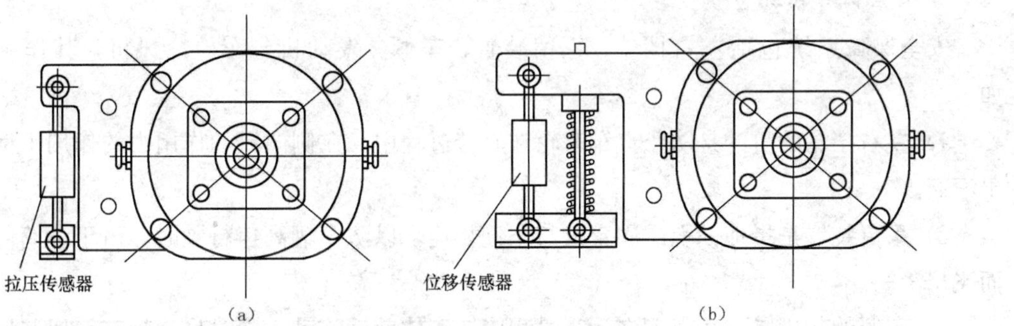

图 1-21　测力装置

（a）拉压传感器；（b）位移传感器

功率吸收装置在工作过程中，无论是水力式、电涡流式，还是电力式功率吸收装置，其外壳都是浮动的。以电涡流式为例，当线圈通过一定的电流时，就产生一定的涡流强度。对转子来说，电磁感应产生的力偶的作用方向与其转动的方向相反。当传感器固定后，外壳上的力臂对传感器就有一定的拉力或压力（与安装的位置有关），拉压传感器在工作时，传感器受力产生应变，通过应变放大器可得到一定的输出电压。于是可将力信号转变成电信号来处理，通过标定，可以得到传感器的受力数值。

（3）控制系统

电涡流式加载装置可控性好、结构简单、质量轻、便于安装，在底盘测功台中得到广泛应用。

汽车在行驶过程中存在滚动阻力、加速阻力和坡道阻力，其中加速阻力可通过惯性飞轮来模拟。通过台架模拟道路必须选用加载装置，要想控制它，就必须知道控制电压及电流。电涡流式加载装置控制系统的框图，如图 1-22 所示。

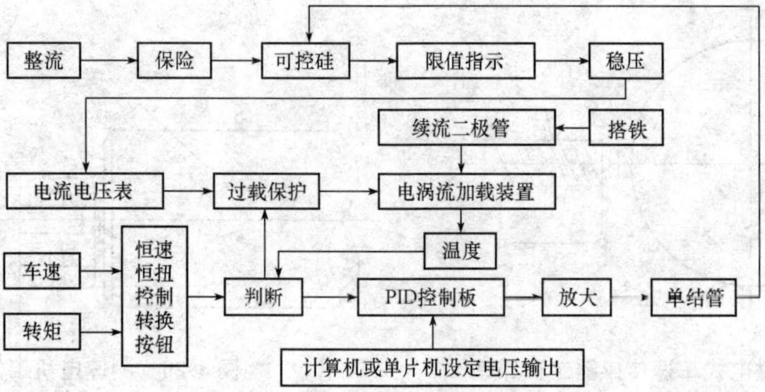

图 1-22　电涡流式加载装置控制系统

汽车底盘测功台常见的位控信号有举升机升降控制或滚筒锁定控制、电磁阀控制、飞轮控制、车辆检测程度指示器（点阵屏）控制、手动或自动控制等信号。它们常常通过计算机或单片机 I/O 输出板（8155 或 8255 等），再经过信号放大、驱动来实现控制。

6. 安全保障系统

安全保障系统包括左右挡轮、系留装置、车偃、发动机与车轮冷风机，其作用分述如下：

1）左右挡轮的目的是防止汽车车轮在旋转过程中，在侧向风的作用力的作用下横向滑出滚筒。

2）系留装置是指地面上的固定盘与车辆相连，以防车辆高速行驶时，由于滚筒的卡死而飞出滚筒。

3）车偃的作用是防止车辆在运行过程中，车体前后移动，同时也达到与系留装置相同的功能。

4）发动机与车轮冷却风机的作用是防止车辆在运行过程中发动机和车轮过热。

7. 引导、举升及滚筒锁定系统

（1）引导系统

引导系统也称驾驶员助手，其作用是引导驾驶员按提示进行操作。提示的方法有两种，一种是显示牌；另一种是大屏幕显示装置。

1）显示牌一般是与计算机的串行通信口相连，当计算机对显示牌初始化后，便可对显示牌发送 ASCII 码与汉字，以提示驾驶员如何操作车辆及显示检测结果。

2）大屏幕显示器通过 AV 转换盒与计算机相连，AV 转换盒的目的是将计算机的数字信号转换成视频信号供电视机用，如图 1-23 所示。

（2）举升装置

底盘测功台常用的举升装置类型有气压式和液压式两种。

1）气压式升降机如图 1-24 所示，它是由电磁阀、气动控制阀及双向气缸或橡胶气囊组成。在气压的作用下，气缸中的活塞便可上下运动以实现升降的目的。

2）液压式举升装置通常由电磁阀、分配阀、液压举升缸等组成。在液压作用下，举升缸活塞上下移动，实现升降的目的。

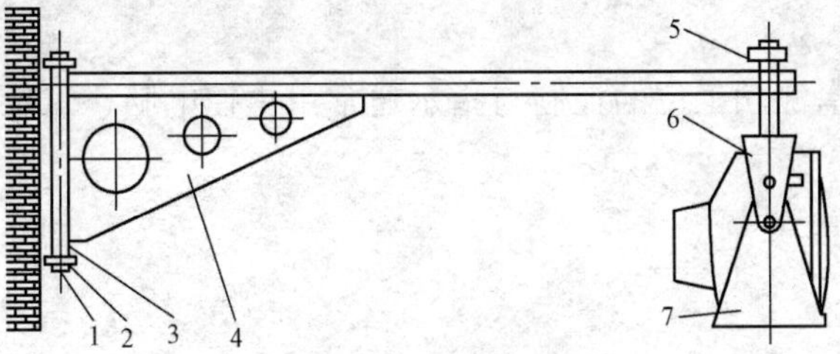

图 1-23　大屏幕显示装置

1—转轴；2—开口销；3—支架；4—悬臂；5—小转轴；6—电视机吊架；7—电视机座

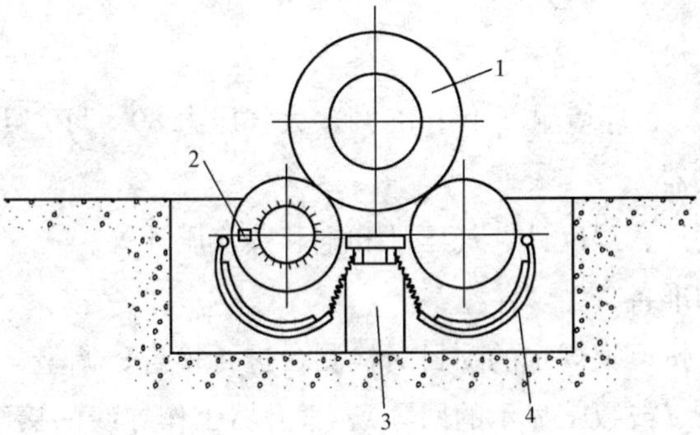

图 1-24　气压式升降机

1—车轮；2—滚筒转速传感器；3—举升器；4—滚筒制动装置

（3）滚筒锁止系统

棘轮棘爪式滚筒锁止系统如图 1-25 所示，它由双向气缸、棘轮、棘爪、复位弹簧、杠杆及控制器组成。通过控制器控制压缩空气的通断，当某一方向通气后，空气推动气缸活塞运动，控制棘爪与棘轮离合，以达到锁止或放松滚筒的目的。

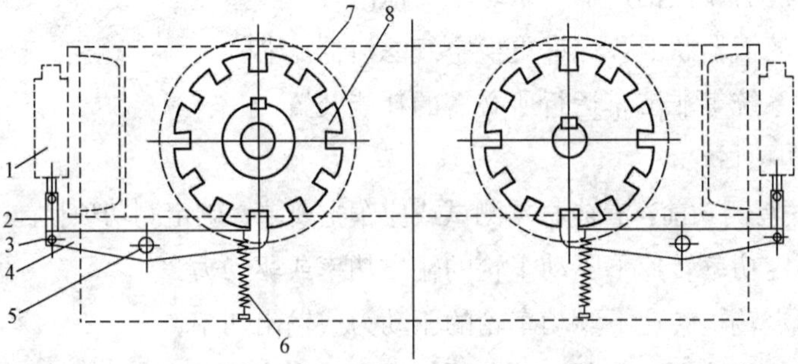

图 1-25　滚筒锁止系统

1—双向气缸；2—拉杆；3—连接销；4—棘爪；5—固定销；6—复位弹簧；7—滚筒；8—棘轮

8. 控制和指示装置

底盘测功台的控制装置和指示装置常做成一体，称为控制柜，安放在机械部分的左前方易于操作和观察的位置。如果测力装置和测速装置均为电测式，指示装置为机械式时，指示装置仅能显示驱动车轮的驱动力，驱动轮输出功率需根据所测出的驱动力和试验车速换算得到。

全自动检测线底盘测功工位的控制与指示通常由主控电脑、工位测控电脑及检验程序指示器等来完成。

任务实施

一、技能学习

1. 准备工作

(1) 环境条件

环境温度 0℃～40℃，环境湿度小于 85%，大气压力 80～110 kPa。

(2) 检测设备和仪器

底盘测功台及温度计、湿度计、气压计和饱和蒸汽压计等。

(3) 底盘测功台的准备

使用检测台之前，按厂家规定的项目对检测台进行检查、调整、润滑，在使用过程中，要注意仪表指针的回位（或数字显示的回零）、举升器工作导线的接触情况。发现故障，及时清除。

(4) 被检汽车的准备

1) 汽车开上底盘测功台以前，调整发动机供油系及点火系至最佳工作状态。

2) 检查、调整、紧固和润滑传动系及车轮的连接情况。

3) 清洁轮胎，检查轮胎气压是否符合规定。

4) 汽车必须运行至正常工作温度。

5) 排气系统应有排气消声器，系统不得泄漏。

6) 检查空气滤清器状况，允许更换空气滤清器滤芯。

7) 关闭空调系统等非汽车运行所必需的耗能装置。

(5) 确定测功项目

对汽车进行底盘测功前，首先根据测试或应车主要求，确定测功项目。一般有以下几项：

1) 发动机额定功率转速下驱动车轮的输出功率或驱动力。

2) 发动机额定转矩转速下驱动车轮的驱动力或输出功率。

3) 发动机全负荷选定车速下驱动车轮的输出功率或驱动力。

4) 发动机部分负荷选定车速下驱动车轮的输出功率或驱动力。

GB 18565—2001《营运车辆综合性能要求和检验方法》规定，在检测线上，轻型车辆按发动机额定转矩转速工况检测，其他车辆在发动机额定功率转速工况和额定转矩转速工况检测均可。

(6) 设定车速值的确定

为简化检测工作，GB 18565—2001《营运车辆综合性能要求和检验方法》中规定了不同型号的车辆检测驱动轮输出功率时的检测车速，并给出了驱动轮输出功率的限值标准，见表 1-2。选择的原则以其测试工况、车辆型号、燃油种类为依据。如 1090 系列的汽油车按额定扭矩工况法进行检测时，$V_M=40$ km/h；按额定功率工况法进行检测时，应为 $V_P=80$ km/h；而柴油车，则分别为 $V_M=55$ km/h 车速和 $V_P=80$ km/h 车速。

表 1-2　汽车驱动轮输出功率的限值

汽车类别	汽车型号		额定扭矩工况：直接挡检测速度 V_M/(km·h^{-1})	额定扭矩工况：校正驱动轮输出功率/额定扭矩功率 η_{VM}/%：额定值 η_{Mr}	额定扭矩工况：校正驱动轮输出功率/额定扭矩功率 η_{VM}/%：允许值 η_{Ma}	额定功率工况：直接挡检测速度 V_P/(km·h^{-1})	额定功率工况：校正驱动轮输出功率/额定扭矩功率 η_{VP}/%：额定值 η_{Pr}	额定功率工况：校正驱动轮输出功率/额定扭矩功率 η_{VP}/%：允许值 η_{Pa}
载货汽车	1010 系列 1020 系列	汽油车	60	75	50	90	65	40
	1030 系列	汽油车	60	75	50	90	65	40
	1040 系列	柴油车	55	75	50	90	70	45
	1050 系列	汽油车	60	75	50	90	65	40
	1060 系列	柴油车	50	75	50	80	70	45
	1070 系列	汽油车	—	—	—	—	—	—
	1080 系列	柴油车	50	75	50	80	70	45
	1090 系列	汽油车	40	75	50	80	70	45
		柴油车	55	75	50	80	70	45
	1100、1110 系列 1120、1130 系列	汽油车	—	—	—	—	—	—
		柴油车	50	70	45	80	65	40
	1140 系列 1150 系列 1160 系列	柴油车	50	75	50	80	65	40
	1170 系列 1190 系列	柴油车	55	75	50	80	65	40
半挂列车①	10 t 半挂列车系列	汽油车	40	75	50	80	70	45
		柴油车	50	75	50	80	70	45
	15 t、20 t 半挂列车系列	柴油车	45	70	45	70	65	40
	25 t 半挂列车系列	柴油车	45	75	50	75	65	40

续表

汽车类别	汽车型号		额定扭矩工况			额定功率工况		
			直接挡检测速度 V_M /(km·h^{-1})	校正驱动轮输出功率/额定扭矩功率 η_{VM}/%		直接挡检测速度 V_P /(km·h^{-1})	校正驱动轮输出功率/额定扭矩功率 η_{VP}/%	
				额定值 η_{Mr}	允许值 η_{Ma}		额定值 η_{Pr}	允许值 η_{Pa}
客车	6600 系列	汽油车	60	70	45	85	60	35
		柴油车	45	75	50	75	65	40
	6700 系列	汽油车	50	65	40	80	60	35
		柴油车	55	70	45	75	60	35
	6800 系列	汽油车	40	65	40	85	60	35
		柴油车	45	70	45	72	60	35
	6900 系列	汽油车	40	65	40	85	60	35
		柴油车	60	70	45	85	65	35
	6110 系列	汽油车	40	65	40	85	60	35
		柴油车	55	70	45	80	60	35
	6120 系列	柴油车	60	65	40	90	60	35
轿车	夏利、富康		95/65②	65/60②	40/35②	—	—	—
	桑塔纳		95/65②	70/65②	45/40②	—	—	—

注：5010～5040 系列厢式货车和罐式货车驱动轮输出功率的允许值按同系列普通货车的允许值下调 2%，其他系列厢式货车驱动轮输出功率的允许值按同系列普通货车的允许值下调 4%。

①半挂列车按所载质量分类。

②为汽车变速器使用三挡时的参数值。

（7）检测汽车驱动轮功率应注意的事项

1）超过检测台允许轴重或轮重的车辆一律不准上检测台进行检测。

2）检测过程中，切勿拨弄举升器托板操纵手柄，车前方严禁站人，以确保检测安全。

3）检测时，一定要开启冷却风扇，并密切注意各种异响和发动机的冷却水温。

4）走合期间的新车和大修车不宜进行底盘测功。

5）检测台不检测期间，不准在上面停放车辆。

相关说明：大多数检测站使用的底盘测功台基本上都是单轴滚筒式底盘测功台，如果没有配备自由滚筒的话，对于双后驱动桥的车辆，车辆的第三桥只能位于地面上，导致第三桥车轮不转，由于汽车轴间差速器的作用，将使第二桥车轮加速旋转，而导致汽车轴间差速器的损坏。或者由于第三桥在地面上的驱动牵引作用，车辆将向前驶出底盘测功台的滚筒。

有些检测线配备如图 1-26 所示的第 3 滚筒（自由滚筒），即便如此，两驱动轴由于车轮转速的不同，轴间差速器仍可能出现高转速差的工作状态，也将导致汽车轴间差速器的损坏，还可使所测功率降低，甚至测不出功率。

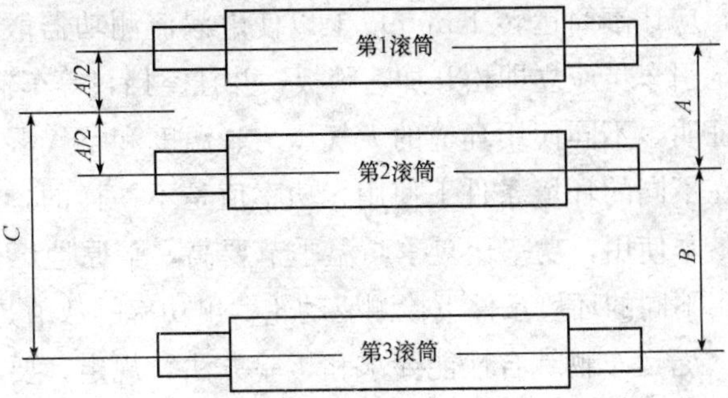

图 1-26　配备自由滚筒的结构

因此，对于检测双后桥驱动的车辆，检测时，应特别注意：对于双轴滚筒式底盘测功台，如果配备自由滚筒，务必将汽车轴间差速器锁可靠地锁住，使两驱动桥同步运转。

但是即便将汽车的轴间差速器锁可靠地锁住，保证了两驱动桥同步运转，由于自由滚筒没有功率吸收装置，所测得的底盘输出功率将大为降低。因此，对于检测双后桥驱动的车辆，最合理的方法是选择双轴双滚筒式底盘测功台。

2. 测试步骤

(1) 汽车驱动轮输出功率的检测

1) 根据显示屏显示的被检车辆的牌号，将车辆驱动轮置于底盘测功台滚筒上，非驱动轮前抵上车偃（或用系留装置拉住车辆），举升器自动降下。

2) 引车员系好安全带，并根据显示屏指令操作，在检测过程中，车辆前方不得站人。

3) 引车员应逐级起步换挡，提速至直接挡，并以直接挡的最低车速稳速运转。

4) 显示屏指令“设定车速值”时引车员将加速踏板踩到底，并保持不动，底盘测功台自动加载，直至车速稳定在设定的检测车速值±0.5 km/h 范围内。

5) 测试车速在设定车速范围内稳定 15 s 后，计算机连续自动采集实际车速值、驱动轮输出功率及扭矩值，在测试全过程中，实际检测车速和设定车速的允许误差为±0.5 km/h，扭矩波动幅度应小于±4%。

6) 工位电脑读取检测数据，引车员挂空挡，松开加速踏板，车轮继续带动滚筒旋转约 1 min 以上，确保电涡流测功器散热。

7) 对检测不合格的车辆，允许复测一次。

8) 举升器举起，车辆驶出底盘测功台工位。

对于全自动检测线，本工位所检测的数据直接传输给主控电脑，用于全部项目检测完成后打印检测报告单。对于有工位打印机的，可以在本工位直接打印检测数据。工位打印机可打印设定车速值、实际车速值、驱动轮输出功率及扭矩值等。

驱动轮输出功率检测完后，车轮会继续带滚筒旋转，一方面，给电涡流测功器散热；另一方面，可利用该段时间测试 30～0 km/h 的车辆滑行距离测试。要注意的是，滑行距离测试应挂接相应的惯性飞轮，只要计算机软件设置合理，两个参数同时检测完全是可行的。

动力性检测完后，应让滚筒运转 1 min 以上以使电涡流测功器散热。底盘测功机在测试中如突然发生停电，引车员应立即松开加速踏板，并挂空挡，等车辆滑行减速直至停驶。

理论和实践都已证明，不同使用环境的大气压力、温度和空气湿度，都会影响到发动机的进气压力，车辆在不同的环境条件下使用，功率值是不一样的，严重时，功率会相差10%～20%。车辆在冬季使用，功率比夏季高温季节要高，平原地区使用比在西部高原地带要好，这也充分说明不同的环境条件下检测驱动轮输出功率的数值是有差异和变化的。

GB 18565—2001《营运车辆综合性能要求和检验方法》规定，要将现场检测的实测驱动轮输出功率修正到标准环境条件下的校正驱动轮功率后，再和发动机额定扭矩功率（或发动机额定功率）比较后得到其百分数，再对车辆的整车动力性进行判定。

考虑到校正的要求，大多数底盘测功工位均配备有温度计、湿度计、气压计等。其检测信号直接传输给电脑，电脑则可按设定的程序自动进行校正计算。

(2) 汽车滑行性能的检测

1）正确选择底盘测功台上相应飞轮的当量惯量。

2）将被检车辆驱动轮置于底盘测功台滚筒上。

3）按引导系统提示将车辆逐步换至直接挡并加速至高于规定车速（30 km/h 或 50 km/h）后，置变速器于空挡，利用车一台系统储藏的动能，使其运转直至车轮停止转动。

4）电脑记录汽车从规定车速开始至车轮停止转动的滑行距离。

注意：实测的滑行距离须修正后显示。

3. 检测标准

(1) 驱动轮输出功率检测标准

驱动轮输出功率的限值如表 1-2 所示。标准规定整车动力性检测的判定限值是在用上述检测工况下，采用校正驱动轮输出功率与相应的发动机输出功率的百分比，作为驱动轮输出功率的限值。即

$$\eta_{VM} = P_{VM0}/P_M$$

$$\eta_{VP} = P_{VP0}/P_e$$

式中 η_{VM}——汽车在额定扭矩工况下的校正驱动轮输出功率与发动机额定扭矩功率比值的百分比，%；

η_{VP}——汽车在额定功率工况下的校正驱动轮输出功率与发动机额定功率比值的百分比，%；

P_{VM0}——汽车在额定扭矩工况下的校正驱动轮输出功率，kW；

P_{VP0}——汽车在额定功率工况下的校正驱动轮输出功率，kW；

P_M——发动机在额定扭矩工况下的输出功率，kW；

P_e——发动机在额定功率工况下的输出功率，kW。

驱动轮输出功率合格的判定条件为

$$\eta_{VM} \geqslant \eta_{Ma}$$

$$\eta_{VP} \geqslant \eta_{Pa}$$

式中 η_{Ma}——汽车在额定扭矩工况下的校正驱动轮输出功率与发动机额定扭矩功率比值的百分比的允许值,%；

η_{Pa}——汽车在额定功率工况下的校正驱动轮输出功率与发动机额定功率比值的百分比的允许值,%。

允许值的限值是对一般营运车辆动力性的最基本的合格要求，如果动力性达不到允许值的要求，则说明该车动力性不合格，应对该车发动机或传动系进行检查维修后，再重新检测，一定要合格后才能投入营运工作。根据 JT/T 198—2004《营运车辆技术等级划分和评定要求》的规定，凡从事危险品货物运输、高速公路客运、旅游客运和 800 km 以上超长线公路客运的车辆，其技术等级必须为一级，上述车辆的校正驱动轮输出功率与相应的发动机输出功率的比值的百分数，必须要大于或等于表 1-2 中额定值的限值才能为合格。对于二、三级车，只要达到相关限值即符合要求。

(2) 汽车滑行性能检测标准

汽车滑行性能的检测标准见表 1-3。

表 1-3 汽车滑行性能的检测标准

汽车整备质量/kg	双轴驱动车辆滑行距离/m	单轴驱动车辆滑行距离/m
$m<1\ 000$	≥104	≥130
$1\ 000\leqslant m<4\ 000$	≥120	≥160
$4\ 000\leqslant m<5\ 000$	≥144	≥180
$5\ 000\leqslant m<8\ 000$	≥184	≥230
$8\ 000\leqslant m\leqslant 11\ 000$	≥200	≥250
$m>11000$	≥214	≥270
注：表中规定的测试车速为 50 km/h。		

4. 整车动力性不合格的主要原因分析

1) 发动机功率不足。可能的原因有：气缸压缩压力低；个别气缸工作不正常；点火正时（或喷油正时）不准；空气滤清器堵塞等。

2) 底盘传动系技术状况不良。可能的原因有：离合器打滑；制动器间隙偏小；传动轴变形弯曲，中间轴承支架松旷，传动轴不平衡；驱动轿装配不良或有故障；轮胎气压不标准，轮辋变形，轮胎花纹规格不符合要求；传动系、行驶系润滑不良等。

二、技能考核

1. 准备工作

1）教师为考核准备好检测仪器、设备及必要的工具。

2）学生完成对车辆的检查准备工作。

2. 考核实施

1）学生每 2 人为一组，互为检测员和引车员。

2）小组相互合作完成本任务规定的实操项目，并完成学生实训工单的填写。

3）教师全过程观察学生操作情况，对可能造成仪器、设备等损坏及可能产生人身危险的操作及时制止和纠正，并在教师考核记录表上做必要的记录和评分。

4）教师审阅学生完成的学生实训工单并给出成绩。

5）教师将学生实训工单的成绩填入教师考核记录表内，并合算出总成绩。

习题与思考

一、判断题

(　　)1. 汽车动力性，又称汽车牵引性，它是表征汽车加速、爬坡及能达到最高车速的能力。

(　　)2. 为了更准确地进行汽车加速性能和滑行性能测试，底盘测功台应设置相应的惯性模拟装置。

(　　)3. 驱动轮输出功率的大小完全取决于发动机发出的功率和传动系的传动效率。

(　　)4.《营运车辆综合性能要求和检验方法》(GB 18565—2001) 规定：用汽车发动机在额定扭矩或额定功率时的驱动轮输出功率作为整车动力性的评价指标。

(　　)5. 底盘测功台主要由道路模拟系统、数据采集与控制系统、安全保障系统及引导系统等组成。

(　　)6. 底盘测功台的滚筒直径越小，接触比压就越大，滚动阻力就越大，对驱动轮输出功率的损耗也越大。

(　　)7. 应尽可能选择滚筒直径大的底盘测功台使用，以减少检测时的滚动阻力损耗。

(　　)8. 底盘测功台检测时轮胎的滚动阻力随着安置角的增大而增大。

(　　)9. 底盘测功台反拖装置是采用反拖电动机带动底盘测功台的功率吸收装置、滚筒及汽车车轮、汽车传动系的一种装置。

(　　)10. 底盘测功台反拖装置对车轮与滚筒的正向拖动与反向拖动阻力是有差异的。

二、选择题

1. 汽车在平坦道路上加速行驶时不存在的阻力是(　　)。

A. 空气阻力　　B. 滚动阻力　　C. 加速阻力　　D. 坡道阻力

2. 由于空气的黏性，在车身表面产生的切向力在行驶方向上的分力称为(　　)。

A. 摩擦阻力　　B. 形状阻力　　C. 干扰阻力　　D. 诱导阻力

3. 驱动轮输出功率检测完后，应让滚筒空转(　　)min 以上确保电涡流测功器散热。

A. 3　　B. 2　　C. 1　　D. 4

4. 有反拖装置的底盘测功台除具备常用底盘测功台的功能外，还具有测试底盘测功台自身的传动阻力、汽车车轮滚动阻力及(　　)等功能。

A. 汽车加速时间　　B. 汽车车速里程表

C. 汽车传动阻力　　D. 汽车行驶阻力

5. 汽车底盘的输出功率，除了可以通过整车的道路试验测定外，还可以在室内条件下在(　　)上测定。

A. 底盘测功台　　B. 发动机实验台　　C. 水力测功机　　D. 无负荷测功仪

6. (　　)不是造成汽车传动系机械传动效率低的原因。

A. 离合器、变速器磨损　　B. 主减速器、差速器润滑不良

C. 发动机动力不足　　D. 轮毂轴承松旷

三、问答题

1. 什么是汽车的动力性？其评价指标有哪些？

2. 汽车行驶阻力有哪些？

3. 汽车行驶的驱动条件与附着条件是什么？

4. 底盘测功的目的是什么？

5. 底盘测功台的飞轮的作用是什么？什么时候需要用到飞轮装置？

6. 进行底盘测功前，对车辆有哪些要求？

7. 在用带自由滚筒的底盘测功台检测双后轴驱动的车辆的驱动轮输出功率时，为什么一定要锁止轴间差速器？

8. 在进行汽车驱动轮输出功率检测时，哪些人为因素会影响检测结果的准确性？

项目二　汽车燃料经济性及检测

任务目标

1. 了解汽车燃料经济性的评价指标。
2. 知道汽车燃料经济性的影响因素。
3. 能叙述油耗仪的结构与工作原理。
4. 会在底盘测功机上利用油耗仪检测汽车的燃料消耗量。
5. 可根据检测结果，对车辆的燃料经济性做出评价，并提出维修建议。
6. 培养良好的安全与卫生习惯和团结协作意识。

任务引入

汽车燃料经济性用汽车燃料消耗量评价。汽车燃料消耗量除了与燃料供给系的技术状况有直接关系外，还与曲柄连杆机构、配气机构、点火系、润滑系、冷却系、传动系、行驶系、转向系和制动系等有关，它是一个综合性评价参数。用油耗仪测量汽车燃料消耗量在使用中的变化，不仅可以诊断燃料供给系的技术状况，而且还可以诊断发动机及整车的技术状况。

在汽车综合性能检测中，通过对汽车燃料消耗量的检测，可以限制油耗超标的车辆继续使用，从而达到节约能源和减少排气污染的目的。

相关知识

一、汽车燃料经济性及评价指标

汽车的燃料经济性是汽车的主要使用性能之一，它是指汽车以最小的燃料消耗完成单位运输工作量的能力。

为了评价汽车的燃料经济性，常用汽车行驶 100 km 所消耗的燃料量（L/100 km 或 kg/100 km）来评价，在我国及欧洲均采用这一指标来评价汽车的燃料经济性。对于货车和大型客车，由于载质量和座位不同，百公里[1]油耗量相差较大，因而，从车辆的使用角度出发，又采用单位运输工作量的燃料消耗量［L/（100 t · km)］作为评价指标。这一评

---

① 1公里=1 000米。

价指标不仅可用以评价汽车的燃料经济性，而且还可反映运输工作管理水平。上述两个指标的数值越大，汽车的燃料经济性越差。

汽车燃料经济性也可用汽车消耗单位量燃料所经过的行程（km/L）作为评价指标，例如，美国采用每加仑燃料能行驶的英里数，即 MPG 或 mile/USgal 作为汽车燃料经济性的评价指标，其数值越大，汽车的燃料经济性越好。

等速行驶百公里的燃料消耗量是常用的一种评价指标，指汽车在一定载荷（我国标准规定轿车为半载，货车为全载）下，以最高挡在水平良好路面上等速行驶 100 km 的燃料消耗量。每隔 10 km/h 或者 20 km/h 速度间隔测出一等速行驶百公里的燃料消耗量，然后在图上连成一曲线，称为等速百公里的燃料消耗量曲线，如图 2-1 所示。

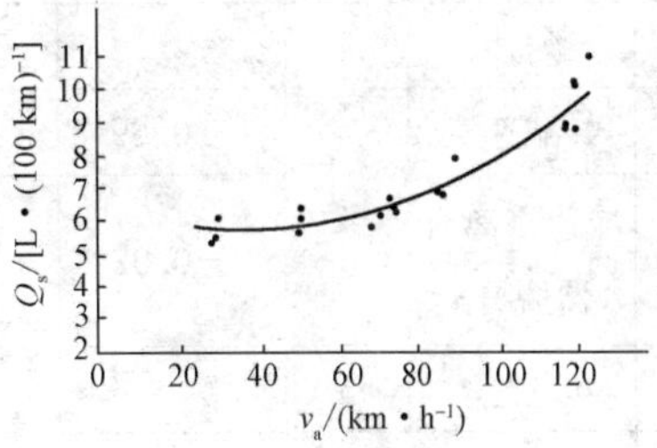

图 2-1　汽车等速百公里燃料消耗曲线

等速行驶工况并不能全面反映汽车的实际运行况，特别是在市区行驶中频繁出现的加速、减速、怠速停车等行驶工况。因此，在对实际行驶车辆进行跟踪测试统计的基础上，各国都制定了一些典型的循环行驶试验工况来模拟汽车实际运行工况，并以其百公里的燃料消耗量来评定相应工况的燃料经济性。

循环行驶试验工况规定了车速—时间行驶规范，例如，何时换挡、何时制动以及行车的速度和加速度等数值。因此，它在路上试验比较困难，一般多规定在室内汽车底盘测功机（转鼓检测台）上进行测试。

我国规定轿车按二十五工况进行循环试验，如图 2-2 所示，各工况的具体规定见表2-1。

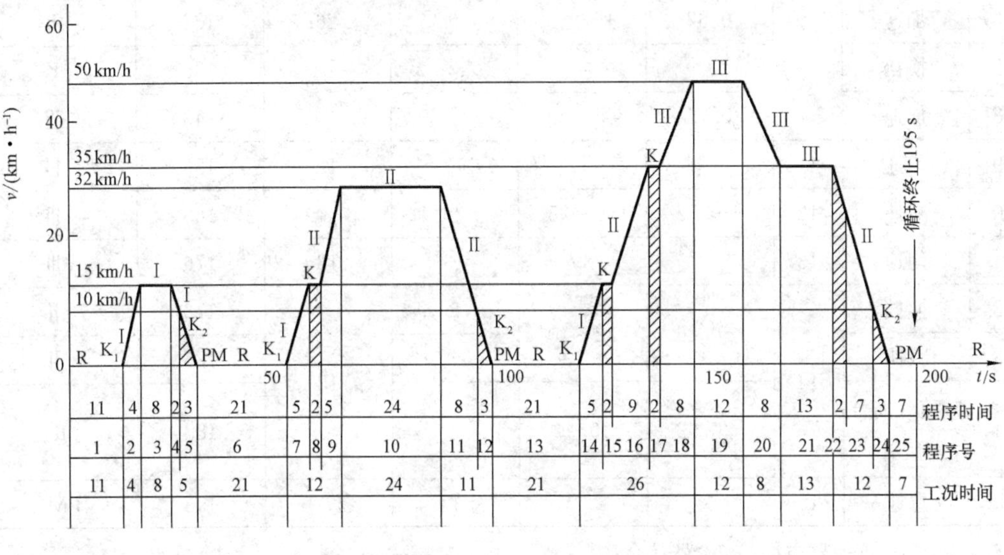

图 2-2　轿车二十五工况试验循环

K—离合器分离；K_1、K_2—离合器分离，变速器挂 1 挡或 2 挡；

Ⅰ、Ⅱ、Ⅲ—变速器分别为 1 挡、2 挡、3 挡；R—怠速（图中的阴影部分）

表 2-1　轿车二十五工况试验循环表

程序号	运转次序	工况序号	加速度/(m·s^{-2})	车速/(km·h^{-1})	程序时间/s	工况时间/s	累计时间/s	如系手动变速器，所用挡位
1	怠速	1			11	11	11	PM6s+$K_1$5s
2	加速	2	1.04	0～15	4	4	15	Ⅰ
3	匀速	3		15	8	8	23	Ⅰ
4	减速	4	−0.69	15～10	2	5	25	Ⅰ
5	减速（离合器脱开）		−0.92	10～0	3		28	K_2
6	怠速	5			21	21	49	PM6s+$K_1$5s
7	加速	6	0.83	0～15	5	12	54	Ⅰ
8	换挡		0.94	15	2		56	Ⅱ
9	加速	7		15～32	5		61	Ⅱ
10	匀速			32	24	24	85	Ⅱ
11	减速	8	−0.75	32～10	8	11	93	Ⅱ
12	减速（离合器脱开）		−0.92	10～15	3		96	K_2
13	怠速	9			21	21	117	PM6s+$K_1$5s
14	加速	10	0.83	0～15	5	26	122	Ⅰ
15	换挡			15	2		124	K
16	加速		0.62	15～35	9		133	Ⅱ
17	换挡				2		135	K
18	加速		0.52	35～50	8		143	Ⅲ
19	匀速	11		50	12	12	155	Ⅲ
20	减速	12	−0.52	50～35	8	8	163	Ⅲ
21	匀速	13		35	13	13	176	Ⅲ
22	换挡	14	−0.86	32～10	2	12	178	Ⅱ
23	减速				7		185	Ⅱ
24	减速（离合器脱开）		−0.92	10～0	3		188	K_2
25	怠速	15			7	7	195	PM7s

注：PM——变速器空挡，离合器接合；

K_1——变速器挂 1 挡，离合器脱开；

K_2——变速器挂 2 挡，离合器脱开。

二、汽车燃料经济性的影响因素

影响汽车燃料经济性的因素很多，汽车的燃料经济性主要取决于发动机的特性和汽车的自重、车速及各种运动阻力（如空气阻力、滚动阻力和爬坡阻力等）的大小、传动系的效率及减速比等。下面主要从结构因素和使用因素两个方面进行分析。

1. 汽车结构因素的影响

（1）发动机

发动机的油耗对汽车的油耗有决定性的影响，而发动机的油耗决定于发动机的结构。

1）发动机类型。柴油机热效率比汽油机高，通常柴油机的有效燃料消耗率比汽油机低30%～40%，目前商用汽车广泛采用柴油机，轿车上使用柴油机的比例也在上升。

2）压缩比。发动机的压缩比越大，其热效率越高，发动机动力性提高，发动机油耗率降低。因此，在容许的条件和范围内提高压缩比，可以改善燃料的经济性。

3）燃料系统的结构和控制。改进燃料供给系和燃烧室的形状及进、排气系统的结构，使燃料得到良好的汽化和雾化，并且与空气混合均匀，就能改善燃烧过程，从而提高燃料经济性，特别是减少进气管气流阻力，减少排气干扰，可提高充气效率，减少油耗。

采用电子控制燃油喷射实现精确空燃比，也可以提高燃料经济性，目前广泛采用的电喷发动机一般节油 5%～20%。

（2）底盘系统

汽车底盘系统的传动系对汽车的燃料经济性有重要影响。

变速器挡位越多，不但汽车换挡平顺，而且使发动机增加了处于经济工况下运行的机会，有利于提高燃料经济性。因此，现代汽车都趋向于 5 挡或以上变速器，或者采用无级变速。在主减速比一定、同样的道路和车速条件下用不同的挡位行驶，虽然发动机输出功率相同，但挡位越低，后备功率越大，油耗会越高；而使用高挡位时，情况则相反。所以，一般尽可能选用高挡位行驶来节省油耗。

底盘系统中轮胎对燃料经济性也有较大影响。轮胎结构对滚动阻力影响很大，改善轮胎的结构，可以减少汽车的油耗。美国环保局的试验表明，滚动阻力减少 10%，油耗可降低 2%。采用子午线胎，提高轮胎气压，是减少滚动阻力的主要途径。试验表明，大型货车装用子午线胎后，滚动阻力可减少 15%～30%，节油 5%～8%，轿车子午线轮胎的节油率为 6%～9%。

提高轮胎气压，可使汽车行驶时轮胎变形减少。因此，汽车的滚动阻力随轮胎气压的增加而减少。美国 NHTSA 的研究表明，将轮胎气压由 166.6 kPa 提高到 215.6 kPa，滚动阻力减少 30%，油耗降低 3%。但轮胎气压提高后，又带来舒适性降低、悬架动载荷变大等问题，并且轮胎气压的提高受到有关道路法规的限制。

（3）汽车总质量

汽车行驶时，汽车功率消耗与汽车行驶阻力有关。除空气阻力外，其他阻力都与汽车总质量有关。因此，减轻汽车整备质量，是降低油耗最有效的重要措施之一。据有关资料介绍，汽车整备质量每增加 25%，油耗增加 8%；每减轻 10%，油耗可减少 8.5%。汽车轻量化的目的主要在于提高燃料经济性。据资料介绍，铝质车身可减少质量约 15%，油耗降低 5%～8%。

当前，减轻自重的主要方法：一是尽量减少零件数量，如新车身骨架的零件数量，由 400 个减到了 75 个，重量减轻 30%；二是大量采用轻质合金及非金属材料。

目前，在汽车轻量化方面采用的主要措施有：用优化设计的方法充分利用材料的强度，提高结构的刚度；采用高强度轻材料，如采用高强度低合金钢、铝合金、镁合金、塑料和各种纤维强化等材料制造汽车零件；改进汽车结构，如轿车采用前轮驱动、高可靠性轮胎（可以去掉备胎）、少片或单片弹簧钢板、承载式车身、空冷式发动机、二行程发动机、绝热发动机，以及各种零件的薄壁化、复合化、小型化等；减少车身尺寸，这还有利于减少行驶时的空气阻力；取消一些附加设备及器材等。质量轻的电子产品的大量应用，也对汽车的轻量化发挥了作用。

（4）汽车的外形

汽车速度不高时，空气阻力对汽车的燃料消耗影响不大，但当车速超过 50 km/h 时，空气阻力对汽车燃料经济性的影响逐步明显。减少空气阻力主要是通过减少汽车的空气阻力系数来实现，汽车制造厂通过整车的风洞试验研究使汽车外形接近最优化。研究表明，空气阻力系数每降低 10%，可使汽车燃料经济性提高 2%左右。

目前，国内外采取减少空气阻力系数的主要措施有：选择合理的车身外形，对所有暴露部位进行空气动力学优选，以及在车身上加装各种导流装置。

2. 汽车使用因素的影响

（1）汽车的技术状况

随着使用时间的增长，汽车的性能也在逐步发生变化，当感觉车辆有异样时，应立即对车辆进行检查。若车辆的技术状况差、故障多，则会对汽车的行驶油耗影响很大。

除汽车发动机故障外，汽车底盘部分的技术状况，如减速器、制动器、轴承、前束调整不当，轮胎气压不足等，都会导致汽车油耗大幅度增加。

（2）车辆运行条件

车辆的使用状况也是影响汽车油耗的主要因素之一。如汽车在高原行驶，由于进气量下降，导致燃料燃烧不完全，汽车的油耗必然增加。汽车在道路条件很差的路面行驶，其功率消耗大、滚动阻力大，必然导致燃料消耗量的增大。

（3）驾驶技术

熟练的驾驶技术是开车节油的前提，同一车型，使用条件基本相同，不同的人驾驶，汽车油耗可相差 20%以上。

如下几种驾驶习惯就会增加油耗：见空当就抢，尤其是交通不畅、等红灯、变换车道时，相邻车道刚有了点空当，突然加速挤过去，过去了就不得不踩刹车，如此急加速与急停车是非常耗油的；低挡高速长距离行车，特别是初学者常会在低挡长距离高速行车，这会导致油耗上升；不必要的高速行驶会增加油耗，任何一款车都有经济时速，在这个速度行驶时最省油，低于这个速度或高于这个速度，油耗就会上升，而超过一定的速度后，油耗会大幅度上升。

3. 日常使用汽车节油注意事项

1）给后备厢减负。超载的车辆在行驶时会更费油。因此，尽量清空后备厢，不要把后备厢当储存室，非必要东西勿堆置车内。

2）平缓加油，切忌急踩油门和急刹车。特别是猛加速，耗费燃料最多，猛加速 10 次，约耗费燃料 1 200 mL 以上。停车后猛踩油门起步，急踩刹车等这些行为都会增加燃油消耗。遇红灯应提早放油门，尽量少踩刹车。

3）暖机后再加速。引擎低温运转比温度升高后运行更费油，所以刚启动时不要马上加速，而应该慢行一段时间让发动机热起来之后再加速。

4）选择合适挡位。要用合理的速度行车，或快或慢都浪费燃料，使用的挡位越低，节气门开度越小，发动机的功率利用越小，油耗自然就越大。发动机的大部分时间在中等转速运转，节气门开度适当（70%左右）时，耗油量最小。在道路状况良好的情况下，尽量使用高速挡行驶。

5）避免长时间怠速。发动机空转时也要消耗燃油。如果可能的话，在停车等待时尽量将发动机熄火，而不是让它一直运转。

6）尽量少用空调。开空调也不要调到“最冷”“最热”挡，空调可以消耗很多燃油。开着两侧的车窗可以降低空气阻力，所以在遇到堵车行驶缓慢时应开窗。

7）高速行驶时不能开窗户，否则会增加行驶阻力。

8）保持车辆清洁。经常洗车和给车打蜡可以减少空气阻力，因而可以提高燃料经济性。

9）按保养手册严格保养，尤其是要定期更换机油。一辆维护保养良好的汽车开起来才更省油，所以要按照用户手册上推荐的方法定期保养。

10）在磨合期要严格按照要求磨合。如果汽车磨合不好会费油。磨合期不要超速，也不要超载。

三、车用油耗仪

测量汽车燃料消耗量时，可以采用测定其容积、质量、流量、流速和压力等方法，其中容积法和质量法较为常用，特别是容积法应用得更为广泛。发动机台架试验时采用容积法和质量法的基本做法，是测定发动机消耗一定体积燃料或消耗一定质量燃料所经过的时间，然后由燃料消耗量和经过时间计算单位时间的燃料消耗量。汽车道路试验或整车在底盘测功机上测量燃料消耗量时，则是测定汽车通过一定路程时消耗的燃料量和通过时间，然后由燃料量、路程和时间，计算试验车速下汽车单位里程燃料消耗量（L/km）、百公里燃料消耗量

(L/100 km)，百吨公里燃料消耗量［L/（100 t·km)］或每升燃料行驶的里程（km/L)。

就车测定燃料消耗量时，须采用车用油耗仪。车用油耗仪具有体积小、质量轻、使用方便、不易损坏、能以蓄电池为电源和可装在车内与里程计并用等优点，因而能固定安装在汽车等机动车辆上，随车辆道路试验、长期使用或在底盘测功机上，考核其整车燃料消耗量。

1. 车用油耗仪的结构原理

车用油耗仪一般由传感器和计量显示仪表组成，两者采用电缆线连接。车用油耗仪的类型有多种，常用的为容积式。

容积式车用油耗仪如按传感器结构分类，可分为膜片式、量管式和活塞式三种。膜片式车用油耗仪，有单油室式和双油室式之分；量管式车用油耗仪，有单量管式和双量管式之分；活塞式车用油耗仪，有单活塞式和四活塞式之分。在上述容积式车用油耗仪类型中，以采用膜片式、单活塞式和四活塞式传感器为多见。容积式车用油耗仪如按计量显示仪表分，可分为电磁计数器式和有运算功能的数字显示式两种。目前，后者已发展成微机控制的智能化仪表。在常见的容积式车用油耗仪中，采用膜片式传感器的和单活塞式传感器的油耗仪，多以电磁计数器作为计量显示仪表；采用四活塞式传感器的油耗仪，多以具有运算功能的数字显示式作为计量显示仪表。

(1) 膜片式车用油耗仪

膜片式车用油耗仪的传感器，是通过油室内膜片的变形来测量燃料消耗量的。当油室内膜片变形使其容积由最大变到最小时，造成的容积差就是油室的排油量。油室的排油量是一个定值，由电磁计数器记录排油次数，因而可测得流经的燃油量。膜片式车用油耗仪具有结构简单、密封性好、对燃油清洁性要求不高等优点。但是，在使用中膜片不可避免地会产生塑性变形，致使计量精度发生变化，因而需要经常校正。

国产 GD—30 型车用油耗仪由传感器和电磁计数器两部分组成，如图 2-3 所示。其传感器为容积膜片式，适用于汽油发动机和柴油发动机。当燃油流经传感器时，传感器能发出与流经的燃油体积成正比的脉冲信号，并将脉冲信号输送到电磁计数器，经放大器放大后，驱动计数器进行记录，然后由数码管显示燃料消耗量。

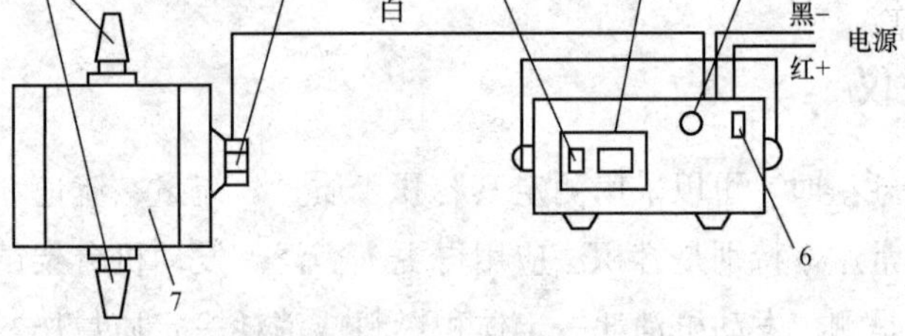

图 2-3　国产 GD—30 型车用油耗仪

1—进出油口；2—磁敏开关；3—复零按钮；4—计数器；5—电源指示灯；6—电源开关；7—传感器

（2）单活塞式车用油耗仪

单活塞式车用油耗仪的传感器，是通过活塞在液压缸内移动一次所排出固定体积的燃油计数器来记录排油次数，实现对流经的燃料消耗量进行测量的目的。由于使用中活塞及液压缸的尺寸变化速度极慢，所以计量准确，测试精度较高。但是，传感器结构相对复杂，加工精度和装配精度要求较高，且对燃油的清洁度要求也较高。

（3）四活塞式车用油耗仪

四活塞式车用油耗仪也称行星活塞式油耗仪，该车用油耗仪的传感器由流量测量机构和信号转换机构组成，其简图如图 2-4 所示。

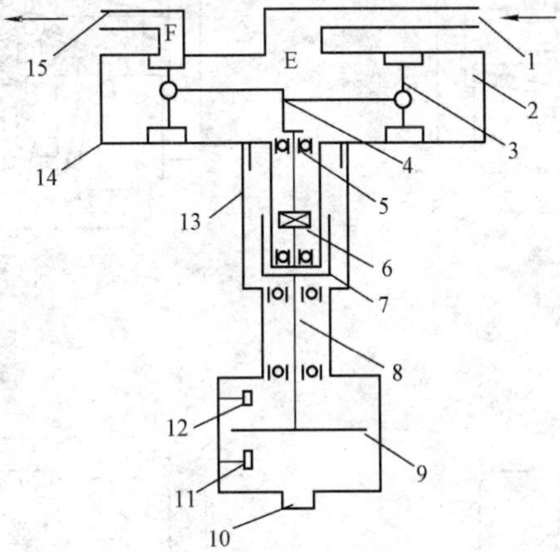

图 2-4　四活塞式车用油耗仪传感器

1—进油道；2—油缸；3—活塞；4—曲轴；5—曲轴轴承；6—主动磁铁；7—从动磁铁；8—转轴；9—光栅板；10—电缆线插座；11—光敏管；12—发光二极管；13—下壳体；14—上壳体；15—出油道

该油耗仪流量测量机构主要由活塞、液压缸、连杆、曲轴、上壳体、上盖和进出油道组成。四个活塞及其液压缸呈十字形向心布置，活塞装在液压缸内，通过各自的连杆与曲轴连接。曲轴通过轴承支撑在上壳体内。在上壳体及上盖内开有进、出油道。当燃油在泵油压力作用下经进油道进入 E 腔并通过上壳体内的油道来到活塞顶部时，可迫使活塞、连杆推动曲轴转动，并将对面活塞顶部的燃油通过上壳体内的油道经由上盖 F 油道排出。可以看出，当四个活塞及其液压缸各完成一次进、排油时，曲轴旋转一周。

行星活塞式油耗传感器的流量变换机构工作原理，如图 2-5 所示。该装置由十字形配置的 4 个活塞和旋转曲轴构成，用于将一定容积的燃油流量转变为曲轴的旋转。

在泵油压力作用下，燃油推动活塞往复运动，4 个活塞各往复运动一次则曲轴旋转一周，完成一个进排油循环。活塞在油缸中处于进油行程或是排油行程，取决于活塞相对于进排油口的位置。图 2-5（a）表示下活塞处于进油行程，来自曲轴箱的燃油由 P_3 推动其下行，并使曲轴作顺时针旋转。此时，左活塞处于排油行程终了，上活塞处于排油行程中，燃油从活塞上部经 P_1 从排油口 E_1 排出，右活塞处于进油终了。曲轴每旋转一圈，各缸分别泵油一次，从而具有连续定容量泵油的作用。曲轴旋转一周的泵油量为：

$$V = 2h\pi d^2$$

式中 V——四缸排油量，cm^3；

h——曲轴偏心距，cm；

d——活塞直径，cm。

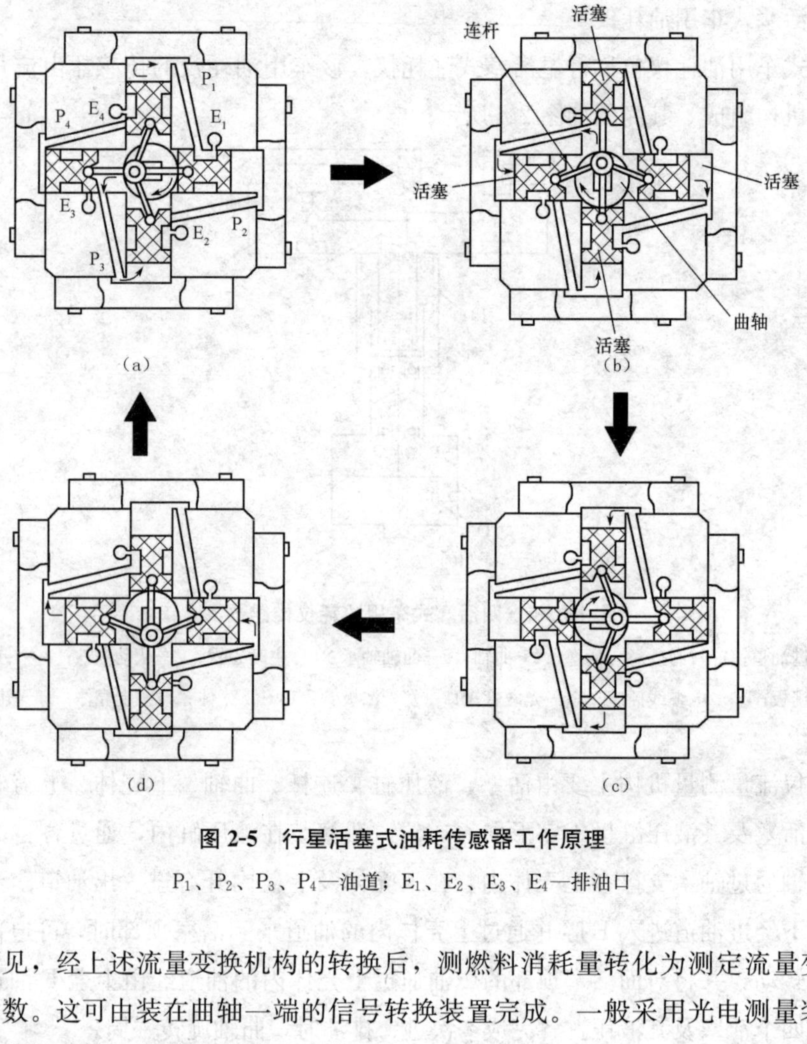

图 2-5　行星活塞式油耗传感器工作原理

P_1、P_2、P_3、P_4—油道；E_1、E_2、E_3、E_4—排油口

由此可见，经上述流量变换机构的转换后，测燃料消耗量转化为测定流量变换机构曲轴的旋转圈数。这可由装在曲轴一端的信号转换装置完成。一般采用光电测量装置进行信号转换，把曲轴旋转圈数转化为电脉冲信号。

信号转换装置装在曲轴的另一端，由主动磁铁、从动磁铁、转轴、光栅、发光二极管和光敏管等组成，如图 2-6 所示。主动磁铁装在曲轴端部，从动磁铁装在转轴端部，两磁铁相对安装，但磁铁之间留有间隙，其作用在于构成磁性联轴器。光栅固定在转轴上，由转轴带动旋转。光栅两侧装有发光二极管和光敏管，光敏管用于接收发光二极管发出的光线，光栅位于二者之间，其作用是把发光二极管发出的连续光线转变为光脉冲。当曲轴转动时，通过磁性联轴器带动转轴及光栅旋转，光栅在发光二极管和光敏管之间旋转，使光敏管接收到光脉冲，由于光敏管的光电作用，将光脉冲转换为电脉冲信号输入到计量显示装置。显然，该电脉冲数与曲轴转过的圈数成正比，从而可经过运算处理，在显示装置上显示出燃油的消耗量。

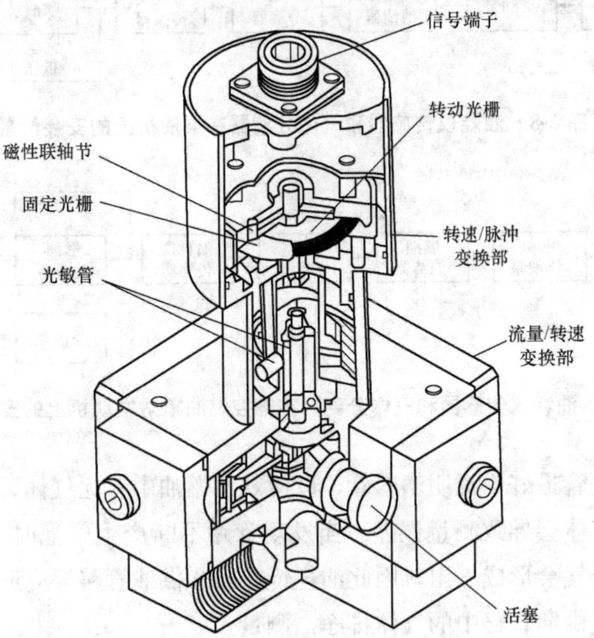

图 2-6　容积式油耗仪的信号转换装置

2. 油耗仪的使用

台架试验时，汽车燃料经济性检测是由底盘测功机和油耗仪配合完成的。底盘测功机用于提供活动路面，并可模拟汽车在道路上行驶时所受到的阻力，油耗仪则用于燃料消耗量的测量。汽车燃料经济性检测结果的准确性除与油耗仪的测试精度有关外，还取决于底盘测功机对汽车行驶阻力的模拟是否准确。合理布置检测油路和排净油路中气泡，对保证检测准确性是至关重要的。

（1）油耗传感器在燃油管路的安装

1）将油耗传感器串接在燃料系供油管路上。化油器式汽油机应串接在汽油泵与化油器之间，如图 2-7 所示；柴油机应串接在柴油滤清器与喷油泵之间，从高压回油管和低压回油管流回的燃油应接在油耗传感器与喷油泵之间，以免重复计量，如图 2-8 所示；电控燃油喷射发动机应串接在燃油滤清器与燃油分配管之间，从燃油压力调节器经回油管流回燃油箱的燃油应改接在油耗传感器与燃油分配管之间，避免重复计量，如图 2-9 所示。串接好的传感器应放置平稳或吊挂牢固。

图 2-7　油耗仪传感器和气体分离器在汽油机上的安装位置

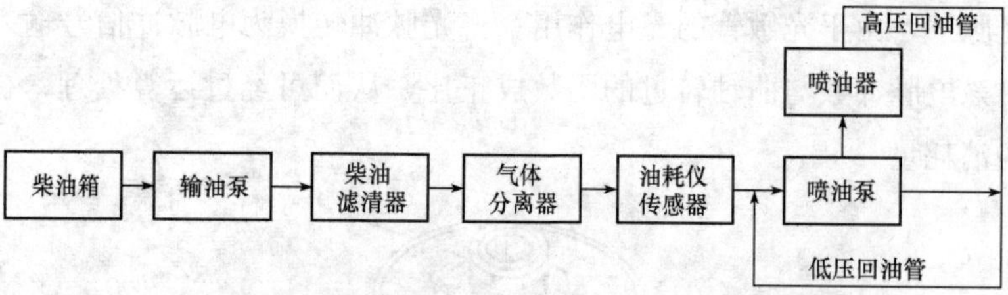

图 2-8　油耗仪传感器和气体分离器在柴油机上的安装位置

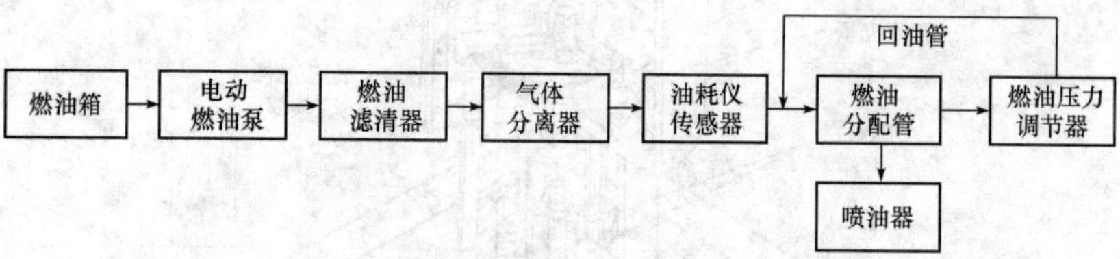

图 2-9　油耗仪传感器和气体分离器在电控燃油喷射发动机上的安装位置

传感器的进出油管最好为透明塑料管，以便观察燃油中有无气体。

供油管路中有气体会导致测量误差。当发现管路不断产生气泡时，应仔细检查并消除不密封部位。汽油蒸气会形成气阻，因此油耗传感器和供油管路等应远离热源。

测量开始前应将供油管路中的气体排净。测量中若发现油耗仪传感器出油管有气泡，应重新测量。比较妥当的办法是在油耗仪传感器进口处串接气体分离器，以保证测量精度。气体分离器如图 2-10所示。当混有气体的燃油进入气体分离器浮子室时，气体会迫使浮子室内的油平面下降，使针阀打开，气体排入大气，从出油管进入传感器的燃油便没有气体了，使测量精度提高。

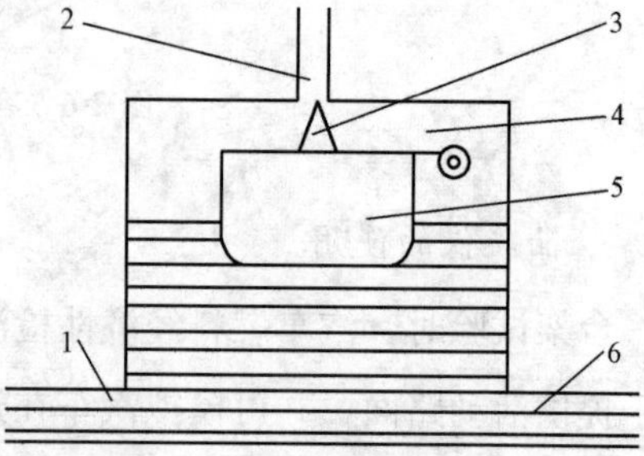

图 2-10　气体分离器

1—进油管；2—排气管；3—针阀；4—浮子室；5—浮子；6—出油管

目前生产的油耗传感器几乎都是将传感器与气体分离器组合为一体，如图 2-11 所示。

图 2-11　油耗传感器（与气体分离器一体式）

为了减少活塞式油耗仪传感器的磨损，防止活塞卡阻，被测燃油在密闭容器内应经24 h以上沉淀，并应在油耗仪传感器入口处安装纸质燃油滤清器，以保证燃油的清洁性。

2）油耗仪传感器串接到供油管路后，传输信号的电缆线应插入油耗仪传感器的插座上，另一端插入计量显示仪表输入插座上。

3）油耗仪的电源线必须夹紧在蓄电池极桩上，不要随意就近接在电路某部位上，以免供电电压发生较大变化，影响油耗仪正常工作。

（2）油耗仪的使用方法

下面以 ZHZ14 型汽车综合参数测试仪为例，讲述油耗仪的使用方法。

1）仪器自校。接通电源，开机或按下“自校”键后仪器自动进入自检状态，可对面板、拨码盘、测温系统、测量系统、打印机等进行检查，并按给定的方法由操作人员判断仪器是否有故障，显示的参数是否正确和能否正常工作等。仪器内部还有一部分功能是靠自身程序自动检定的，无须操作人员判断。当仪器发现自身出错时，将停机显示错误信息“ErrX”供操作人员处理。

错误信息如下：

Err1：微机系统出错。

Err2：测温 A/D 转换器输入超量程。

Err3：测温 A/D 转换器输入欠量程。

Err4：A/D 转换器电路故障。

仪器处于以上某一状态时已停止工作，只有按下“自校”键或重新开机方可重新进入工作状态。若仪器连续出现某种错误状态，则需停机修理。

2）测量。按下“启动”键，仪器将自检数据清零，进入正常测量状态。此时，按国家标准 GB 12545－2008《汽车燃料消耗量试验方法》规定的试验方法，在道路条件下进行直接挡全油门加速燃料消耗量试验、等速燃料消耗量试验、多工况燃料消耗量试验、限定条件下的平均使用燃料消耗量试验。通过按键，仪器可显示累计路程、累计油耗量、瞬时油耗量、累计时间、试验车速和燃油温度等参数。按下“打印”键，可打印出测量结果。

该仪器还设置了专用试验功能，可自动完成国家标准规定的等速燃料消耗量试验和多工况燃料消耗量试验，手动完成百千米燃料消耗量试验等。测量中采用哪种方式，可通过按键选择。

3）测量结束，从汽车上拆下油耗仪，将传感器内的油液排净，并注入经过加热蒸发过水分的润滑油妥善保管。

以上以 ZHZ14 型汽车综合参数测试仪为例，介绍了车用油耗仪的使用方法。当使用的车用油耗仪不同时，操作方法也不相同。重要的是要读懂车用油耗仪的使用说明书，严格按使用说明书介绍的方法操作。

车用油耗仪使用一段时间后，由于油耗仪传感器技术状况变化，测量精度下降，因此需要定期重新标定油耗仪系数。标定时按仪器使用说明书介绍的方法进行。通常的做法是先测定油耗仪传感器的实际输油量，再与计量显示仪表的指示量相比较，求出新的标定系数，则仪器的指示误差将通过确定新的标定系数而得到校正。

任务实施

一、技能学习

1. 准备工作

(1) 试验条件

1) 环境温度：0℃～40℃。

2) 环境湿度：<85%。

3) 大气压力：80～110 kPa。

(2) 试验准备

1) 试验车辆应预热至正常工作温度，轮胎气压应符合汽车制造厂的规定。

2) 滚筒式底盘测功机应预热至正常工作温度，油耗仪和气体分离器的安装位置应正确，供油系气体应排除干净。

3) 如需要，应人工测量并记录环境温度、大气压力和燃料密度。

(3) 安全注意事项

1) 被测车辆旁必须配备性能良好的灭火器。

2) 油耗传感器所用油管应透明、耐油、耐压，油管接头用合格的环形夹箍，不得用铅丝缠绕，并确保无渗漏。

3) 拆卸油管时，必须用沙盘接油，不允许用棉纱或其他易燃物接油，不允许燃油流到发动机排气管上。

4) 测试时，发动机盖应打开，以便观察有无渗漏现象，测试完毕安装好原管路后起动发动机，在确保无任何渗漏时，方可盖上发动机盖。

5) 连接油路时，油耗传感器底板需处于水平状态，并注意进、出口方向；不用时，进出油口必须加套保护，以防异物进入卡死传感器活塞。

6) 若传感器的滤清器被脏物堵塞，可将其拆下，用压力小于500 kPa的压缩空气吹除脏物。

2. 测试步骤

以等速条件下的燃料消耗量检测为例，其测试步骤如下：

1) 汽车开上滚筒式底盘测功机，落下举升器平板，逐挡加速至常用挡位（直接挡或超速挡），同时给滚筒加载，使车辆模拟道路行驶，直至达到规定的试验车速。

2) 待规定的试验车速稳定后，测量等速通过 500 m 行程的时间（s）和燃料消耗量（mL）。同一试验车速连续测量两次，等速燃料消耗量取算术平均值。

试验车速从 20 km/h（最小稳定车速高于 20 km/h 时，从 30 km/h）开始，以车速的 10 km/h 的整数倍均匀选取车速，直至达到最高车速的 90%，至少测定 5 个试验车速。

3) 根据通过的行程和时间，计算出实际试验车速；根据通过的行程和燃料消耗量，计算出等速百公里燃料消耗量。

4）以实际试验车速为横轴，以燃料消耗量为纵轴，绘制等速燃料消耗量散点图，根据散点图绘制等速燃料消耗量特性曲线，并分析、判断燃料供给系、发动机及整车的技术状况。

5）试验数据的校正。实际试验车速燃料消耗量的测量值均应按公式校正到标准状态下的数值（一般由工位电脑自动完成校正）。

3. 检测标准

为了节约能源，国家对现生产及计划投产的载货汽车规定了燃料消耗量限值，考核指标为比燃料消耗量 q（吨百公里燃料消耗量）：

$$q=\frac{Q_s}{G} \qquad [\mathrm{L/(100\ t\cdot km)}]$$

式中 Q_s——百公里的燃料消耗量；

G——汽车质量。

被考核车型要求在满足动力性的前提下，比燃料消耗量应符合“载货汽车燃料消耗量限值表”的规定，见表 2-2、表 2-3 和表 2-4。

表 2-2 汽油载货汽车燃料消耗量限值

汽车总质量/t	比燃料消耗量/[L·(100 t·km)$^{-1}$]	汽车总质量/t	比燃料消耗量/[L·(100 t·km)$^{-1}$]
2.5～4.0	4.05～3.17	9.0～12.0	2.64～2.50
>4.0～6.0	3.15～2.83	>12.0～15.0	2.48～2.39
>6.0～9.0	2.82～2.65		

表 2-3 柴油载货汽车燃料消耗量限值

汽车总质量/t	比燃料消耗量/[L·(100 t·km)$^{-1}$]	汽车总质量/t	比燃料消耗量/[L·(100 t·km)$^{-1}$]
2.5～4.0	2.82～2.16	9.0～12.0	1.68～1.55
>4.0～6.0	2.14～1.88	>12.0～15.0	1.53～1.43
>6.0～9.0	1.86～1.76		

表 2-4 重型载货汽车燃料消耗量限值

汽车总质量/t	比燃料消耗量/[L·(100 t·km)$^{-1}$]	汽车总质量/t	比燃料消耗量/[L·(100 t·km)$^{-1}$]
>15～17	1.42～1.40	>22～26	1.37～1.33
>17～22	1.39～1.37	>26～32	1.32～1.30

对于在用车，检测燃油消耗的目的是将实际油耗与车辆标准油耗相对照，以判断发动机燃油系统的技术状况。GB 18565—2001 规定，采用等速百公里燃料消耗量作为车辆燃料

经济性评价指标，并规定采用本标准规定的检验方法测得的汽车百公里燃料消耗量不得大于该车型原厂规定的相应车速等速百公里燃料消耗量的110%。

营运车辆评级时，JT/T 198—2004《营运车辆技术等级划分和评定要求》标准规定：

一级车：不大于该车型制造厂规定的相应车速等速百公里油耗的103%。

二级车、三级车：不大于该车型制造厂规定的相应车速等速百公里油耗的110%。

4. 检测结果分析

影响汽车燃料经济性的因素很多，就车辆本身而言，主要分为两个方面：其一是发动机、汽车结构方面的因素；其二是汽车使用方面的因素。在汽车的使用因素中，其技术状况的变化对汽车燃料经济性影响很大。

汽车的燃料经济性能否正常发挥，在很大程度上取决于汽车发动机的技术状况，其中包括发动机各组合件的技术状况。

1）发动机的技术状况不良。可能的原因有：气缸的压缩压力低；气门间隙不正确；配气相位不准确；化油器技术状况不良（或喷油泵、喷油器技术状况不良）；点火正时（或喷油正时）不准确；个别气缸工作不正常；发动机工作温度不正确；电喷发动机的各传感器、执行器及电脑有故障等。

2）汽车底盘技术状况不良。可能的原因有：底盘传动系各配合副配合不良或润滑不良；轮胎气压过低；车轮定位参数失准等。

二、技能考核

1. 准备工作

1）教师为考核准备好检测仪器、设备及必要的工具。

2）学生完成对车辆的检查准备工作。

2. 考核实施

1）学生每两人为一组，互为检测员和引车员。

2）小组相互合作完成本任务规定的实操项目，并完成学生实训工单的填写。

3）教师全过程观察学生操作情况，对可能造成仪器、设备等损坏及可能产生人身危险的操作及时制止和纠正，并在教师考核记录表上做必要的记录和评分。

4）教师审阅学生完成的学生实训工单并给出成绩。

5）教师将学生实训工单的成绩填入教师考核记录表内，并合算出总成绩。

习题与思考

一、判断题

（　　）1. 汽车燃料经济性，是指汽车以最少的燃料消耗完成单位运输工作量的能力。

（　　）2. 等速行驶燃料经济性能全面考核汽车运行燃料经济性，它可以作为一种相对比较性的指标。

(　　)3. 我国和欧洲常采用每百千米油耗量（L/100 km 或 kg/100 km）作为汽车燃料经济性的评价指标。

(　　)4. 对于货车和大型客车，采用单位运输工作的燃料消耗量［L/（100 t·km)］作为对汽车燃料经济性的评价指标。

(　　)5. 行星活塞式油耗计的流量传感器由流量检测机构和信号转换机构两部分组成。

(　　)6. 行星活塞式油耗计的流量传感器由流量检测机构和计量显示仪表两部分组成。

(　　)7. 行星活塞式油耗计的信号转换机构由呈十字形的水平位置的四个活塞及油缸组成。

(　　)8.《营运车辆综合性能要求和检验方法》(GB 18565—2001）中规定了汽车等速百千米燃料消耗量，可用台架和路试两种方法进行检测。

二、选择题

1. 在我国和欧洲均采用(　　)指标来评价汽车的燃料经济性。
   A. 每百公里油耗量（L/100 km 或 kg/100 km)
   B. 消耗单位量燃料所经过的行程（km/L)
   C. 单位运输工作的燃料消耗量［L/（100 t·km)］
   D. 每小时燃料的消耗量（kg/h)
2. 对于货车和大型客车，采用(　　)指标来评价燃料经济性。
   A. 每百公里油耗量（L/100 km 或 kg/100 km)
   B. 单位运输工作的燃料消耗量［L/（100 t·km)］
   C. 消耗单位量燃料所经过的行程（km/L)
   D. 每小时燃料的消耗量（kg/h)
3. 行星活塞式油耗计由(　　)和计量显示仪表两部分组成。
   A. 流量检测机构　　B. 信号转换机构
   C. 流量传感器　　D. 流量执行器
4.《营运车辆综合性能要求和检验方法》(GB 18565—2001）规定，采用本标准规定的检验方法测得的汽车百公里燃料消耗量不得大于该车型原厂规定的相应车速等速百公里燃料消耗量的(　　)作为燃料消耗量限值指标。
   A. 110%　　B. 103%　　C. 105%　　D. 108%

三、问答题

1. 简述四活塞式车用油耗传感器的工作原理。
2. 为什么要检测汽车的燃料消耗量?
3. 我国目前采用的汽车燃料经济性评价指标是什么?
4. 车用油耗仪的安装方法及注意事项是什么?
5. 分析汽车燃料经济性不合格在发动机方面可能存在的故障。

项目三　汽车制动性及检测

任务目标

1. 知道汽车制动性能的评价指标。
2. 可叙述反力滚筒式、平板式制动检测台和五轮仪的结构与工作原理。
3. 能用反力滚筒式和平板式制动检测台检测汽车的制动性能。
4. 能用五轮仪检测汽车的制动性能。
5. 可根据检测结果进行分析，对车辆的制动性能做出评价，并提出维修建议。
6. 培养良好的安全与卫生习惯和团结协作意识。

任务引入

汽车的制动性能是汽车重要的使用性能之一。制动性能的好坏直接关系到行车安全，性能良好和可靠的制动系统可保证行车安全，避免交通事故。反之，很容易造成车毁人亡的恶性事故。同时，制动性能的好坏还影响到汽车动力性的发挥。因此，汽车制动装置的齐全、可靠，及符合国家制动标准的良好制动性能是非常重要的。制动性能检测是安全性检测的重点项目之一。

台试检测制动性能通常使用反力滚筒式或平板式制动检测台，主要检测参数为制动力。反力滚筒式制动检测台和平板式制动检测台均有一定的局限性，包括承载能力限制及车辆结构限制，因而并不是所有类型车辆均能进行台试检测制动性能。对于不能进行台试检测制动性能的车辆及对台试检测制动性能的结果有争议时，均需进行路试检测制动性能。在道路试验中检测车辆的整车性能时，经常要使用五轮仪检测车辆的制动距离、制动时间和制动初速度。

相关知识

一、汽车制动性能及其评价指标

汽车行驶时，能在短距离内迅速停车且维持行驶方向稳定性和在下长坡时能维持一定安全车速，以及在坡道上长时间保持停驻的能力，称为汽车的制动性能。汽车制动性直接关系着汽车的行车安全。只有在保证行车安全的前提下，才能充分发挥汽车的其他使用性能，诸如提高汽车车速、汽车的机动性能等。汽车制动性能主要从制动效能、制动抗热衰退性和制动时汽车的方向稳定性三个方面来评价。

1. 制动效能的评价指标

车辆的制动效能是指车辆在行驶中能强制地减速以致停车，或下长坡时维持一定速度的能力。评价制动效能的指标有制动距离、制动减速度、制动力和制动时间。

为了更好地理解制动效能的评价指标，需对车辆的制动过程进行分析。图 3-1 是根据实测的汽车制动过程中的制动减速度随时间的变化曲线而绘制的理想的制动减速度 j_a 随制动时间变化的曲线。

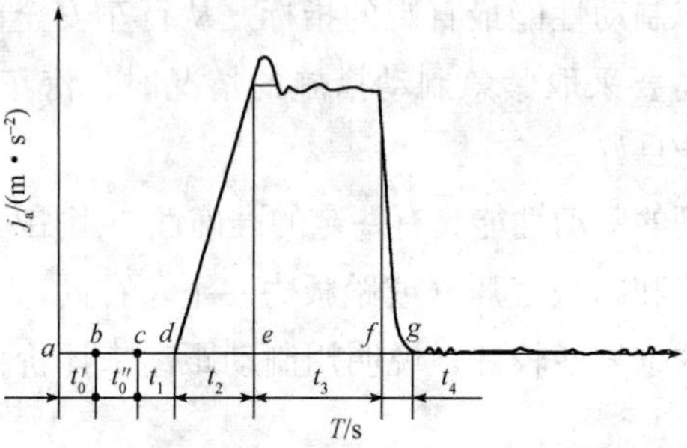

图 3-1　制动减速度随时间变化的曲线

当驾驶员接收到需进行紧急制动的信号时（即图 3-1 中的 a 点），并没有立即采取行动，而要经过 t'_0 秒后才意识到应进行紧急制动，从 b 点移动右脚，经过 t''_0 秒后到 c 点，开始踩制动踏板。从 a 点到 c 点的时间称为驾驶员的反应时间。

到 c 点后，驾驶员踩下制动踏板，踏板力迅速增加以致达到最大值。但由于制动踏板有一定的自由行程，而且要克服蹄片回位弹簧的拉力，所以要经过 t_1 秒后到达 d 点，这时制动器才开始产生制动作用，使汽车开始减速。这段时间称为制动系的反应时间。

由 d 点到 e 点是制动器的制动力的增长过程，车辆从开始产生减速度到最大稳定减速度所需要的时间 t_2 一般称为制动减速度（或制动力）上升时间。

从 e 点到 f 点为持续制动时间 t_3，此间制动减速度基本不变。

到 f 点时，制动减速度开始消减，但制动解除还需要一段时间 t_4，这段时间称为制动释放时间。

综上所述，制动的全过程包括驾驶员发现信号后做出行动的反应、制动器开始起作用、持续制动和制动释放四个阶段。而驾驶员的反应时间只与驾驶员自身有关，与车辆无关。在检验车辆时，可暂不考虑。驾驶员松开制动踏板后，制动释放时间对下次起步行车会带来影响，而对本次制动过程没有影响。所以，在研究制动性能时，着重研究从驾驶员踏着制动踏板开始到车辆停住这段时间（$t_1+t_2+t_3$）内车辆的制动过程。

不过，制动释放时间 t_4 对正常高速运行的汽车在“点刹”时带来的影响不可忽视，特别是同一轴上左、右车轮的制动释放时间不一致，会造成高速运行的汽车在“点刹”时出现“跑偏”现象，影响汽车的安全运行。

（1）制动距离

制动距离是反映车辆制动效能比较简单而又直观的指标。

制动距离是指车辆在一定的速度下制动，从脚接触制动踏板（或手触动制动手柄）时起至车辆停住时止，车辆驶过的距离。它包括制动系反应时间、制动减速度上升时间和以最大稳定减速度持续制动的时间内经过的全过程车辆行驶的距离。

车辆制动系调整的好坏、制动系反应时间的长短、制动力上升的快慢及制动力使车辆产生减速度的大小等，均包含在制动距离指标中。它作为综合的制动性能指标，为大多数国家评价制动性能所采用。

制动距离是评价汽车制动性能最直观的指标。从行车安全的角度来看，在行车中，如果遇到某些需要减速或需要采取紧急制动措施的情况时，汽车能在较短的距离内停下来，可以认为该车的制动性能良好。

用制动距离检验车辆的制动性能具有一定的准确性。当用仪器测取车辆的制动距离时，对同一辆车在相同的车速和踏板气压（或踏板力）下，在同一路段试验多次，其测得的结果相同或很接近，试验的重复性较好，说明用制动距离来评价该车辆的制动性能可达到一定的准确度。

制动距离是一个反映整车制动性能的指标，它不能反映出各个车轮的制动状况及制动力的分配情况。当制动距离较长时，也反映不出车辆的具体故障。

（2）制动减速度

对某一具体车辆而言，制动减速度与地面制动力是等效的。因此也常用制动减速度作为评价制动效能的指标。

制动减速度 j 与地面制动力 F 及车辆总重量 G_a 有关，用下式表示：

$$j=\frac{g}{\delta\times G_a}F$$

式中 G_a——汽车总重量；

g——重力加速度；

δ——汽车回转质量转换系数。

制动减速度按测试、取值和计算方法的不同，可分为制动稳定减速度和充分发出的平均减速度。

1）制动稳定减速度 j_a（m/s^2）。用制动减速仪测取的制动减速度随时间的变化曲线中，取其最大稳定值（图 3-1 所示的 t_3 范围对应的稳定减速度值）为制动稳定减速度，以 j_a 表示。

假设脱开发动机进行制动，并且车辆的各轮同时制动到全滑移状态，根据制动平衡方程式，得出如下结果：

$$j_a=\phi G_a$$

式中 j_a——车辆的制动稳定减速度，m/s^2；

ϕ——轮胎与路面间附着系数。

G_a 意义同前。

这就是说，当汽车制动到全滑移状态时，制动稳定减速度等于路面的附着系数和重力加速度的乘积。

制动稳定减速度也是评价车辆制动性能的指标之一。用制动减速仪来检验车辆的制动减速度时，从理论上讲，制动初速度的大小对测量值没有影响；测试时，受路面不平整度的影响较小；测量仪器本身结构简单，使用方便。

2）充分发出的平均减速度 *MFDD*（m/s^2）。充分发出的平均减速度，是车辆制动试验中用速度计测得了在制动过程中车辆的速度和驶过的距离的情况下，以速度 $v_b \sim v_e$ 驶过的距离，根据下列公式计算的平均减速度：

$$MFDD=\frac{v_b^2-v_e^2}{25.92(S_e-S_b)}$$

式中 *MFDD*——充分发出的平均减速度，m/s^2；

v_b——车辆的速度为 $0.8v_0$，km/h；

v_e——车辆的速度为 $0.1v_0$，km/h；

S_b——在速度 v_0 和 v_b 之间车辆驶过的距离，m；

S_e——在速度 v_0 和 v_e 之间车辆驶过的距离，m。

其中，v_0 为制动初速度，km/h。

当制动过程比较平稳，制动减速度比较稳定时，也可以认为充分发出的平均减速度 *MFDD* 是采样时段的平均减速度，即为

$$MFDD=\frac{v_b-v_e}{3.6t_{be}}$$

式中 t_{be}——汽车速度由 v_b 降低至 v_e 所用的时间。

上面公式中的速度和距离，应采用速度精度为±1%的仪器进行测量。充分发出的平均减速度也可用其他方法来确定。无论采用哪种方法，*MFDD* 的精度应在±3%以内。

充分发出的平均减速度不受测试时车辆倾角的影响，能较准确反映车辆的制动减速特性。

（3）制动力

车辆在行驶中，能强制地减速以致停车，最本质的因素是制动器所产生的摩擦阻力，这就是制动力。因此，“制动力”这个参数是从本质上评价制动性能的指标。

当车轮同时制动到全滑移状态时，制动力 *PT* 与制动减速度的关系如下式所示：

$$PT=mj_a=\frac{G_a}{g}j_a$$

式中各符号代表的意义同前。

从式中可以看出，制动减速度是随制动力的增加而增大的。

用制动力这一指标来评价车辆的制动性能，不仅可以规定整车制动力的大小，而且还可对前后轴制动力的合理分配及每轴两轮平衡制动力差提出要求，从而保证车辆各轮制动效能良好，并且可使各轮的附着重量得到合理的发挥。

为了较全面地检验车辆的制动性能，用制动力作为评价指标时，在规定了制动力的大

小、制动力的合理分配及平衡制动力差的同时，还要规定制动协调时间。

用制动检测台检测制动力来评价车辆的制动性能，主要反映制动系统对整车制动性能的影响，而反映不出制动系以外的因素（例如，悬架钢板弹簧的刚度不同等）对整车制动性能的影响。

（4）制动时间

从图 3-1 可以看出，用测量制动系统反应时间 t_1、制动减速度上升时间 t_2、在最大减速度下持续制动时间 t_3、制动释放时间 t_4，也可以评价车辆制动性能的好坏，其中主要是持续制动时间 t_3，但制动系的反应时间 t_1 和制动减速度上升时间 t_2，也就是制动协调时间（t_1+t_2）对制动距离的影响，也是不可忽视的。制动系反应时间的长短，可反映出制动系调整的状况，特别是制动踏板自由行程调整是否合适。制动力（或制动减速度）上升时间 t_2 的长短，可以反映出制动力（或制动减速度）上升的快慢，从而间接地反映出制动性能的优劣。制动释放时间 t_4，可以反映出从松开制动踏板到制动完全消除所需要的时间，从而看出制动释放是否满足使用要求。

制动时间是一个间接评价制动性能的指标，一般很少将它作为一个单独的参数来评价车辆的制动性能，但是，它作为一个辅助的评价指标，有时还是不可缺少的。

2. 制动抗热衰退性的评价

汽车制动抗热衰退性能是指汽车高速制动、短时间重复制动或下坡连续制动时制动效能的热稳定性。制动过程实际上就是制动器产生摩擦阻力的过程，制动过程中制动器温度不断提高，制动器摩擦因数下降，制动器摩擦阻力矩减小，从而使制动能力降低，这种现象称热衰退现象。因此，可以用制动器处于热状态时能否保持冷状态时的制动效能来评价汽车制动抗热衰退性能，制动抗热衰退性是衡量制动效能恒定性的一个指标。随着高速公路的发展，汽车车速的提高，汽车制动性能的恒定性要求也越来越高，但由于测试方法较复杂，在一般汽车综合检测站较难实施，对于在用汽车也无须检测制动抗热衰退性。

3. 制动稳定性的评价

汽车在制动过程中有时出现制动跑偏、侧滑，而使汽车失去控制而偏离原来的行驶方向，甚至发生驶入对方车辆行驶轨道、下沟或滑下山坡等危险情况。汽车在制动过程中维持直线行驶能力或按预定弯道行驶能力，称为制动时汽车的方向稳定性，也就是本书所说的制动稳定性。

制动稳定性通常用制动时按给定轨迹行驶的能力来评价，即按汽车制动时维持直线行驶或预定弯道行驶的能力来评价。在国际上，通常是规定汽车直线行驶，在一定的速度下制动时，不偏离规定的试车通道来评价。GB 7258—2012 标准也采用这种方法来评价制动稳定性。

在台试检验汽车的制动性能时，通常用汽车各轴左、右轮制动力的平衡情况来评价汽车的制动稳定性。

车辆的制动稳定性差主要表现为“制动跑偏”和“车轮侧滑”。制动跑偏是指车辆制动时不能按直线方向减速或停车，而无控制地向左或向右偏驶的现象。

影响制动跑偏的因素很多。产生跑偏的主要原因是汽车左、右轮制动器制动力不相等或制动力增长的快慢不一致造成的。特别是转向轮左、右车轮制动器的制动力不相等，更容易引起跑偏。悬架系统的结构与刚度、车轮定位角度、轮胎的机械特性、道路状况、轮荷的分配状态等，都会引起跑偏。此外，制动时悬架导向杆系在运动学上的不协调，也会引起车辆跑偏。

汽车在制动过程中，当车轮未抱死制动时，车轮尚具有承受一定侧向力的能力。在一般横向干扰力的作用下不会发生制动侧滑现象。但当车轮抱死制动时，车轮承受侧向力的能力几乎全部丧失，这时汽车在横向干扰力的作用下极易发生侧滑。

侧滑对汽车制动稳定性的影响取决于发生车轮抱死滑移的位置，一般制动时前轮先抱死滑移，车辆能维持直线减速停车，汽车处于稳定状态。但此时车辆将丧失转向能力，对在弯道上行驶的车辆是十分危险的。若后轮比前轮提前一定的时间先抱死，车辆在侧向干扰力的作用下将发生急剧甩尾或旋转，使车辆丧失制动稳定性。高速行驶的车辆出现这种制动不稳定现象就更加危险。

汽车制动跑偏与制动时车轮侧滑是有联系的。严重的跑偏常会引起后轮的侧滑。制动时易于发生后轮侧滑的汽车也有加剧跑偏的倾向。

为了提高车辆的制动稳定性，首先在设计时，就应保证各轮制动力适当并应在各轴间合理分配，有的在汽车上装有制动力分配调节装置，例如，限压阀、比例阀、感载阀等，近年已发展到采用计算机控制的汽车电子防抱死制动装置等。在车辆投入使用后，应经常检查、调整，以保持左、右轮制动力平衡，提高制动稳定性。

当车辆抱死产生侧滑时，应立即放松制动踏板，停止制动，降低车速，把转向盘朝着侧滑的一方转动。当车辆的位置调整后，要平稳地把转向盘转到原来的位置。

前面讨论的评价指标主要是评价汽车制动时制动性能的好坏。然而，一旦需要解除制动时，制动装置能否迅速而彻底地解除制动，也会影响行车安全。

在行车中，踏下制动踏板后，再抬起踏板，若不能迅速解除制动，而仍有制动作用，这种现象称之为制动拖滞。车辆制动拖滞现象的出现，虽然不能立即引起行车事故，但如果不及时排除故障，将会导致制动系损坏，特别是制动器过热，制动蹄片烧蚀，降低车辆的制动性能。因此，控制车辆阻滞力也列入制动性能的检测项目。

二、制动装置的基本要求

机动车应设置足以使其减速、停车和驻车的制动系统，应具有行车制动、应急制动和驻车制动功能。应急制动是行车制动系统具有应急特性或是与行车制动分开的系统。行车制动的控制装置与驻车制动的控制装置应相互独立。

1. 行车制动装置的主要技术要求

1）行车制动必须保证驾驶员在行车过程中能控制汽车安全、有效地减速和停车。行车制动必须是可控制的，且必须保证驾驶员在其座位上双手无需离开转向盘就能实现制动。

2）行车制动系制动踏板的自由行程应符合汽车制造厂规定的该车有关技术条件。

3）行车制动在产生最大制动作用时的踏板力，对于乘用车应不大于 500 N，对于其他车辆应不大于 700 N。

4）液压行车制动在达到规定的制动效能时，踏板行程（包括空行程，下同）不得超过全行程的 3/4；制动器装有自动调节间隙装置的车辆的踏板行程，不得超过全行程的 4/5，且对于乘用车踏板行程不得超过 120 mm，其他类型车辆不得超过 150 mm。

5）气压制动系统必须装有限压装置，确保储气筒内气压不超过允许的最高气压。

6）装备储气筒或真空罐的汽车，均应采用单向阀或相应的保护装置，以保证在筒（罐）与压缩空气源（真空源）连接失效或漏损的情况下，由筒（罐）提供的压缩空气（真空度）不致全部丧失。

7）储气筒的容量应保证在调压阀调定的最高气压下，且在不继续充气的情况下，汽车在连续五次踩到底的全行程制动后，气压不低于起步气压（未标明起步气压的，按 400 kPa 计）。

8）采用气压制动系统的车辆，发动机在 75%的额定功率转速下，4 min（汽车为 6 min，城市铰接公共汽车和无轨电车为 8 min）内气压表的指示气压应从零开始升至起步气压（未标明起步气压的，按 400 kPa 计）。

9）车辆的行车制动必须采用双回路或多回路。

10）采用真空助力的行车制动系，当真空助力器失效后，制动系统仍应能保持规定的应急制动性能。

11）在车辆运行过程中，不应有自行制动现象。当挂车与牵引车意外脱离后，挂车能自行制动，牵引车的制动仍然有效。

12）汽车防抱死制动装置是改善汽车制动稳定性较好的制动装置，是汽车重要的制动安全结构。对 2003 年 10 月 1 日起投入运营的最大总质量大于 12 000 kg 的旅游客车和最大总质量超过 16 000 kg 允许挂接总质量大于 10 000 kg 的挂车的货车及总质量大于 10 000 kg 的挂车，必须安装符合 GB/T 13594 规定的防抱死制动装置。

13）采用液压行车制动的汽车，其储液器的加注口必须易于接近，从结构设计上，必须保证在不打开容器的条件下，就能很容易地检查液面。若不能满足此条件，则必须安装制动液面过低报警装置。采用气压行车制动的汽车，当制动系统的气压低于起步气压时，报警装置应能连续不断向驾驶员发出容易听到或看到的报警信号。安装具有防抱死制动装置的汽车，当防抱死制动装置失效时，报警装置应能连续不断向驾驶员发出容易听到或看到的报警信号。

2. 应急制动的主要技术要求

1）应急制动如果不是独立系统，则行车制动必须具有应急制动特性，驻车制动不能单独作为应急制动，事实上对小型汽车只有行车制动系，制动管路对角线布置时才能达到规定的应急制动性能要求；大、中型车辆则必须装备独立的应急制动装置。

2）应急制动应是可以控制的，应急制动系统的布置应使驾驶员容易操作，驾驶员在座位上用一只手握住转向盘的情况下，就可以实现制动。它的操作机构可以与行车制动系统的操纵机构结合，也可以与驻车制动系统的操纵机构结合，但三个操纵机构不得结合在一起。

3. 驻车制动的主要技术要求

1）驻车制动应能使车辆在没有驾驶员的情况下，也能使车辆停在上、下坡道上，驾驶员在座位上就可以实现驻车制动。对于汽车列车来说，在制动管路连接上要做到驾驶员在牵引车驾驶室里就可以实现汽车列车的制动操作。

2）挂车的驻车制动装置应能够由站在地面上的人实施操作。

3）施加于驻车制动操纵装置的力：手操纵时，座位数小于或等于 9 座的载客汽车应不大于 400 N，其他车辆应不大于 600 N；脚操纵时，座位数小于或等于 9 座的载客汽车应不大于 500 N，其他车辆应不大于 700 N。

4）驻车制动的控制装置的安装位置应适当，其操纵装置应有足够的储备行程（开关类操作装置除外），一般应在操纵装置全行程的 2/3 以内产生规定的制动效能；驻车制动机构装有自动调节装置时，允许在全行程的 3/4 以内，达到规定的制动效能。棘轮式制动操纵装置，应保证在达到规定的驻车制动效能时，操纵杆往复拉动次数不允许超过 3 次。

5）驻车制动应通过纯机械装置把工作部件锁止。采用弹簧储能制动装置做驻车制动时，应保证在失效状态下能快速解除驻车状态；如需要使用专用工具，这种工具应作为随车工具。

三、制动检测台的结构原理

根据 GB 7258—2012《机动车运行安全技术条件》的规定，机动车可以用制动距离、制动减速度和制动力检测制动性能，检测设备有五轮仪、制动减速度仪和制动检测台。

汽车制动性能检测分台架试验法和道路试验法两种。用五轮仪和制动减速度仪检测汽车制动性能时，需在道路试验中进行，称道路试验法。台架试验法使用制动检测台进行检测。与道路试验法相比，台架试验法具有迅速、准确、经济、安全，不受自然条件的限制，以及试验重复性好和能定量地指示出各车轮的制动力等优点，因而在国内外获得了广泛应用。

1. 轴重检测台

利用制动检测台检测汽车制动性能时，其制动的参数标准是以轴制动力占轴荷的百分比为依据的，因此必须在测得轴荷和轴制动力后才能评价轴制动性能是否符合国标要求。用于检测车轴轴载质量的设备称为轴重检测台，轴重检测台又称轴重仪。

电子轴重仪一般由机械部分（包括承载装置和传感器装置）和显示仪表组成。双载荷台板式轴重仪如图 3-2 所示，检测线使用较多，它能测量左、右车轮轮荷。它有左、右两个秤体，分别安装在左、右框架内，共用一个显示仪表。

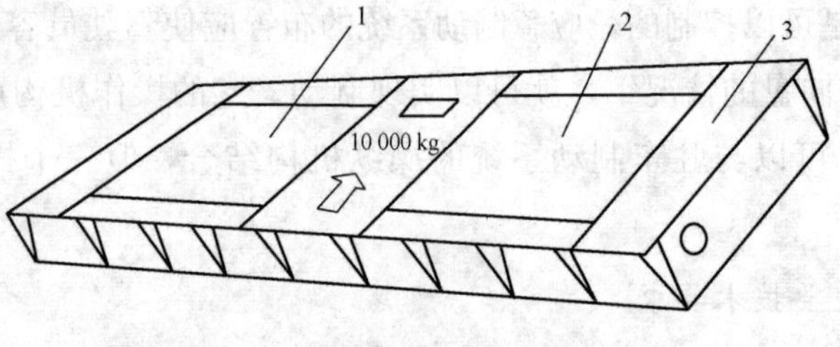

图 3-2　双载荷台板式轴重仪外形

1—左秤体；2—右秤体；3—框架

2. 反力滚筒式制动检测台的结构与工作原理

（1）结构

单轴反力滚筒式制动检测台的结构如图 3-3 所示。它由框架、驱动装置、滚筒装置、测量装置、举升装置、指示与控制装置等组成。为使制动检测台能同时检测车轴两端左、右车轮的制动力，除框架、指示与控制装置外，其他装置是分别独立设置的。

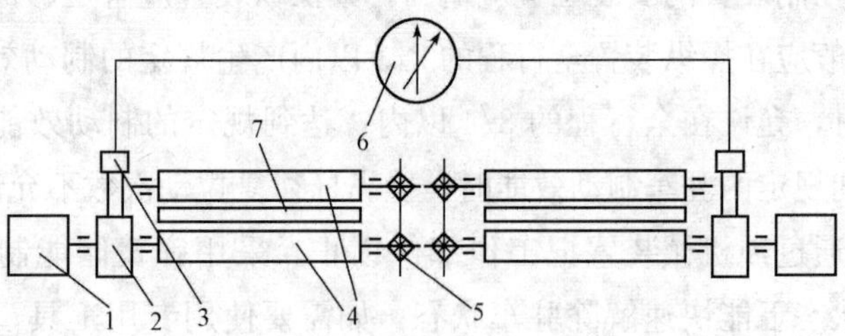

图 3-3　单轴反力滚筒式制动检测台

1—电动机；2—减速器；3—测量装置；4—滚筒装置；5—链传动；6—指示与控制装置；7—举升装置

1）驱动装置。该装置由电动机、减速器和链传动等组成。电动机的转动通过减速器内的蜗轮蜗杆传动和一对圆柱齿轮传动后传递给主动滚筒，主动滚筒又通过链传动把动力传递给从动滚筒。减速器与主动滚筒共用一轴，减速器壳体处于浮动状态。

2）滚筒装置。该装置由四个滚筒组成。每对滚筒独立设置，有主动滚筒和从动滚筒之分。每个滚筒的两端分别用滚动轴承支撑，被测车轮置于两滚筒之间。为使滚筒与轮胎的附着系数能够与路面相接近，在滚筒圆周表面上沿轴线方向开有间隔均匀、有一定深度的若干沟槽，附着系数可达 0.6～0.7。当车轮抱死时，这种带沟槽的滚筒有剥伤轮胎和附着系数仍显不足的缺点。因此，国产反力滚筒式制动检测台中，已越来越多地出现在圆周表面覆盖一定厚度黏砂、烤砂或其他材料以代替沟槽的滚筒。这种带有涂覆层的滚筒的表面几乎与道路表面一致，模拟性好，附着系数高（干态可达 0.9，湿态不低于 0.8），是比较理想的滚筒表面。

3）测量装置。该装置主要由测力杠杆、测力传感器和测力弹簧等组成。测力杠杆一端与传感器连接，另一端与减速器连接。连接的方式一般有两种：一种是测力杠杆直接固定在减速器壳体上；另一种是测力杠杆通过轴承松套在框架的支撑轴上，其尾端作用有固定在减速器壳体上的带有刃口的传力臂，如图 3-4 所示。当浮动的减速器壳体前端向下移动时，第一种连接方式的测力杠杆其前端也向下移动；第二种连接方式的测力杠杆，通过传力臂刃口的作用使其前端向上移动，并拉伸测力弹簧 A 和测力弹簧 B。测力弹簧 A 与测力弹簧 B 在不同的测量范围内起作用。如国产 ZD－6000 型制动检测台，制动力在 0～4 000 N范围内弹簧 A 起作用，制动力在 4 000～20 000 N 范围内弹簧 A 与弹簧 B 共同起作用。

安装在测力杠杆前端的测力传感器，有自整角电机式（图 3-4 中 12）、电位计式、差动变压器式或电阻应变片式等多种类型，能把测力杠杆的位移或力变成反映制动力大小的电信号，送入到指示与控制装置中。

以上所述的驱动装置、滚筒装置和测量装置，均直接或间接安装在框架上。

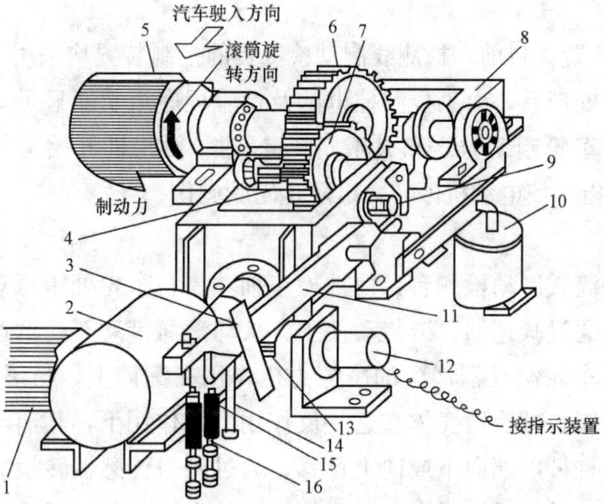

图 3-4 反力滚筒式制动检测台的驱动装置与测量装置

1、5—滚筒；2—电动机；3—齿条；4—二级减速主动齿轮；6—二级减速从动齿轮；7—蜗轮；8—减速器壳体；9—传力臂刃口；10—缓冲器；11—测力杠杆；12—自整角电机；13—小齿轮；14—限位杆；15—测力弹簧 A；16—测力弹簧 B

4）举升装置。为了便于汽车出入检测台，在两个滚筒之间设有举升装置。举升装置一般由举升器、举升平板和控制开关等组成。每个举升平板下一般设置 1～2 个举升器。常见的检测台举升器主要有三种类型，即气压式、液压式和电动机械式。气压式举升器有气缸式和气囊式之分，均以压缩空气为动力，以驱动气缸中的活塞上移或使气囊向上变形完成举升工作。液压式举升器为液压缸式，以油液为动力，驱动液压缸中的活塞上移完成举升工作。电动机械式举升器由电动机通过减速器带动丝母转动，迫使丝杠向上运动完成举升工作。

国产 FZ－10B 型汽车制动检测台的各装置如图 3-5 所示。有些反力滚筒式制动检测台，在两个滚筒之间设置了一根直径比较小的第三滚筒，其上带有转速传感器。当车轮制动接近抱死时，第三滚筒上的转速传感器送出的电信号，可使滚筒立即自动停止转动，防止轮胎剥伤，从而延长其使用寿命。

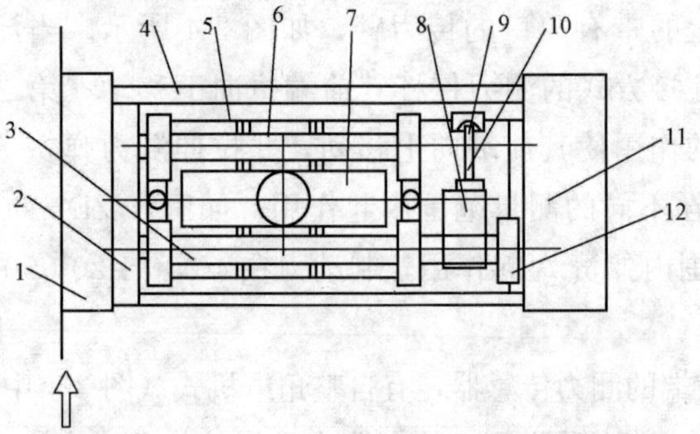

图 3-5　FZ—10B 型汽车制动检测台机械部分

1—中央盖板；2—链传动；3—主动滚筒；4—地基边缘；5—框架；6—从动滚筒；
7—举升器；8—减速箱；9—测力传感器；10—测力杠杆；11—侧盖板；12—轴承座

5）指示与控制装置。目前，检测线制动检测台的控制装置均采用微机式，将测力传感器送来的电信号，经处理后，由工位测控电脑及检验程序指示器显示并发往主控电脑。制动过程中，当左、右车轮制动力之和大于 500 aN 时，微机即开始采集数据，采集时间为 3 s。3 s 后微机发出指令使电动机停转，以防止轮胎剥伤。

（2）工作原理

汽车开上反力滚筒式制动检测台，使被检车轴左、右车轮处于每对滚筒之间，放下举升器，启动电动机，通过减速器、链传动使主、从动滚筒带动车轮低速旋转，然后用力踩下制动踏板。此时，车轮制动器产生的摩擦力矩作用在滚筒上，与滚筒的转动方向相反，因而产生一反作用力矩。减速器壳体在这一反作用力矩作用下，其前端发生绕其输出轴向下的偏转，迫使测力杠杆前端向下或向上位移，通过测力传感器转换成反映制动力大小的电信号，由微机采集、处理后，指令电动机停转，并由指示装置指示或由打印机打印检测到的制动力数值。

需要指出的是，制动力的诊断参数标准是以轴制动力占轴荷的百分比为依据的，因此必须在测得轴荷和轴制动力后才能评价轴制动性能。所以，反力滚筒式制动检测台需要配备轴重计或轮重仪。有些反力滚筒式制动检测台本身带有内藏式轴重测量装置（称为复合式制动检测台），可不必再单独设置轴重计或轮重仪。

另外，在反力滚筒式制动检测台上检测多轴汽车并装轴（如三轴汽车的中轴和后轴）的制动力，而其中任一轴的传动关系又不能单独脱开时，无需在检测台前后布置自由滚筒。届时，按多轴汽车并装轴检测程序进行检测，只要一组滚筒的驱动电机正转，而另一组滚筒的驱动电机反转，测完制动后两电机再反方向重测一次，每一次只采集车轮正转时的制动力数据，即可完成该轴制动力的检测，而相邻另一并装车轴在地面上的车轮不转动。这一检测方法，不仅无须使用制动检测台前、后两套自由滚筒，而且减少了占地面积，降低了资金投入。

3. 平板式制动检测台

由于惯性式平板制动检测台具有结构简单，测试方便，不需要模拟转动惯量，测试精度不受车轮直径大小的影响，测试过程更接近实际制动过程等优点，因此在检测设备出现的早期就有所应用。有些惯性式平板制动检测台不仅能检测制动性能，而且能检测轴重、侧滑和悬架的技术状况等，因而又称为平板式检测设备或平板式底盘检测设备。

平板式检测设备由测试平板、数据处理系统和踏板力计等组成，如图 3-6 所示。测试平板一共有 6 块，其中 4 块为制动、悬架、轴重测试用，1 块为侧滑测试用，还有 1 块为空板，不起任何测试作用。

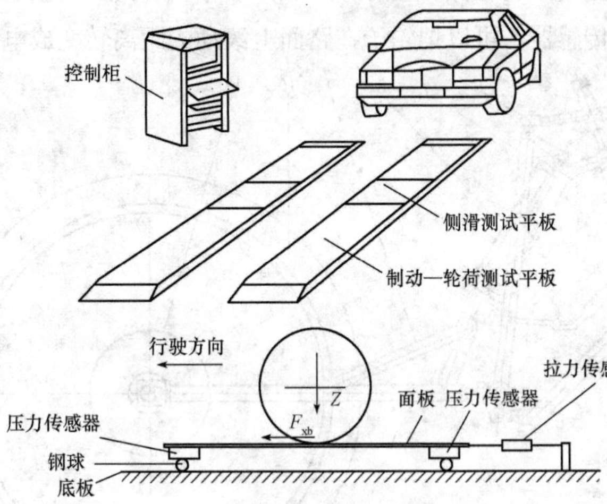

图 3-6　平板式检测设备

测试平板由面板、底板、钢球和力传感器等组成。底板作为底座固定在混凝土地面上，面板通过压力传感器和钢球支承在底板上，其纵向则通过拉力传感器与底板相连。压力传感器用于测量作用于面板上的垂直力；拉力传感器则用于测量沿汽车行驶方向，轮胎作用于面板上的水平力。水平力和垂直力的大小变化分别对应于拉力传感器和压力传感器所输出的电信号的变化。拉力传感器和压力传感器输出的电信号由计算机采集、处理后，换算成制动力和轮荷的大小并分别在显示装置上显示出来。如果装用无线式踏板压力计，平板式制动检测台不仅可测出最大制动力，还可提供制动力随时间变化的曲线、制动协调时间等信息，并可根据垂直力在制动过程中的波动情况，检测悬架减振器的性能。

踏板压力计能测得制动时作用在制动踏板上的力，其形式有有线式、无线式和红外线式，可根据要求选用。

四、五轮仪的结构原理

在路试中检测汽车整车性能时，经常要使用五轮仪，它可以测出车辆行驶的距离、时间和速度。当五轮仪用于检测汽车制动性能时，能测出制动初速度、制动距离和制动时间等参数。

五轮仪主要有机械式、电子式和微机式三种类型。五轮仪一般由传感器和记录仪两部分组成，并附带一个脚踏开关。传感器部分与记录仪部分由导线（信号线）连接。脚踏开关带有触点的一端套在制动踏板上，另一端插接在记录仪上。

1. 传感器部分

传感器部分的作用是把汽车行驶的距离转变成电信号。它一般由充气车轮、传感器、支架、减振器和连接装置等组成，如图 3-7 所示。充气车轮为轮胎式，安装在支架上，支架通过连接装置固定在汽车的侧面或尾部的车身上。在其减振器压簧的作用下，充气车轮紧贴地面，并随汽车的行驶而滚动。对于四轮汽车来说，安装上去的充气车轮就像汽车的第五个车轮一样，故称为五轮仪。当充气车轮在路面上滚动一周时，汽车行驶了充气车轮周长的距离。在充气车轮中心处安装有传感器，可以把轮子在路面上滚动的距离转变成电信号。

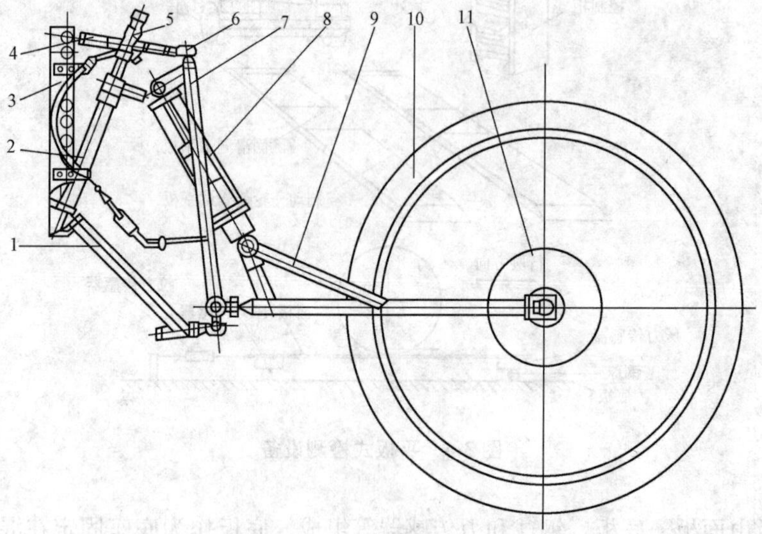

图 3-7　五轮仪的传感器部分

1—下臂；2—调节机构；3—固定板；4—上臂；5—手把；6—活节头；7—立架；8—减振器；9—支架；10—充气车轮；11—传感器

五轮仪常用的传感器有光电式和磁电式等形式。

光电式传感器是在轮子的中心一侧固定有圆形的光孔板，其上沿圆周均布有若干个小孔，在小孔的两侧分别装有光源和光敏管。光源和光敏管固定在支架上。当轮子转动时，光孔板随之转动。每转过一个小孔，光源的光线穿过小孔照射光敏管一次，光敏管就产生一个电脉冲信号，并通过导线送入记录仪。国产 PT5—3 型五轮仪使用的光孔板加工有 155 个小孔，轮子旋转一周传感器发出 155 个电信号。

磁电式传感器安装在轮子的中心，由永磁环、线圈、内齿环、外齿盘和车轴等组成，并形成闭合磁回路。内齿环沿圆周加工有内齿，与充气车轮安装在一起。外齿盘沿圆周加工有外齿，与车轴安装在一起，车轴安装在支架上，工作中不转动。当轮子旋转时，内齿环围绕外齿盘转动，二者之间的间隙发生变化，于是闭合磁路的磁阻发生变化，通过线圈的磁通量发生变化，线圈两端则输出类似正弦波的电信号。国产 WLY－5 型微机五轮仪使用的外齿盘上加工有 176 个齿，当轮子旋转一周时，传感器发出 176 个电信号。轮子周长为1 760 mm，随轮胎充气压力的变化而变化。

2. 记录仪部分

记录仪部分的作用是把传感器部分送来的电信号和内部产生的时间信号，进行控制、计数并计算出车速，然后指示出来。电子式记录仪，如 PT5－3 型五轮仪的记录仪，是由测距、测时、测速、音响和稳压等部分组成的，整机各元件均安装在一个金属盒子内，其面板如图 3-8 所示。从传感器部分送来的电信号，经整形电路整形成矩形脉冲后通过控制器。其中一路送入测距电路进行测距计数，再经数据选择器及译码器由荧光数码管直接显示汽车行驶距离；另一路送入车速计数电路，通过时标电路以 0.36 s 瞬时车速值通过寄存器、译码器，由另一组数码管直接显示汽车行驶速度。测时则是把从石英谐振器经分频电路取出的 1 kHz 频率，通过控制器送入测时计数器，进行以毫秒为单位的测时计数，并通过数据选择器、译码器由荧光数码管直接显示汽车行驶时间。制动系反应时间的检测是通过一个传感器——附有磁钢的摆锤完成的。当车辆制动时，从驾驶员的脚踩上制动踏板（脚踏开关的触点闭合）时开始计数，到车辆刚出现减速度，摆锤因惯性作用向前摆动时，干簧管受摆锤磁钢影响闭合后送出闭合信号，数码管立即停止时间显示，从而测出了制动系的反应时间。

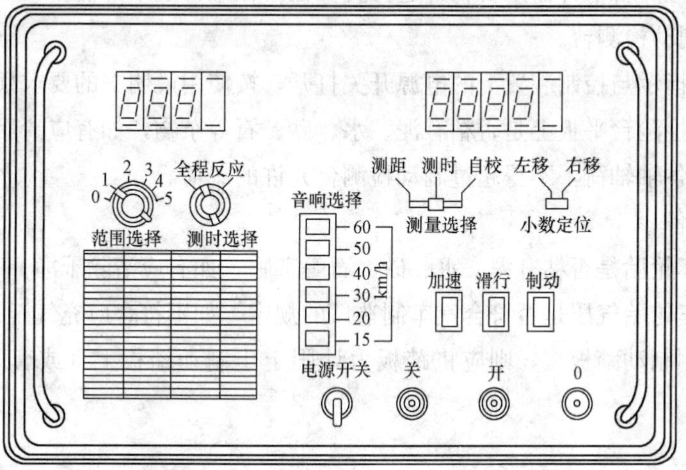

图 3-8 PT5－3 型五轮仪记录仪面板

当驾驶员踩制动踏板时，套在制动踏板上的脚踏开关闭合，该闭合信号通过导线输入记录仪作为测量制动距离、制动系反应时间和制动全过程时间等的开始信号。

微机式记录仪，如 WLY－5 型微机五轮仪，是以 MCS－51 系列的 8031 单片微机为核心的智能仪器，除能完成距离、速度和时间等参数的测量和数据处理外，还能存储全部数据并能打印试验结果。WLY－5 型微机五轮仪记录仪的面板如图 3-9 所示。

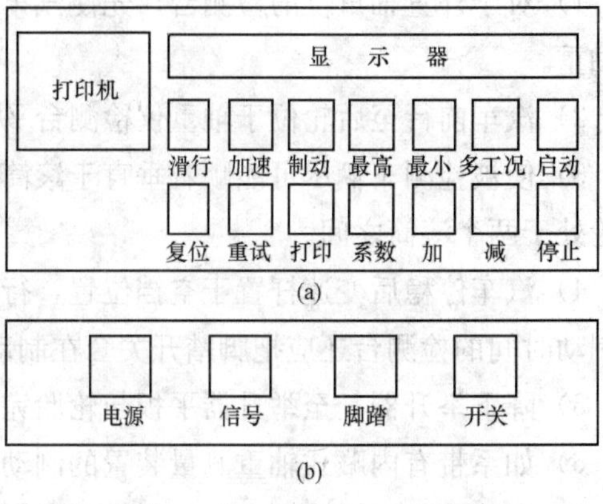

图 3-9 WLY－5 型微机五轮仪记录仪面板

（a）上面板；（b）下面板

任务实施

一、技能学习

1. 准备工作

(1) 检测台准备

1) 反力滚筒式制动检测台。

①将反力滚筒式制动检测台(以下简称制动检测台)指示与控制装置上的电源开关打开,按使用说明书的要求预热至规定时间。

②如果指示装置为指针式仪表,检查指针是否在机械零点上,否则应调整到机械零点。

③检查制动检测台滚筒上是否粘有泥、水、砂、石等杂物,如有应清除干净。

④核实汽车各轴轴荷,不得超过制动检测台允许的载荷。

⑤检查制动检测台举升器是否在升起位置,如不在应升起举升器。

2) 平板式制动检测台。

①将检测台指示与控制装置上的电源开关打开,按使用说明书的要求预热至规定时间。

②检查制动检测台平板上是否粘有泥、水、砂、石等杂物,如有应清除干净。

③核实汽车各轴轴荷,不得超过制动检测台允许的载荷。

(2) 车辆准备

1) 检查汽车轮胎是否粘有泥、水、砂、石等杂物,如有应清除干净。

2) 检查汽车轮胎气压是否符合汽车制造厂的规定,如不符合应充气至规定气压。

3) 如果需测制动踏板力,则应将踏板力计固定于制动踏板上(或套装在引车员右脚上)。

2. 测试步骤

(1) 单轴反力滚筒式制动检测台测试步骤

1) 对于外置轴重仪的检测台,先使汽车前行至前轮停置于轴重检测台平板上,检测前轴轴重。

2) 汽车前行至后轮位于轴重仪检测台平板上,检测后轴轴重。

3) 使被检测车辆尽可能顺着垂直于滚筒的方向驶入制动检测台。先前轴,再后轴,使车轮处于两个滚筒之间。

4) 汽车停稳后变速杆置于空挡位置,行车制动器和驻车制动器处于完全放松状态,能测制动时间的检测台还应把脚踏开关套在制动踏板上。

5) 降下举升器,至举升器平板与轮胎完全脱离为止。

6) 如系带有内藏式轴重测量装置的制动检测台,此时已将轴荷测量出。

7) 起动电动机,使滚筒带动车轮转动,先测出制动拖滞力。

8) 检验员按显示屏指示在 5~8 s 内(或按厂家规定的速率)将制动踏板逐渐踩到底

（对气压制动车辆）或踩到制动性能检验时规定的制动踏板力，测得左、右车轮制动力增长全过程的数值及左、右车轮最大制动力，并依次测试各车轴；对驻车制动轴的检测应操纵驻车制动操纵装置，测得驻车制动力数值。

制动检验时，如果被测试车轮在滚筒上抱死，但制动率未达到合格要求的，应采用下述方法进行检验：

①在车辆上增加足够的附加质量或相当于附加质量的作用力（在设备额定载荷以内，附加质量或作用力应在该轴左、右车轮之间对称，不计入轴荷）。为防止被检车辆在滚筒反力式制动检测台上后移，可采用在非测试车轮后方垫三角垫块或采取整车牵引的方法。

②用平板制动检测台检验制动力或按标准规定的路试方法检验制动距离或充分发出的平均减速度和制动协调时间。

9）所有车轴的行车制动性能及驻车制动性能检测完毕后，升起举升器，汽车开出制动检测台。

10）切断制动检测台电源。

台试检验左、右轮制动力差不合格，但底盘动态检验过程中点制动时车辆无明显跑偏现象的，应换用平板制动检测台或采用路试方法检验。

（2）平板式制动检测台的检测步骤

1）被测汽车以 5～10 km/h 的速度开上测试平板。

2）当车辆前轮刚进入前平板时，引车员及时踩下装有踏板力计的制动踏板，使车辆在测试平板上制动并停住。

3）重新起步加速，当车辆后轮位于前平板上时，引车员及时拉紧驻车制动，使车辆在测试板上制动并停住。

4）重新起步，将车辆驶离本工位。

3. 检测标准

（1）GB 18565—2001 的规定

1）行车制动性能。

①汽车、汽车列车、无轨电车和农用运输车在制动检测台上测出的制动力应符合表 3-1 的要求。对空载检验制动力有质疑时，可用表中规定的满载检验制动力要求进行检验。

表 3-1　检测台检测制动力要求　　%

车辆类别	制动力总和与整车重量的百分比		轴制动力与轴荷的百分比	
	空载	满载	前轴	后轴
汽车、汽车列车、无轨电车和四轮农用运输车	≥60	≥50	≥60①	—
三轮农用运输车	—	—	—	≥60①
注：①空载和满载状态下测试均应满足此要求。				

②制动力平衡要求。在制动力增长全过程中同时测得的左、右轮制动力差的最大值，与全过程中测得的该轴左、右轮最大制动力大者之比，对前轴不应大于20%，对后轴（及其他轴）在轴制动力不小于该轴轴荷的60%时不应大于24%；对后轴（及其他轴）制动力小于该轴轴荷的60%时，在制动力增长全过程中同时测得的左、右轮制动力差的最大值不应大于该轴轴荷的8%。

③制动协调时间。制动协调时间是指在急踩制动时，从脚接触制动踏板（或手触动制动手柄）时起至机动车减速度达到规定的充分发出的平均减速度（或规定的制动力）的75%时所需的时间。

对液压制动的汽车制动协调时间不应大于0.35 s；对气压制动的汽车制动协调时间不应大于0.60 s；汽车列车和铰接客车、铰接式无轨电车的制动协调时间不应大于0.80 s。

④车轮阻滞力要求。车轮阻滞力是指行车和驻车制动装置处于完全释放状态，变速器置空挡位置时，检测台驱动车轮所需的作用力。汽车各车轮的阻滞力不得大于该轴轴荷的5%。

2）驻车制动性能。当采用制动检测台检查车辆驻车制动力时，车辆空载，乘坐一名驾驶员，使用驻车制动装置，驻车制动力的总和不应小于该车在测试状态下整车重量的20%；而对总质量为整备质量1.2倍以下的机动车应不小于15%。

3）制动踏板力的要求。行车制动在产生最大制动作用时的踏板力，对于座位数小于或等于9的载客汽车不应大于500 N，对于其他车辆不应大于700 N。驻车制动器用手操纵时，座位数小于或等于9的载客汽车不应大于400 N，其他车辆不应大于600 N。驻车制动器用脚操纵时座位数小于或等于9的载客汽车不应大于500 N，其他车辆不应大于700 N。

（2）GB 7258—2010的规定

1）行车制动性能。

①汽车、汽车列车、无轨电车和农用运输车在制动检测台上测出的制动力应符合表3-2的要求。对空载检验制动力有质疑时，可用表中规定的满载检验制动力要求进行检验。使用转毂检测台检测时，可通过测得制动减速度值计算得到最大制动力。

摩托车的前、后轴制动力测试时只允许乘坐一名驾驶员。

表3-2　台式检验制动力要求 %

机动车类型	制动力总和与整车重量的百分比		轴制动力与轴荷[a]的百分比	
	空载	满载	前轴[b]	后轴[b]
三轮汽车	—		—	≥60[c]
乘用车、总质量不大于3 500 kg的货车	≥50	≥50	≥60[c]	≥20[c]
其他汽车	≥60	≥50	≥60[c]	≥50[d]
汽车列车	≥55	≥45	—	—

续表

机动车类型	制动力总和与整车重量的百分比		轴制动力与轴荷[a]的百分比	
	空载	满载	前轴[b]	后轴[b]
普通摩托车	—	—	≥50	≥55
轻便摩托车	—	—	≥60	≥50
注：a. 用平板制动检验台检验乘用车时应按动态轴荷（左、右轮制动力最大时刻所分别对应的左、右轮动态轮荷之和）计算。 b. 前轴是指位于机车车（单车）纵向中心线中心位置以前的轴，除前轴之外的其他轴均为后轴；挂车的所用车轴均按后轴计算；用平板制动试验台测试并装轴制动力时，并装轴可视为一轴。 c. 加载和满载状态下测试均应满足此要求。 d. 后轴制动力百分比满载测试时不做要求，空载用平板制动检验台检验时应大于等于 35%。				

②制动力平衡要求（两轮、边三轮摩托车和轻便摩托车除外）。在制动力增长全过程中同时测得的左、右轮制动力差的最大值，与全过程中测得的该轴左、右轮最大制动力中大者（当后轴及其他轴的制动力小于该轴轴荷的 60%时为与该轴轴荷）之比，对新注册车和在用车应分别符合表 3-3 的要求。

表 3-3　台试检验制动力平衡要求　　%

项目	前轴	后轴（及其他轴）	
		轴制动力大于等于该轴轴荷 60%时	制动力小于该轴轴荷 60%时
新注册车	≤20	≤24	≤8
在用车	≤24	≤30	≤10

③制动协调时间。对液压制动的汽车不应大于 0.35 s，对气压制动的汽车不应大于 0.60 s；汽车列车和铰接客车、铰接式无轨电车的制动协调时间不应大于 0.80 s。

④车轮阻滞力要求。车轮阻滞力是指行车和驻车制动装置处于完全释放状态，变速器置空挡位置时，检测台驱动车轮所需的作用力。汽车各车轮的阻滞力不得大于该轴轴荷的 5%。

2）驻车制动性能。当采用制动检测台检查车辆驻车制动力时，车辆空载，乘坐一名驾驶员，使用驻车制动装置，驻车制动力的总和不应小于该车在测试状态下整车重量的 20%；而对总质量为整备质量 1.2 倍以下的机动车应不小于 15%。

3）制动踏板力的要求。行车制动在产生最大制动作用时的踏板力，对于座位数小于或等于 9 的载客汽车不应大于 500 N，对于其他车辆不应大于 700 N。驻车制动器用手操纵时，座位数小于或等于 9 的载客汽车不应大于 400 N，其他车辆不应大于 600 N。驻车制动器用脚操纵时座位数小于或等于 9 的载客汽车不应大于 500 N，其他车辆不应大于 700 N。

4）制动完全释放时间要求。汽车制动完全释放时间（从松开制动踏板到制动消除所需要的时间）对两轴汽车不大于0.80 s，对三轴及三轴以上汽车不大于1.2 s。

（3）营运车辆等级评定的要求

对于营运车辆等级评定的检测，只有制动力平衡、车轮阻滞力是分级的。其规定如下：

1）制动力平衡。一级车、二级车：在制动力增长全过程中同时测得的左、右轮制动力差的最大值，与全过程中测得的该轴左、右轮最大制动力大者之比，对前轴应不大于16%，对后轴（及其他轴）在轴制动力不小于该轴轴荷的60%时应不大于20%；对后轴（及其他轴）制动力小于该轴轴荷的60%时，在制动力增长全过程中同时测得的左、右轮制动力差的最大值应不大于该轴轴荷的5%。

三级车的标准为合格标准。

2）车轮阻滞力。一级车：汽车各车轮的阻滞力不得大于该轴轴荷的2.5%。二级车、三级车为合格标准（5%）。其他不分级项目均为合格标准。

4. 制动性能检测结果分析

在制动检测台上检测汽车制动性能时，若检测结果判定为不合格，如果排除检测操作规范的问题，则主要是由汽车制动系统的故障造成的。汽车制动常见故障形式有制动力不足、同轴左右车轮制动力平衡不符合要求、制动协调时间过长和车轮的阻滞力超限等。

（1）检测误差分析

1）制动力不足的原因分析。

①如果是检测结果普遍存在的制动力不足，首先应该考虑轴（轮）重仪以及制动检测台是否出现示值误差超标的问题。

②如果是前轴以外的其他轴制动力偏低，则应考虑其他轴是否有制动力自动调节装置。因为国家标准对前轴以外的其他轴制动力“和”没有较严格的限制，所以检测报告单往往出现各轴制动力“和”均合格，但整车制动力“和”不合格。对于其他轴带有制动力自动调节装置的车辆，应对前轴采取增加附着力的办法试验确定。

提高制动力的措施（允许采用的检测措施）如下：

a. 提高滚筒的附着系数。

b. 增加附着重量。当制动力和检测不合格时采用，左、右轮均匀增加。增加的附着重量不计轴荷。

c. 增加非检测车轮的附着力。

③如果轮胎磨损严重，对制动性检测结果有影响。

2）制动力异常的原因分析。制动力异常主要是指检测数据不符合理论或者不现实的情况。例如，未采取增加附着力的办法检测，而制动力过大，制动力“和”超过100%等。如果是检测结果普遍存在的制动力异常，首先应该考虑轴（轮）重仪以及制动检测台是否出现示值误差的问题。与制动力不足类似，轴（轮）重仪示值偏低或者制动检测台示值过大，均可导致制动力“和”超过100%。

3）制动力差超标的原因分析。制动力差超标，同样也应该排除制动检测台本身示值误差因素的影响。

除了车辆本身左、右车轮制动器制动力不一致，制动器间隙不一致，轮胎气压，轮胎磨损使得左、右轮的附着系数不一致等因素可导致制动力差超标外，车辆的左、右轮轮荷相差较大，并且制动器制动力大于附着力出现抱死拖滑时，也可导致制动力差超标。

对于轻型和微型汽车，应注意引车员的重量对制动力差的影响。这里同样要指出的是，如果车轮制动器制动力大于附着力，车轮将出现抱死拖滑，这时所测得的制动力实际是附着力，而附着力等于该轮的轴荷与附着系数的乘积。如果左、右轮的附着系数相等，所测得的力就与该轮的轴荷有关。所以引车员的重量对轻型和微型车前左、右轮的影响不能忽视，它可能引起制动力差的超标，我们应该注意这一点。

另外，在检测时还应注意，引车员应适当控制好踩制动踏板的速度。对于制动协调时间非常短、制动力增长的斜率较陡的液压制动车辆，如果踩制动踏板速度过快，也可能引起制动力差超标。这是因为通过模拟通道采样的信号，各同步信号记录时刻的同步时间差为0.5 ms左右。另外，每个记录点之间间隔10 ms的采样时间，对于快速增长的制动力也可能会出现漏掉最大制动力点的情况。这也是制动力检测时，往往出现重复性不好的主要原因。

（2）车辆原因分析

1）液压制动系系统原因分析。

①各车轮制动力均偏低，主要原因为制动踏板自由行程太大，制动液中有空气或变质，制动主缸故障，增压器或助力器效能不佳或失效。

②车轮制动力偏小，主要原因是该车轮制动器故障，若同一制动回路两车轮制动力均偏小，则应检查该制动回路中有无空气或不密封处。

③同轴左右轮制动力最大值差值过大的故障原因同②；若在制动力上升阶段左、右轮差值过大，应检查制动间隙是否适当；若在制动释放阶段左、右轮差值过大，则应检查制动轮缸及制动蹄回位弹簧。

④各车轮制动协调时间过长，应主要检查制动踏板自由行程是否过大；若个别车轮制动协调时间过长，则主要检查该车轮制动间隙是否过大；若同一制动回路两车轮制动协调时间过长，则可能是该制动回路中有空气。

⑤各车轮阻滞力都超限，主要原因是制动主缸故障或制动踏板无自由行程；若个别车轮阻滞力超限，则主要是该车轮制动间隙过小、制动轮缸故障、制动蹄回位弹簧故障或轮毂轴承松旷。

2）气压制动系原因分析。

①各车轮制动力均偏低，主要原因是制动踏板自由行程太大，储气筒气压太低或制动阀故障。

②个别车轮制动力偏低，主要原因是该车轮制动间隙过大或制动器故障。若同一制动

回路两车轮制动力均偏低，主要原因是制动管路漏气或某一制动气膜片破裂。

③同轴左右轮制动力最大值差值过大的故障原因同②；若在制动力上升阶段左右轮差值过大，应检查制动间隙是否适当；若在制动释放阶段左右轮差值过大，则可能是制动蹄或制动气室回位弹簧故障。

④各车轮制动协调时间过长，应主要检查制动踏板自由行程是否过大；若个别车轮制动协调时间过长，则应主要检查该车轮制动间隙是否过大。

⑤各车轮阻滞力均超限，主要原因是制动踏板无自由行程或制动控制阀故障；若个别车轮阻滞力超限，则主要是该车轮制动间隙过小、制动蹄回位弹簧故障或轮毂轴承松旷。

5. 路试检测制动性能制动距离的检测

(1) 准备工作

1) 车辆准备。汽车应运行至正常状态。

2) 五轮仪准备。

①如果五轮仪自备电源，使用前应按使用说明书的要求，充电至规定电压。

②将传感器部分固定在汽车侧面或尾部的车身上，以不影响其轮子左右摆动为准，并用打气筒对轮子充气至适当程度。

③将记录仪放置在驾驶室内或车厢内，正面朝上，水平放置，其前端要对准汽车前进方向并紧靠在固定部位，以防制动时撞击。

④用信号线把充气车轮上的传感器与记录仪连接起来。脚踏开关一端通过导线插接在记录仪上，另一端套在制动踏板上。用汽车蓄电池作电源的五轮仪，还应把电源线一端插接在记录仪上，另一端夹持在蓄电池正、负极上。

⑤打开记录仪电源开关，按使用说明书的要求检查与自校。如要求预热，应预热至规定时间。

⑥微机控制的五轮仪，使用前应首先进入初始化程序。一般来说，微机控制的五轮仪在电源开关打开后可自动进入初始化程序或通过键入的方法进入初始化程序。

⑦凡要求置入五轮修正系数的五轮仪，均应按照使用说明书上的方法置入。如 WLY－5 型微机五轮仪，只要把传感器部分的充气车轮转 10 圈的距离（在路面上的实测值）键入记录仪即可。

⑧检测制动距离前，须将与制动有关的旋钮、开关或按键打到规定位置，并预选（按下对应的键或键入选择的值）制动初速度。

(2) 检测程序

1) 检测制动距离时，按国家标准的有关规定，应在符合要求的道路条件和气候条件下，汽车空载或满载加速行驶，驾驶员根据记录仪上指示的瞬时车速或音响的提示，至预选制动初速度时，用力踩下制动踏板直至汽车停止。制动时的踏板力（可安装踏板力计）或制动气压应符合规定要求。

2）读取并打印检测结果。可读取并打印测得的制动初速度、制动距离、制动系反应时间和制动全过程时间等检测结果。有的五轮仪还能读取制动减速度或打印“速度—时间”曲线和“减速度—时间”曲线等。以上检测结果是实际试验结果。实际试验结果中的制动初速度不一定正好等于预选制动初速度，可能大于或小于预选制动初速度。有些微机式五轮仪可以将实际试验结果修正到预选制动初速度下的试验结果，以便直接与诊断参数标准对照。

3）按下记录仪“重试”或“复位”键，仪器复原，可重新进行制动试验。微机式五轮仪在打印结束后一般能自动回到初始化程序。

4）检测制动性能应在同一路段正、反两个方向上进行，测得的制动距离及其他参数取平均值。汽车倒车时，应将传感器部分的充气车轮转向180°或由专人提离地面。

5）路试结束后，关闭记录仪电源，拆卸电源线、信号线和脚踏开关，并从车身上拆下传感器部分。

用五轮仪检测汽车制动性能，可以测得在规定制动初速度下，从开始踩制动踏板到车辆完全停住所走过的制动距离和制动时间，比仅仅由在路面上测量车轮拖、压印长度决定制动性能的原始方法前进了一大步，但使用费时费力。

6. 制动稳定性检测

在上述制动距离检测过程中，当车辆停止时，观察车身在试车道上的状态，要求制动过程中机动车的任何部位（不计入车宽的部位除外）不允许超出规定宽度的试验通道的边缘线。

7. 充分发出平均减速度的检测

充分发出平均减速度的检测程序与制动距离的检测程序相同，只不过是仪器根据实测的制动初速度 v_0 和制动距离 S_b、S_e 后，用公式计算确定。

对已在制动检测台上检验过的车辆，制动力平衡及前轴制动率符合要求，但整车制动率未达到合格要求时，用便携式制动性能测试仪检测，对于乘用车及其他总质量不大于4 500 kg的汽车的制动初速度应不低于30 km/h，对于其他汽车、汽车列车及无轨电车，制动初速度应不低于20 km/h，急踩制动后可测取*MFDD*及制动协调时间。

8. 驻车制动检测

将车辆驶上坡度为20%（总质量为整备质量的1.2倍以下的车辆为15%）、附着系数不小于0.7（混凝土或沥青路面）的坡道上，按正、反两个方向保持固定不动，其时间不少于5 min，检验车辆的驻车制动是否符合要求。

9. 检测标准

（1）制动距离和制动稳定性要求

在规定的初速度下的制动距离和制动稳定性要求应符合表3-4的规定。对空载检测的制动距离有质疑时，可用表中规定的满载检测检验制动距离要求进行。

表 3-4 制动距离和制动稳定性要求

机动车类型	制动初速度/（km·h^{-1}）	满载检验制动距离要求/m	空载检验制动距离要求/m	试验通道宽度/m
三轮汽车	20	≤5.0		2.5
乘用车	50	≤20.0	≤19.0	2.5
总质量不大于 3 500 kg 的低速货车	30	≤9.0	≤8.0	2.5
其他总质量不大于 3 500 kg 的汽车	50	≤22.0	≤21.0	2.5
其他汽车	30	≤10.0	≤9.0	3.0
汽车列车、铰接客车、铰接式无轨电车	30	≤10.5	≤9.5	3.0

（2）充分发出平均减速度要求

汽车、汽车列车在规定的初速度下急踩制动时充分发出的平均减速度及制动稳定性要求应符合表 3-5 的规定。对空载检验的充分发出的平均减速度有质疑时，可用表 3-5 规定的满载检验充分发出的平均减速度进行。

表 3-5 充分发出平均减速度和制动稳定性要求

机动车类型	制动初速度/（km·h^{-1}）	满载检验充分发出的平均速速度/（m·s^{-2}）	充分发出的平均减速度/（m·s^{-2}）	试验通道宽度/m
三轮汽车	20	≥3.8		2.5
乘用车	50	≥5.9	≥6.2	2.5
总质量不大于 3 500 kg 的低速货车	30	≥5.2	≥5.6	2.5
其他总质量不大于 3 500 kg 的汽车	50	≥5.4	≥5.8	2.5
其他汽车	30	≥5.0	≥5.4	3.0
铰接客车、铰接式无轨电车、汽车列车	30	≥4.5	≥5.0	3.0

二、技能考核

1. 准备工作

1）教师为考核准备好检测仪器、设备及必要的工具。

2）学生完成对车辆的检查准备工作。

2. 考核实施

1）学生每两人为一组，互为检测员和引车员。

2）小组相互合作完成本任务规定的实操项目，并完成学生实训工单的填写。

3）教师全过程观察学生操作情况，对可能造成仪器、设备等损坏及可能产生人身危险的操作及时制止和纠正，并在教师考核记录表上做必要的记录和评分。

4）教师审阅学生完成的学生实训工单并给出成绩。

5）教师将学生实训工单的成绩填入教师考核记录表内，并合算出总成绩。

习题与思考

一、判断题

(　　)1. 制动距离是一个反映整车制动性能的指标。它能反映出各个车轮的制动状况和制动力分配情况。当制动距离延长时，也能反映出具体是什么故障使制动性能变差。

(　　)2. 用滚筒反力式制动检测台检测的制动力来评价车辆的制动性能，主要是反映制动系统对整车制动性能的影响，同时也能反映出制动系统以外的因素（例如，钢板弹簧刚度不同等）对整车制动性能的影响。

(　　)3. 在制动性能检验时仅需检查“汽车制动系的结构和管路是否被改动”即可，不宜进行应急制动性能检验。

(　　)4. 平板式制动检测台较容易将制动检测台与轮重仪、车速表检测台、侧滑检测台组合在一起，使车辆检测更加方便、高效。

(　　)5. 制动性能的台架测试只能在平板式制动检测台或滚筒反力式制动检测台上进行。

(　　)6. 用平板式制动检测台检测乘用车时，应按动态轴荷计算。

(　　)7. 对台试检验的结果发生争议时，或无法采用台试检验方法进行检验时，可以用路试检验方法进行制动性能检验，并以满载状态路试的结果为准。

(　　)8. 用滚筒式制动检测台检验行车制动时，不需要测取制动协调时间。

(　　)9. 制动测试时受路面附着系数的影响较大。如果路面的附着系数较小，车辆达到附着极限，制动稳定减速度就不会再升高。

(　　)10. 制动检验时，被检车辆应尽量停正，否则极有可能由于左右两侧车轮与滚筒接触面积和状态的不同而导致制动力平衡达不到要求。

(　　)11. 制动检验时，被检车辆应尽量停正，否则极有可能由于左右两侧车轮与滚筒接触面积和状态的不同而导致制动力之和达不到要求。

(　　)12. 汽车制动性能的检验宜采用滚筒反力式制动检测台或平板式制动检测台检验，其中，后轴驱动的乘用车更适合采用平板式制动检测台检验制动性能。

二、选择题

1. 行车制动在产生最大制动作用时的踏板力，对于乘用车应不大于 500 N，对于其他车辆应不大于(　　)N。

A. 400　　B. 600　　C. 700　　D. 800

2. 台试检验制动力时应控制制动气压或踏板力。满载检验时，气压制动系的气压表的指示气压应≤额定工作气压；液压制动系的踏板力，乘用车应≤(　　)N，其他车辆应≤700 N。

A. 400　　B. 500　　C. 600　　D. 700

3. 台试检验制动力时应控制制动气压或踏板力。空载检验时，气压制动系的气压表的指示气压应≤(　　)kPa；液压制动系的踏板力，乘用车应≤400 N，其他车辆应≤450 N。

A. 400　　B. 500　　C. 600　　D. 700

4. 当采用制动检测台检测车辆驻车制动力时，车辆空载，只乘坐一名驾驶员，使用驻车制动装置，测得的驻车制动力总和应不小于该车在测试状态下整车重量的 20%，对总质量为整备质量(　　)倍以下的车辆，此值为 15%。

A. 1.1　　B. 1.2　　C. 1.3　　D. 1.4

5. 在空载状态下，驻车制动装置应能保证汽车在坡度为 20%（对总质量为整备质量的 1.2 倍以下的汽车为 15%），轮胎与路面间的附着系数不小于 0.7 的坡道上正、反两个方向保持固定不动，其时间不应少于(　　)min。

A. 4　　B. 5　　C. 6　　D. 7

6. 用制动距离检验行车制动性能时，乘用车的制动初速度应为(　　)km/h。

A. 30　　B. 40　　C. 50　　D. 50

7. 制动检测台每年必须通过(　　)，合格后，方可继续使用。

A. 自校　　B. 计量检定　　C. 维护　　D. 检修

8. 当滚筒直径增大时，两个滚筒间中心距也需相应增大，才能保证(　　)。

A. 测试车速　　B. 改善与车轮之间的附着情况

C. 合适的安置角　　D. 测试制动力

9. 用平板制动检测台检测制动性能时，检验员将被检车辆以(　　)的速度（或制动检测台生产厂家推荐的速度）滑行，置变速器于空挡后（对自动变速器车辆可位于“D”挡），正直平稳驶上平板。

A. ≤5 km/h　　B. ≥10 km/h

C. 5～10 km/h　　D. ≥15 km/h

三、问答题

1. 什么是汽车制动性？其评价指标有哪些？
2. 为什么要检测汽车的制动性？
3. 制动检测台有哪些类型？
4. 正确描述反力滚筒式制动检测台的基本结构与工作原理。
5. 分析由于检测操作不当引起的制动力不足、制动力差超标及制动力异常的原因。
6. 分析液压制动系统制动性能检测不合格的原因。

项目四　汽车操纵稳定性及检测

随着道路条件的改善，汽车运行速度的提高，为保证安全行驶，汽车的操纵稳定性日益受到重视，尤其是高速汽车。操纵稳定性成为现代汽车的重要使用性能之一。

汽车的操纵稳定性包含着互相联系的两部分内容：一部分是操纵性，另一部分是稳定性。操纵性是指汽车能够及时而准确地执行驾驶员的转向指令的能力，稳定性是指汽车受到外界扰动（路面扰动或突然阵风扰动）后恢复原来运动状态的能力，以及抵抗倾覆、侧滑的能力。稳定性好坏直接影响操纵性的好坏，因此通常将两者称为操纵稳定性。汽车的操纵稳定性不仅影响汽车驾驶操作的方便程度，而且也是决定汽车高速安全行驶的一个重要性能。

工作任务1　汽车车轮侧滑检测

任务目标

1. 叙述汽车转向轮侧滑量检测的理由。

2. 知道侧滑检测台的结构与工作原理。

3. 用侧滑检测台检测汽车的前轴侧滑量。

4. 根据检测结果进行分析，对车辆的前轮前束与前轮外倾角的匹配状况做出评价，并提出维修建议。

5. 培养良好的安全与卫生习惯和团结协作意识。

任务引入

检测前轮侧滑量的目的是为了确知前轮前束与前轮外倾的配合是否恰当。当两者配合恰到好处时，汽车前轮保持稳定的直线行驶状态。有些汽车的后轮也有前束和外倾，因此也应进行后轮侧滑量检测。然而，相当一部分汽车的后轮是没有车轮定位的。当检查这部分汽车的后轮侧滑量时，可以确知后轴是否弯曲变形和轮毂轴承是否松旷。

车轮侧滑量检测，须采用侧滑检测台。侧滑检测台是测量汽车车轮横向滑动量并判断其是否合格的一种检测设备，有滑板式和滚筒式之分。其中，滑板式侧滑检测台在我国获得了广泛应用。

相关知识

一、转向轮定位值引起的侧滑

侧滑是指车辆（车轮）在汽车横向产生的滑移。引起车辆横向滑移的原因有很多，经分析，汽车转向轮的外倾角与前束值对其侧滑的影响比较大。

1. 车轮外倾角引起的侧滑

为了保证重载后轮胎胎面能与具有横向拱形的路面平面接触，以减小轮胎磨损，汽车设计有车轮外倾角，如图 4-1 所示。

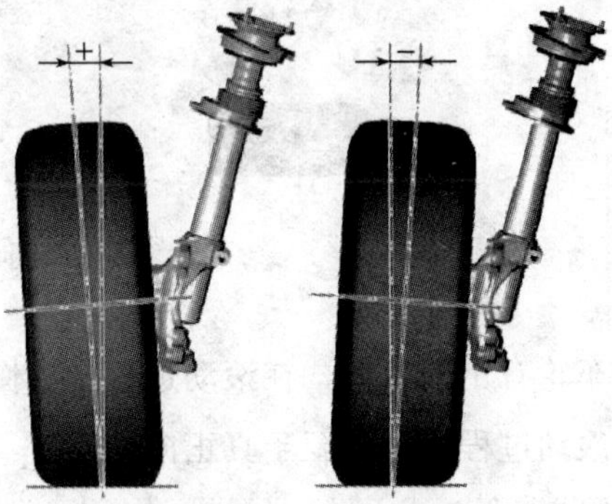

图 4-1　车轮外倾角

由于车轮外倾角的存在，在滚动过程中车轮将力图向外张开，只是由于车桥不可能伸长，因此，在实际滚动过程中才不至于真正向外滚开。但由此而形成的这种外张力势必成为加剧轮胎磨损的隐患。

假设让两个只有外倾角而没有前束的车轮同时向前驶过两块相对于地面可以左右滑动的滑动板，就可以看到左、右车轮下的滑动板在车轮外张力的作用下出现如图 4-2 中虚线所示的分别向内侧滑移的现象。其单边车轮的内侧滑量 S_c 为

$$S_c=\frac{L'-L}{2}$$

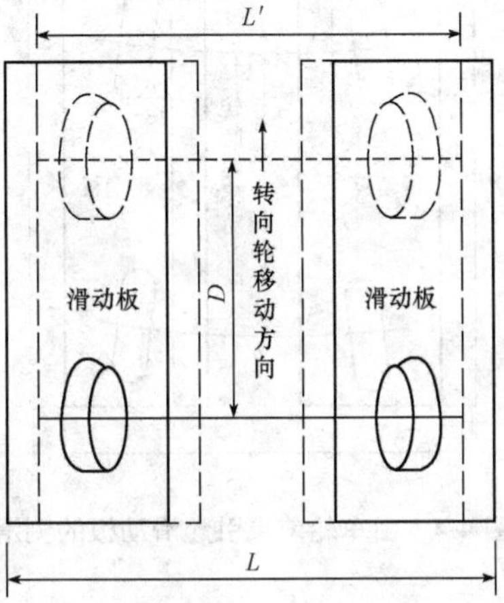

图 4-2　由车轮外倾角引起滑板的侧滑

2. 车轮前束引起的侧滑

为了弥补车轮外倾角产生的不良作用，对于设有车轮外倾角的车轮，均设有车轮前束，如图 4-3 所示，总前束值 $c+d=a-b$（mm）。

图 4-3　车轮前束

车轮有了前束后，在滚动过程中力图向内收拢，只是由于车桥不可能缩短，因此，在实际滚动过程中才不至于真正向内收拢。但由此而形成的这种内向力势必成为加剧轮胎磨损的隐患。

假设让两个只有前束而没有外倾角的车轮向前驶过如图 4-4 所示的滑动板，可以看到左、右车轮下的滑动板在车轮作用力的推动下，出现图中虚线所示的分别向外侧滑移的现象。其单边转向轮的外侧滑量 S_t 为

$$S_t=\frac{L'-L}{2}$$

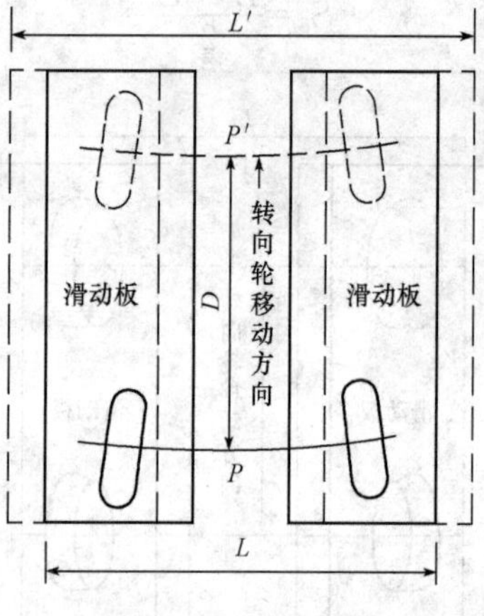

图 4-4　由车轮前束引起滑动板的侧滑

如果此前束与车轮外倾角配合恰当，则车轮将不会产生向内收拢和向外张开的趋势，因而可保证轮胎只做纯滚动而不产生横向滑移。

侧滑检测台就是应用上述滑板原理来检测转向轮的侧滑量的。

二、滑板式侧滑检测台的结构与工作原理

汽车侧滑检测设备按其测量参数可以分为两类：一类是测量车轮侧滑量的滑板式侧滑检测台，另一类是测量车轮侧向力的侧滑检测台。上述两种检测台都属于动态侧滑检测台。

滑板式侧滑检测台，按其结构又可分为单板式侧滑检测台和双板式侧滑检测台两种形式。前者只有一块侧滑板，检验时汽车只有一侧车轮从检测台上通过；后者有左、右两块侧滑板，检验时汽车左、右车轮同时从侧滑板上通过。它们一般均由测量装置、指示装置和报警装置等组成。

1. 双板联动式侧滑检测台

双板联动式侧滑检测台的结构如图 4-5 所示，由机械部分、测量装置、指示装置等部分组成。

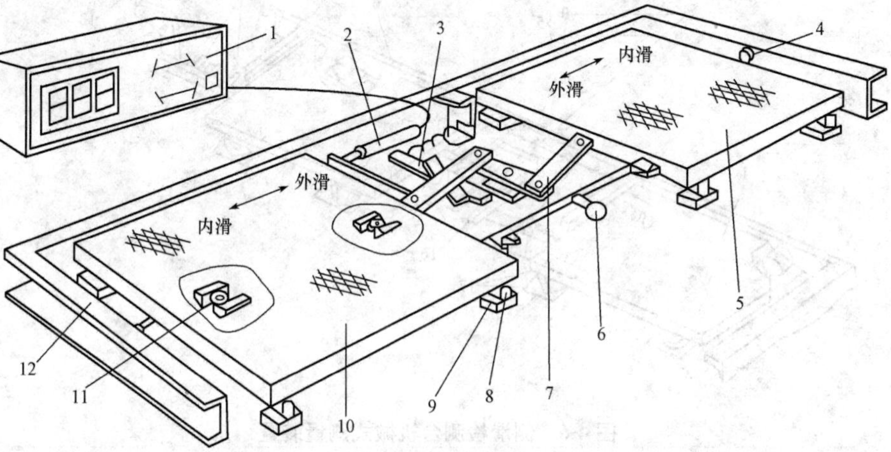

图 4-5　双板联动式侧滑检测台的结构

1—侧滑台仪表；2—传感器；3—回位装置；4—限位装置；5—右滑动板；6—锁定装置；7—双摇臂杠杆机构；8—滚轮；9—导轨；10—左滑动板；11—导向装置；12—框架

（1）测量装置

测量装置由框架，左、右两块滑动板，杠杆机构，回位装置，滚轮装置，导向装置，锁止装置，位移传感器及信号传递装置等组成。该装置能把前轮侧滑量测出并传递给指示装置。

滑动板的长度一般有 500 mm、800 mm 和 1 000 mm 三种。滑动板的上表面有“T”形纹或“十”字形纹，以增加与轮胎之间的附着力。滑动板的下部装有滚轮装置和导向装置，两块滑动板之间连接有曲柄机构、回位装置和锁止装置。在侧向力作用下，两块滑动板只能在左右方向上作等量同向位移，在前后方向上不能位移。

当车轮正前束（IN）大时，滑动板向外侧滑动；当车轮负前束（OUT）大时，滑动板

向内侧滑动；当侧向力消失时，在回位装置作用下两块滑动板回到零点位置；当关闭锁止装置时，两块滑动板被锁止，不再左右滑动。

按滑动板位移量传递给指示装置方式的不同，测量装置可分为机械式和电气式两种。

1）机械式测量装置。该种测量装置是把滑动板与指示装置机械地连接在一起，通过连杆和L形杠杆等零件，把滑动板位移量直接传递给指示装置的一种结构形式，如图4-6所示。具有机械式测量装置的侧滑检测台一般也称为机械式侧滑检测台，其指示装置设立在测量装置的一端，两者必须靠得很近。现在已逐渐不用。

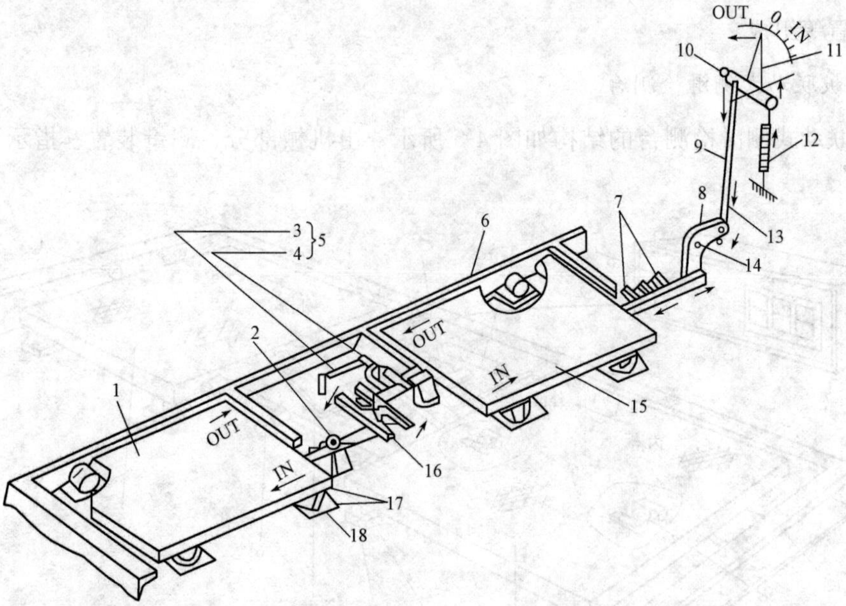

图4-6 侧滑检测台机械式测量装置

1—左滑动板；2—导向滚轮；3—回位弹簧；4—摆臂；5—回位装置；6—框架；
7—限位开关；8—L形杠杆；9—连杆；10—刻度放大倍数调整器；11—指示机构；12—调整弹簧；
13—零位调整装置；14—支点；15—右滑动板；16—双销叉式曲柄；17—轨道；18—滚轮

2）电气式测量装置。该种测量装置是把滑动板的位移量通过位移传感器变成电信号，再经过放大与处理而传输给指示装置的一种结构形式。位移传感器有自整角电机式、电位计式和差动变压器式等多种形式。

以自整角电机作为位移传感器的测量装置如图4-7所示。测量装置上的自整角电机7通过齿轮齿条机构、杠杆和连杆等与滑动板连接在一起。指示装置中也装备有同一规格的自整角电机9。当滑动板位移时，自整角电机7回转一定角度并产生电信号传输给自整角电机9，自整角电机9接到电信号后回转同一角度并通过指针指示出滑动板位移量的大小和方向。以电位计作为位移传感器的测量装置如图4-8所示。可以看出，该电位计可把滑动板位移量转变为电位计触点在电阻线圈上的移动，致使电路阻值发生变化，进而使电路电压发生变化。再把这一变化传输给指示装置（电压表），就可将滑动板位移量的大小和方向指示出来。

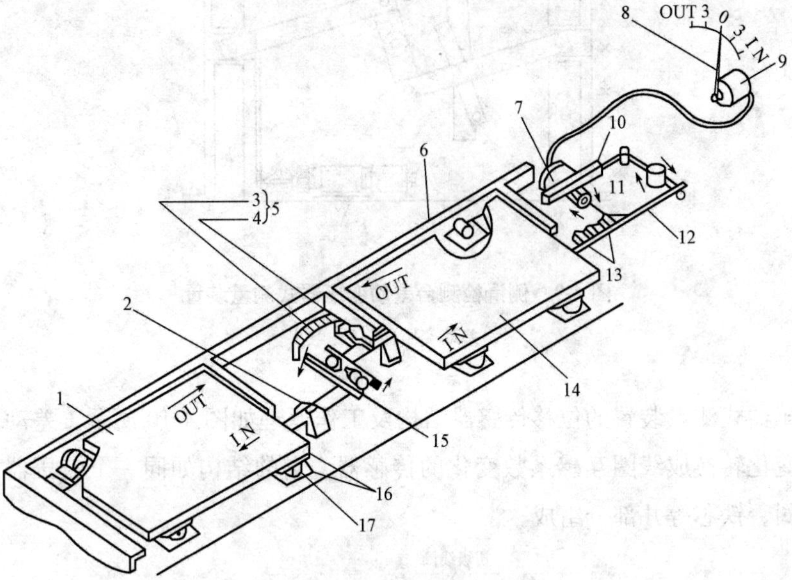

图 4-7　侧滑检测台电气式测量装置

1—左滑动板；2—导向滚轮；3—回位弹簧；4—摆臂；5—回位装置；6—框架；7—产生电信号的自整角电机；8—指针；9—接收电信号的自整角电机；10—齿条；11—齿轮；12—连杆；13—限位开关；14—右滑动板；15—双销叉式曲柄；16—轨道；17—滚轮

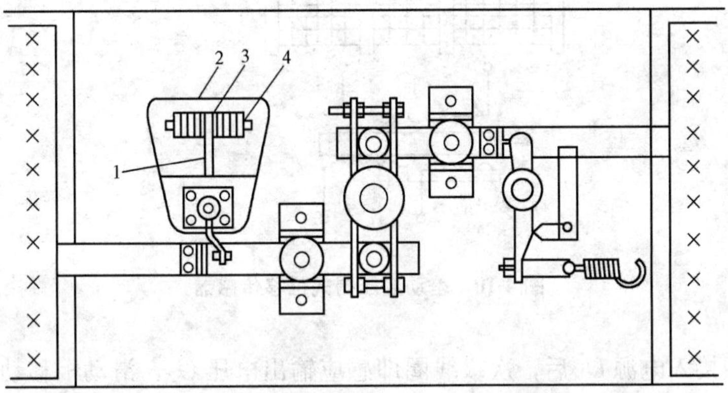

图 4-8　侧滑检测台电位计式测量装置

1—滑动片；2—电位计；3—触点；4—线圈

以差动变压器为位移传感器的测量装置如图 4-9 所示。当滑动板位移时，通过触头带动变压器线圈内的铁芯移动，使电路电压发生变化。将这一变化传输给指示装置（电压表），便可将滑动板位移量的大小和方向指示出来。

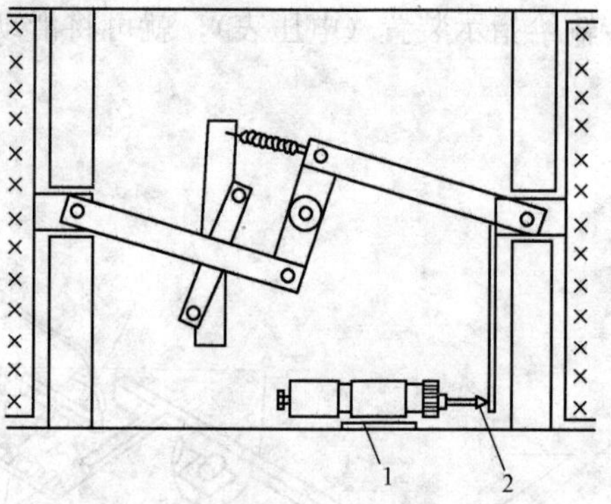

图 4-9　侧滑检测台差动变压器式测量装置

1—差动变压器；2—触头

差动变压器式测量装置的位移传感器结构及工作原理如图 4-10 所示。差动变压器是将被测信号的变化转换成线圈互感系数变化的传感器。它的结构如同一个变压器，由初级线圈、次级线圈、铁芯等几部分组成。

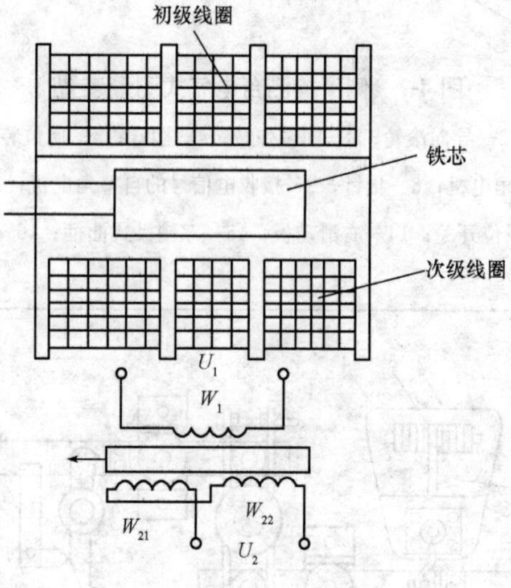

图 4-10　差动变压器式位移传感器

在初级线圈接入电源 U_1 后，次级线圈即感应输出电压 U_2，滑动板移动时引起铁芯的移动，从而引起线圈互感系数的变化，此时的输出电压随之作相应的变化。它的特点是结构简单、灵敏度高、测量范围大且使用寿命长。

（2）指示装置

指示装置也分为机械式和电气式两种形式，有的用指针式指示，有的用数码管式指示。电气式指示装置（指针式）如图 4-11 所示。该指示装置能把测量装置传递来的滑动板侧滑量，按汽车每行驶 1 km 侧滑 1 m 定为一格刻度。车轮正前束（IN）和车轮负前束（OUT）都分别刻有 10 格的刻度。因此，当滑动板长度为 1 000 mm、侧滑 1 mm 时，指示装置指示 1 格刻度，代表汽车每行驶 1 km 侧滑 1 m。同样，当滑动板长度为 800 mm、侧滑 0.8 mm 和当滑动板长度为 500 mm、侧滑 0.5 mm 时，指示装置也都能指示 1 格刻度。这样，检测人员从指示装置上就可获得车轮侧滑量的具体数值，并根据指针偏向 IN 或 OUT 的方向确定出侧滑方向。指示装置的刻度盘上除用数字和符号标明侧滑量与侧滑方向外，有的还用颜色和文字划为三个区域。即侧滑量 0～3 mm 范围内为绿色，表示为良好（GOOD）区域；侧滑量 3～5 mm 为黄色，表示为可用区域；侧滑量 5 mm 以上为红色，表示为不良（BAD）区域。

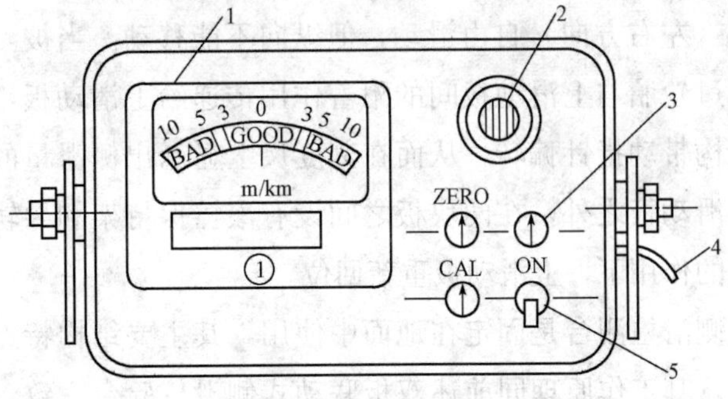

图 4-11　指针式指示装置

1—指针式表头；2—报警用蜂鸣器或信号灯；3—电源指示灯；4—导线；5—电源开关

近年来，国内各厂家生产的侧滑检测台多采用数字式指示装置，并多以单片机进行数据采集和处理，因而具有操作方便、运行可靠、抗干扰性强等优点，同时还具有对检测结果进行分析、判断、存储、打印和数字显示等功能。如图 4-12 所示，当滑动板侧滑时，侧滑量通过位移传感器转变成电信号，经过放大与信号处理后成为 0～5 V 的模拟量，再经 A/D 转换转变成数字量，输入计算机运算处理，然后显示或打印出检测结果。数字式指示装置如图 4-13 所示。

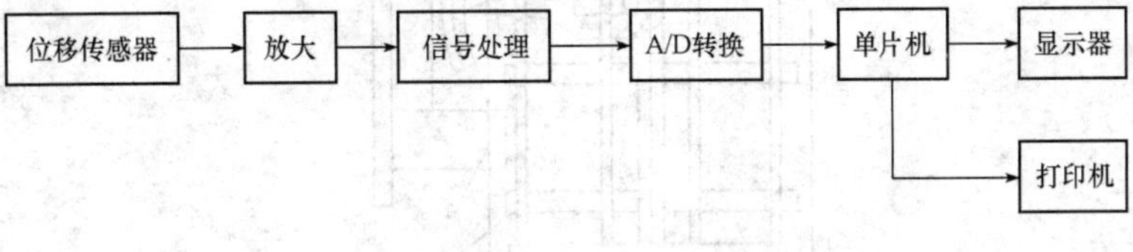

图 4-12　侧滑检测台电气部分原理

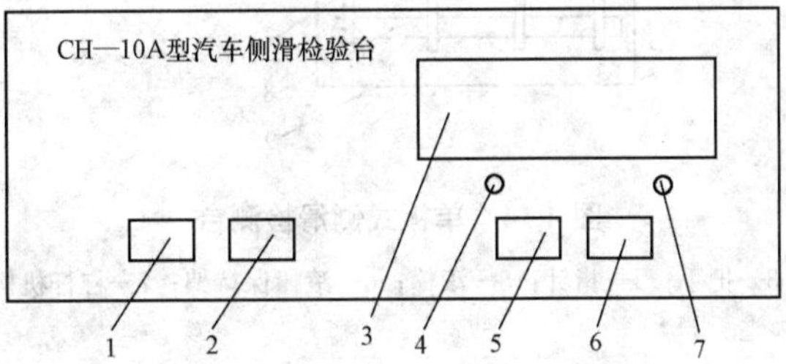

图 4-13　数字式指示装置

1—电源接通键；2—电源断开键；3—数码显示器；4—电源指示灯；5—打印键；6—复位键；7—报警灯

(3) 报警装置

在检测车轮侧滑量时，为便于快速表示检测结果是否合格，当车轮侧滑量超过规定值（5 格刻度）后，侧滑检测台的报警装置能根据测量装置的限位开关发出的信号，用蜂鸣器或信号灯报警，因而无须再读取指示仪表上的具体数值，为检测工作节约了时间。

2. 单板式侧滑检测台的结构

便携式单板侧滑检测台的结构如图 4-14 所示。在上下滑动板之间装有滚棒，因而可以使得上滑动板沿横向（左右方向）自由滑动，但纵向不能移动。当被测车轮从上滑动板通过时，车轮的侧滑通过轮胎与上滑动板间的附着作用传递给上滑动板，使上滑动板左右横向滑动，通过杠杆机构带动指针偏转，从而在刻度尺上显示出侧滑量的大小和方向。为了防止滚动棒滑出上下滑动板之外，在两块板之间设有滚棒保持架和导轨。当车轮通过上滑动板后，在复位弹簧的作用下，上滑动板重新回位。

还有一种单板式侧滑检测台是固定在地面中使用，其主要结构特点是在上、下滑动板之间装有位移传感器，其工作原理同前述双板联动式侧滑校验台一致。这种检测台结构简单、磨损件少、工作可靠，在欧洲得到较普遍的应用。

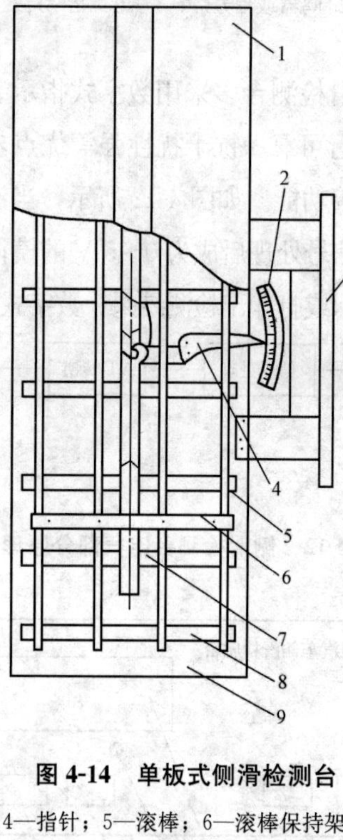

图 4-14 单板式侧滑检测台

1—上滑动板；2—刻度尺；3—把手；4—指针；5—滚棒；6—滚棒保持架；7—杠杆机构；8—导轨；9—下滑动板

从上述结构原理可以看出，即使是单滑板，检测时只有一个车轮通过滑板，但位于地面上的车轮仍会将其产生的侧向力通过车桥（车身）传给位于滑板上的车轮，故实际检测的数值仍反映同轴两个车轮产生的侧滑量，但滑板实际移动量将是双滑板的两倍。

3. 侧向力与侧滑量双功能侧滑检测台的结构

侧滑检测台是用来检测车轮外倾角和车轮前束值匹配状况是否良好的一种检测设备。但由于滑动板的横向移动会释放积蓄在左、右轮胎与地面间的横向作用力和能量，与实际行车状况不符。为更准确地测出轮胎与地面间的侧向力的大小和方向，可在原有侧滑台的基础上，加装两个测力传感器。

如图 4-15 所示，在左、右滑动板旁安装了两个测力传感器，两个传感器通过连接器与两滑动板相连。它们的连接与松开只要轻扳手柄就可完成。连接器松开时，滑动板可以移动，恢复其原有侧滑台的功能，此时的侧滑量由位移传感器测出；连接器连接时，两块侧滑板被测力传感器刚性地连接在一起，如同地面一样稳固不动，此时所测得的力就是汽车行驶时所受到的车轮侧向力。因而采用两个力传感器可以同时测出左、右车轮所受到的侧向力的大小。这里为了便于分析比较，作如下规定：侧滑板受到向外的作用力记为负的侧向力；侧滑板受到向内的作用力记为正的侧向力。

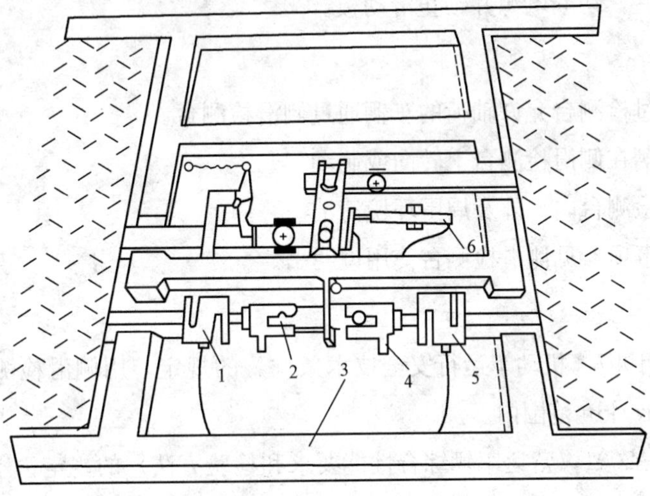

图 4-15　加装两个测力传感器的侧滑校验台

1—左侧向力传感器；2—左连接器；3—框架；4—右连接器；5—右侧向力传感器；6—位移传感器

任务实施

一、技能学习

1. 准备工作

1）轮胎气压应符合汽车制造厂的规定。

2）当轮胎上粘有油污、泥土、水或花纹沟槽内嵌有石子时，应清理干净。

3）检查侧滑检测台导线连接情况，在导线连接良好的情况下打开电源开关，查看指针式仪表的指针是否在机械零点上，并视必要进行调整；查看数码管是否亮度正常并都在零位上。

4）检查报警装置在规定限值时能否发出报警信号，并视需要进行调整或修理。

5）检查侧滑检测台上表面及其周围的清洁情况，如有油污、泥土、砂石及水等应予以清除。

6）打开侧滑检测台的锁止装置，检查滑动板能否在外力作用下左右滑动自如，当外力消失后回到原始位置，指示装置是否指在零点。

2. 测试步骤

1）汽车以 3～5 km/h 的速度垂直侧滑板驶向侧滑检测台，使前轮（或后轮）平稳通过滑动板。

2）当前轮（或后轮）完全通过滑动板后，从指示装置上观察侧滑方向并读取、打印最大侧滑量。

3）检测结束后，切断电源并锁止滑动板。

3. 注意事项

1）不能让超过检测台允许轴荷的车辆通过侧滑检测台。

2）不能使车辆在侧滑检测台上转向或制动。

3）保持侧滑检测台内、外及周围环境清洁。

4）其他注意事项参见侧滑检测台使用说明书。

4. 检测标准

按 GB 7258—1997《机动车运行安全技术条件》的规定，用侧滑检测台检测前轮侧滑量，其值应在±5 m/km 范围内。

按 GB 18565—2001《营运车辆综合性能要求和检验方法》的规定，用侧滑检测台检测前轮侧滑量，其值不超过 5 m/km。

营运车辆等级评定检测时，该项目为不分级项，各级车辆均应符合上述合格标准。

5. 检测结果分析

（1）检测误差分析

在检测车轮侧滑时，除了车辆本身的原因导致侧滑的存在外，引车员的操作水平和检测台本身的缺陷也是造成检测结果不准确的因素。

1）由引车员的操作不正确引起的测量误差。

①车辆没按直线方向正直驶向侧滑板，导致车轮产生一个额外的侧向力作用在滑板上而产生侧滑。有的检测站在侧滑检测台前安装对正机，以消除这种现象。

②在侧滑板上转动方向盘而使滑板移动。

③检测时应保持车速稳定，若检验时车速过高，或车速时高时低，则滑板产生的惯性

力冲击会影响检测结果。

④在检测驱动轮的侧滑时，应控制好车速，不应该突然加油、收油或踩离合器，这样会改变驱动轮的受力情况和定位角，影响检测精度。

2）由侧滑检测台本身引起的测量误差。

①侧滑板表面有油污、水渍、沙石等，使车轮与滑板之间产生相对滑动，影响检测精度。

②侧滑检测台本身准确度超标，使测量结果失真。

3）由被测车辆本身引起的测量误差。

①若被测车辆轮辋变形，当车轮直线行驶时，其行驶轨迹不再是一条直线，而呈S形。而侧滑检测台的滑动板长度最长只有1 m，其长度包含不过车轮的周长，仅是轮胎圆周的一部分。如果该车重复检测时，轮胎进入滑板不是同一个始点，将有可能出现两次测量结果不同的现象。

②如果该车转向系统存在故障，也会造成检测数据失真。

（2）检测结果分析

如果侧滑量检测不合格，说明前束与车轮外倾角配合不当。

如果检测值偏大（正向，向内），一般说明前束小，可调大前束。但也可能是由于车轮外倾角过大引起的。所以应最后再做车轮定位。

同理，如果检测值偏小（负向，向外），一般说明前束过大，但也可能是由于车轮外倾角过小。

二、技能考核

1. 准备工作

1）教师为考核准备好检测仪器、设备及必要的工具。

2）学生完成对车辆的检查准备工作。

2. 考核实施

1）学生每两人为一组，互为检测员和引车员。

2）小组相互合作完成本任务规定的实操项目，并完成学生实训工单的填写。

3）教师全过程观察学生操作情况，对可能造成仪器、设备等损坏及可能产生人身危险的操作及时制止和纠正，并在教师考核记录表上做必要的记录和评分。

4）教师审阅学生完成的学生实训工单并给出成绩。

5）教师将学生实训工单的成绩填入教师考核记录表内，并合算出总成绩。

工作任务 2　车轮动平衡检测

任务目标

1. 知道车轮动平衡检测的理由。
2. 能叙述车轮平衡仪的结构与工作原理。
3. 能用车轮平衡仪检测车轮的动平衡。
4. 可根据检测结果，对车轮的平衡状况做出评价，并提出维修建议。
5. 培养良好的安全与卫生习惯和团结协作意识。

任务引入

随着道路质量的提高和高速公路的出现，汽车行驶速度越来越快，因此对车轮平衡度的要求也越来越高。如果车轮不平衡，在其高速旋转时，不平衡质量将引起车轮上下跳动和横向振摆。这不仅影响汽车的行驶平顺性、乘坐舒适性和操纵稳定性，使车辆难以控制，而且也影响汽车行驶的安全性。此外，车轮不平衡还加剧了轮胎及有关机件的磨损和冲击，缩短了汽车使用寿命，增加了汽车运输成本。因此，车轮平衡问题越来越引起人们的重视，车轮平衡度检测已成为汽车检测项目之一。

相关知识

一、车轮的静不平衡

支起车轴，调整好轮毂轴承松紧度，用手轻轻地转动车轮，使其自然停转。在停转的车轮离地最近处做一个标记，然后重复上述试验多次。如果每次试验结束时标记都停在离地最近处，则车轮静不平衡。这个车轮上所做的标记点称为不平衡点或垂点。反之，若车轮经几次转动自然停转后所做标记的位置各不一样，或强迫停转消除外力后车轮也不再转动，则车轮是静平衡的。

静平衡的车轮，其重心与旋转中心重合；静不平衡的车轮，其重心与旋转中心不重合，在旋转时产生离心力，如图 4-16 所示。

$$F=mr\omega^2$$

式中　m——不平衡点质量；

ω——车轮旋转角速度，$\omega=2\pi n$，n 为车轮转速；

r——不平衡点质量离车轮旋转中心的距离。

从式中可以看出，车轮转速 n 越高，不平衡点质量 m 越大，不平衡点质量离车轮旋转中心的距离越远，则离心力 F 越大。

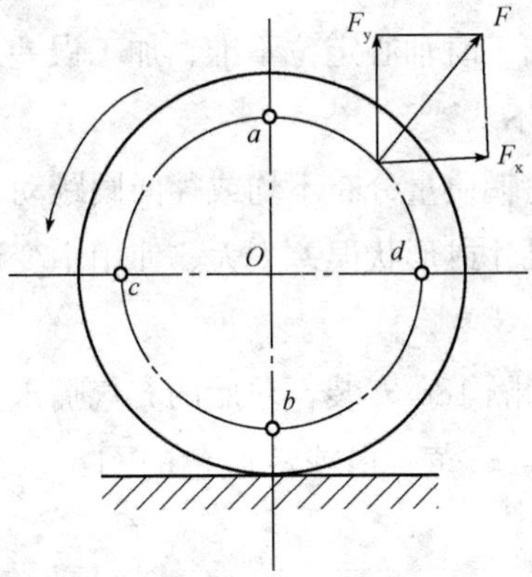

图 4-16　车轮静不平衡产生的离心力

离心力 F 可分解为水平分力 F_x 和垂直分力 F_y。在车轮转动一周中，垂直分力 F_y 有两次落在通过车轮中心的垂线上，一次在 a 点，另一次在 b 点，方向相反，均达到最大值，使车轮上下跳动，并由于陀螺效应引起前轮摆振。水平分力 F_x 有两次落在通过车轮中心的水平线上，一次在 c 点，另一次在 d 点，方向相反，均达到最大值，使车轮前后窜动，并形成绕主销来回摆动的力矩，造成前轮摆振。当左、右前轮的不平衡质量相互处于 180°位置时，前轮摆振最为严重。

二、车轮的动不平衡

即使静平衡的车轮，即重心与旋转中心重合的车轮，也可能是动不平衡的。这是由于车轮的质量分布相对车轮纵向中心面不对称造成的。在图 4-17（a）中，车轮是静平衡的。在该车轮旋转轴线的径向相反位置上，各有一作用半径相同、质量也相同的不平衡点 m_1 与 m_2，且不处于同一平面内。对于这样的车轮，其不平衡点的离心力合力为零，而离心力的合力矩不为零，转动中产生方向反复变动的力偶 M，使车轮处于动不平衡中。动不平衡的前轮绕主销摆振。如果 m_1 与 m_2 在同一作用半径的相反方向上配置相

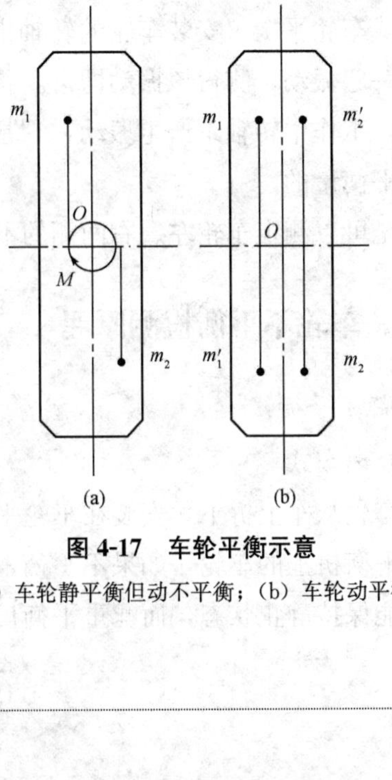

图 4-17　车轮平衡示意

（a）车轮静平衡但动不平衡；（b）车轮动平衡

同质量 m'_1 与 m'_2，则车轮处于动平衡中，如图 4-17（b）所示。动平衡的车轮肯定是静平衡的，因此对车轮应主要进行动平衡检验。

三、车轮不平衡原因

1）轮毂、制动鼓（盘）加工时轴心定位不准、加工误差大、非加工面铸造误差大、热处理变形、使用中变形或磨损不均。

2）轮胎螺栓质量不等、轮辋质量分布不均或径向圆跳动、端面圆跳动太大。

3）轮胎质量分布不均、尺寸或形状误差太大、使用中变形或磨损不均、使用翻新胎或垫、补胎。

4）拼装双胎的充气嘴未相隔 180°安装，单胎的充气嘴未与不平衡点标记（经过平衡试验的新轮胎，往往在胎侧标有红、黄、白或浅蓝色的□、△、○或◇符号，用来表示不平衡点位置）相隔 180°安装。

5）轮毂、制动鼓（盘）、轮胎螺栓、轮辋、内胎、衬带、轮胎等拆卸后重新组装成车轮时，累计的不平衡质量或形位偏差太大，破坏了原来的平衡。

四、车轮平衡仪类型

车轮平衡度应使用车轮平衡仪检测，车轮平衡仪也称为车轮动平衡仪。车轮平衡仪有以下类型：按功能分，车轮平衡仪可分为车轮静平衡仪和车轮动平衡仪两类；按测量方式分，车轮平衡仪可分为离车式车轮平衡仪和就车式车轮平衡仪两类；按车轮平衡仪转轴的形式分，车轮平衡仪可分为软式车轮平衡仪和硬式车轮平衡仪两类。

使用离车式车轮平衡仪时，是把车轮从车上拆下安装到车轮平衡仪的转轴上检测其平衡状况的。而就车式车轮平衡仪，无需从车上拆下车轮即可测得车轮的平衡状况。

软式车轮平衡仪安装车轮的转轴由弹性元件支撑。当被测车轮不平衡时，该轴与其上的车轮一起振动，测得该振动即可获得车轮的不平衡量。硬式车轮平衡仪的转轴由刚性元件支撑，工作中转轴不产生振动，它是通过直接测量车轮旋转时不平衡点产生的离心力来确定不平衡量的。

凡是可以测定车轮左、右两侧的不平衡量及其相位的，均称为二面测定式车轮平衡仪。

五、车轮不平衡检测原理

1. 静不平衡

（1）离车式

将车轮从车上拆下，安装在车轮平衡机上进行检测的检测方法称离车式检测法。安装在车轮平衡机上的车轮，如果不平衡，在自由转动状态下，其不平衡点只有处于最下面的位置才能保持静止状态，而配重平衡后则可停于任何位置。利用这一基本原理，即可测得车轮的静不平衡质量和相位。

（2）就车式

用就车式车轮平衡仪检测车轮静不平衡的原理如图 4-18 所示。支离地面的车轮如果不平衡，转动时产生的上下振动通过转向节或悬架传给检测装置的传感磁头、可调支杆和底座内的传感器。传感器变成的电信号控制频闪灯闪光，以指示车轮不平衡点位置，并输入指示装置指示出不平衡度（量）。从图中可以看出，当传感磁头传递向下的力时，频闪灯就发亮，所照射到的车轮最下部的点即为不平衡点。当不平衡点的质量越大时，传感器的受力也越大，变换的电量也越大，指示装置指示的数值也越大。

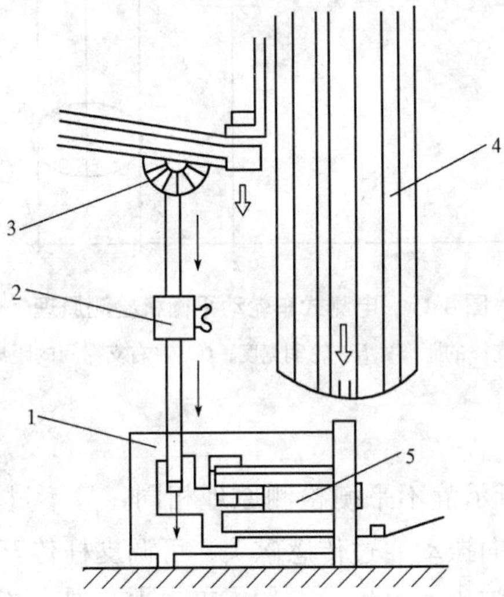

图 4-18　就车式车轮平衡仪静不平衡检测原理

1—底座；2—可调支杆；3—传感磁头；4—车轮；5—传感器

2. 动不平衡

（1）离车式

以硬支撑车轮动平衡机为例，因其转轴支撑装置刚度大，固有振动频率高，振幅小，故车轮的惯性力可忽略不计。车轮不平衡所产生的离心力是以力的形式作用在支撑装置上的，只要测出支撑装置上所受的力或由此而产生的振动，就可得到车轮的不平衡量。电测式车轮平衡机检测原理如图 4-19 所示。图中 m_1 与 m_2 为车轮不平衡点质量，F_1、F_2 为对应的离心力，F_L、F_R 为左、右支撑测得的动反力。该测量法的测量点在支撑处，不平衡的校正面在轮辋边缘，它们存在动平衡关系。根据力的平衡条件得：

$$F_R - F_L - F_1 - F_2 = 0$$

$$F_1(a+c) + F_2(a+b+c) - F_R c = 0$$

联立求解得：

$$F_1 = -F_L(a+b+c)/b + F_R(a+b)/b$$

$$F_2 = F_L(a+c)/b - F_R a/b$$

可以看出，不平衡点质量产生的离心力仅与支撑处的动反力及尺寸 a、b、c 有关。支撑处的动反力或由此而引起的振动，可以通过相应传感器变成电信号后测出，各位置尺寸中 c 是常数，a、b 可通过测量后输入运算电路的方法得出。因此，通过运算即可根据动反力确定出车轮两个校正面上的离心力，再根据离心力确定出两个校正面上的平衡量。

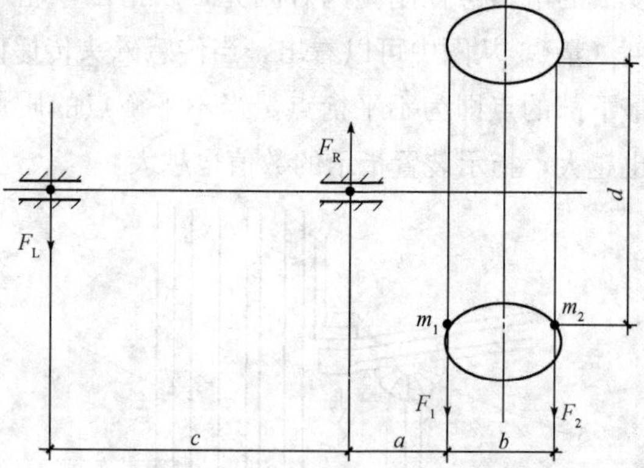

图 4-19　电测式车轮动平衡机检测原理

A—轮辋边缘至右支撑的距离；B—轮辋宽度；C—左右支撑间的距离；D—轮辋直径

（2）就车式

其检测原理与图 4-18 所示静不平衡检测原理相同，只不过传感磁头固定在制动底板上，检测的是横向振动。横向振动通过传感磁头、可调支杆传至底座内的传感器，传感器转变成的电信号控制频闪灯闪光，以指示车轮不平衡点位置，并输入到指示装置指示车轮不平衡量。

六、车轮平衡仪的结构原理

1. 离车式车轮动平衡仪

（1）基本结构

KWB－101 型离车式车轮动平衡机如图 4-20 所示。离车式车轮动平衡机一般由驱动装置、转轴与支撑装置、传感器、仪表板和安全罩等组成。驱动装置一般由电动机、传动机构等组成，可驱动转轴旋转。转轴由两个滚动轴承支撑，每个轴承均设有能将动反力转变为电信号的传感器。转轴的外端通过锥体和大螺距螺母等固定被测车轮。驱动装置、转轴与支撑装置等均装在机箱内。安全罩可防止车轮旋转时其上的平衡块或花纹内夹杂物飞出伤人。近年来生产的车轮动平衡机多为微机式，具有自动判断和自动调校系统，能将传感器送来的电信号通过微机运算、分析、判断后显示出不平衡量及相位。

为了使显示的不平衡量正是轮辋边缘所加平衡块的质量，还必须将测得的轮辋距离 A、轮辋宽度 L、轮辋直径 D，通过键盘或选择器旋钮输入微机。

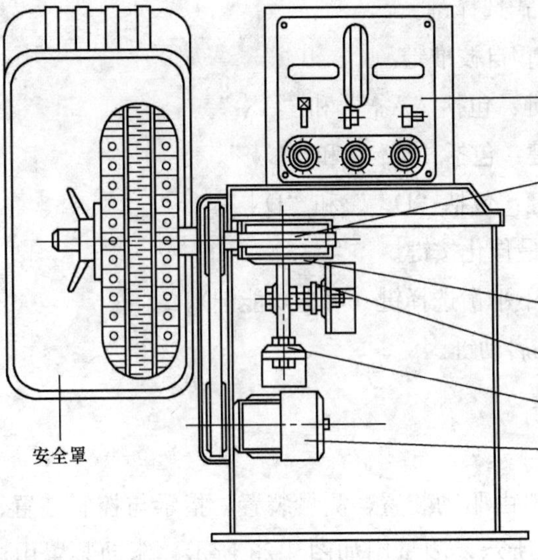

图 4-20　离车式车轮动平衡机

（2）控制板及指示灯

KWB－101 型离车式车轮动平衡机的控制及显示仪表板如图 4-21 所示。

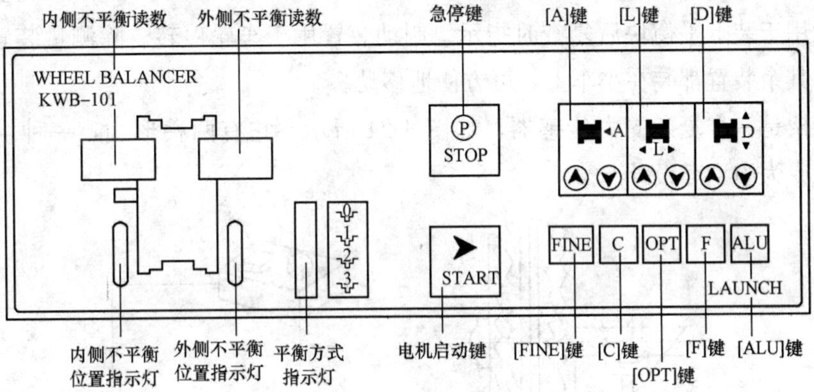

图 4-21　控制及显示仪表板

1）显示面板区域说明。

①在进行车轮平衡时显示内侧不平衡读数，在输入车轮几何尺寸时显示参数名称。

②在进行车轮平衡时显示外侧不平衡读数，在输入车轮几何尺寸时显示参数值。

③内侧不平衡位置指示灯。

④外侧不平衡位置指示灯。

⑤平衡方式指示灯。

2）控制面板按键说明。

①“FINE”键：显示＜5g（0.3oz）实际不平衡值。

②“ALU”键：平衡方式选择键。

③“C”键：重算不平衡/自校准键。

④输入轮辋距离“A”键：包括“A↑”和“A↓”。

⑤输入轮辋宽度“L”键：包括“L↑”和“L↓”。

⑥输入轮辋直径“D”键：包括“D↑”和“D↓”。

⑦“OPT”键：不平衡最佳化按键。

⑧“F”键：动态/静态不平衡选择键（可选功能键）。

⑨“START”键：电机启动键。

⑩“STOP”键：急停键。

2. 就车式车轮动平衡仪

就车式车轮动平衡仪一般由驱动装置、测量装置、指示与控制装置、制动装置和小车等组成，其示意图如图 4-22 所示，测量图如图 4-23 所示。驱动装置由电动机、转轮等组成，能带动支离地面的车轮转动。测量装置由传感磁头、可调支杆、底座和传感器等组成。它能将车轮不平衡量产生的振动变成电信号，送至指示与控制装置。指示与控制装置由频闪灯、不平衡度表或数字显示屏等组成。频闪灯用来指示车轮不平衡点位置，不平衡度表或数字显示屏用来指示车轮的不平衡量，一般有两个挡位。第一挡一般用于初查时的指示，第二挡一般用于装上平衡块后复查时指示。制动装置用于车轮停转。除测量装置外，车轮动平衡仪的其余装置都装在小车上，可方便地移动。

车桥支架是一个复杂的力传感器，如图 4-24 所示。它有两种形式，一种供轻型车使用；另一种专为中型车设计。

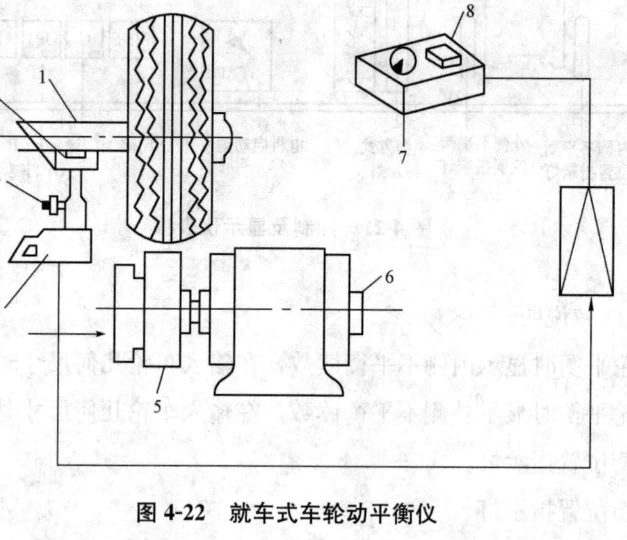

图 4-22　就车式车轮动平衡仪

1—转向节；2—传感磁头；3—可调支杆；4—底座；5—转轮；6—电动机；7—频闪灯；8—不平衡度表

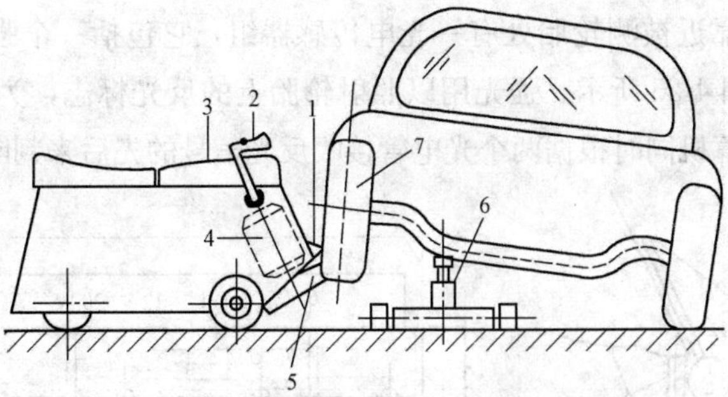

图 4-23　就车式车轮动平衡仪测量

1—光电传感器；2—手柄；3—仪表板；4—驱动电机；5—摩擦轮；6—传感器支架；7—被测车轮

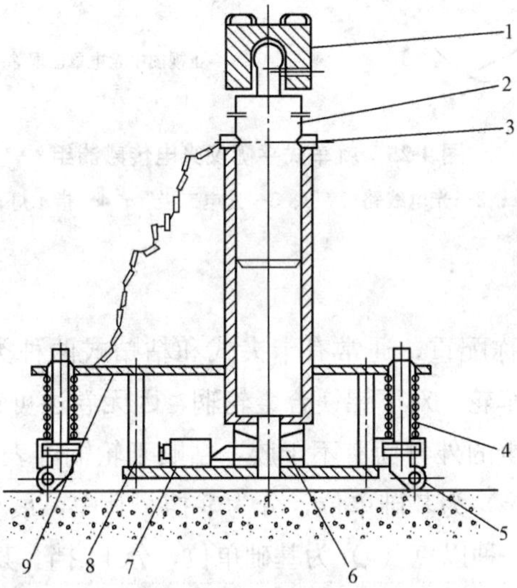

图 4-24　传感器支架

1—顶块；2—顶杆；3—销钉；4—弹簧；5—脚轮；6—传感器；7—底板；8—支柱；9—应变梁

车桥支架的支架高度可由顶杆 2 和销钉 3 来调整以适应不同车型的要求，支架在车桥下就位，车桥压下后，小轮弹簧 4 即被压下缩入，底板 7 直接接触地面，以增加支架的承载能力。车体重量和不平衡振动力的主要部分由应变梁 9 通过支柱 8 和底板 7 传向地面，小部分力由传感器 6 感知，达到不平衡力采样的目的。应变梁 9 不仅可以减小传感器受力以避免压损，更重要的是应变梁必须正比地将不平衡力传递给传感器 6。因此，应变梁须由应变线性良好的材料制成，使用中应严格避免锤击和加热，因为任何改变应变梁弹性模数的操作都将危及应变梁的线性，从而完全破坏了电测系统软件所预设的标定系数。

传感器支架的安装位置随被测车型和操作人员的习惯及现场条件而定，完全是随机的，因此就车平衡仪电测系统的计算机软件必须具有自标定功能。这一功能是智能化的，它能根据事先设定的已知不平衡量值（一般为 30 g）反算出支架支点与车轮的悬臂和轮毂直径等参数，这是就车平衡仪的一大特点。

驱动小车前下部靠近被测轮胎处有一光电传感器组，它包括一个强光源、光电二极管3和光电二极管5，如图4-25所示。强光用以照射轮胎上的反光标志，为光电管提供相位信号以供计算机识别。计算机同时根据两个光电管接收反光信号的先后来判断车轮的旋转方向。

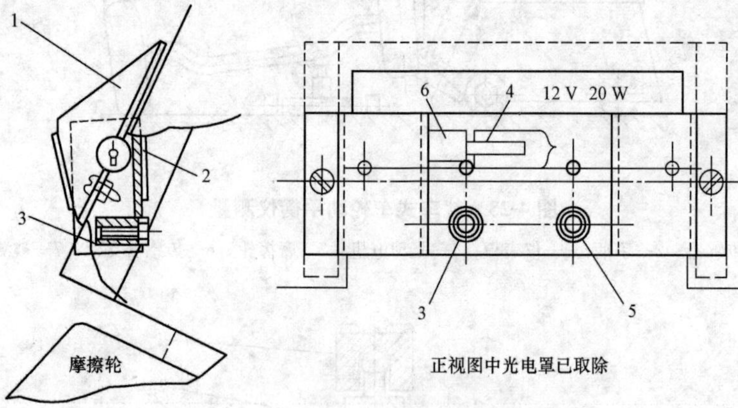

图4-25 就车式平衡仪光电传感器组

1—光电罩；2—光电线路板；3、5—光电二极管；4—指示灯；6—灯座

3. 车轮平衡的平衡重

车轮平衡的平衡重也称配重，通常有卡夹式和粘贴式两种类型。图4-26为卡夹式配重，适用于轮辋有卷边的车轮。对于铝镁合金轮辋，因无卷边可夹，可使用如图4-27所示的粘贴式配重。粘贴式配重的外弯面有不干胶，粘贴于轮辋内表面。标准的平衡重有两种系列。一种系列以盎司（oz）为基础单位，分为9挡。其中，最小为0.5 oz（14.2 g），最大为6 oz（170.1 g）。另一种以克（g）为基础单位，分14挡。其中最小为5 g，最大为80 g，配重的最小间隔为5 g。因此，过分苛求车轮动平衡仪的精度和灵敏度并无太大的实际意义。特殊情况下，如高速小轿车和赛车，可使用特制的平衡重块。

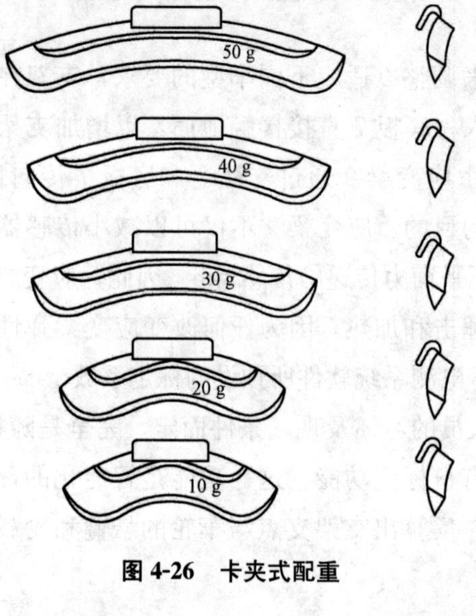

图4-26 卡夹式配重

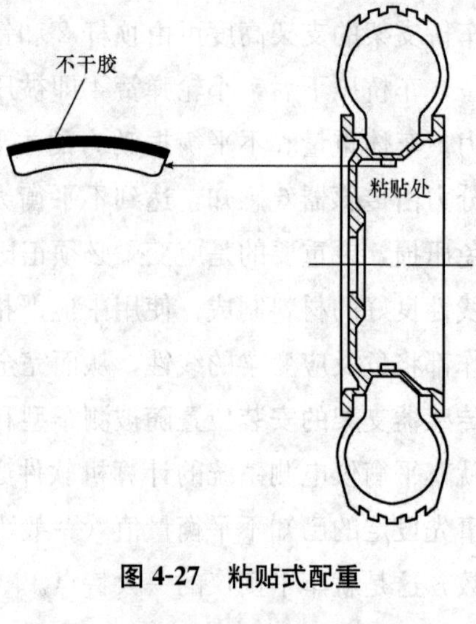

图4-27 粘贴式配重

任务实施

一、技能学习

1. 准备工作

1）清除被测车轮上的泥土、石子和旧平衡块。

2）检查轮胎气压，应充至汽车制造厂的规定值。

3）检查轮毂轴承是否松旷，应调整至规定松紧度。

2. 测试步骤

（1）离车式

1）根据轮辋中心孔的大小选择锥体，仔细装上车轮，用大螺距螺母上紧。

2）打开电源开关，检查指示与控制装置的面板指示是否正确。

3）输入轮辋数据。用卡尺测量轮辋的宽度 L，从胎侧读出轮辋的直径 D，用平衡机的标尺量出轮辋边沿至机箱的距离 A，如图 4-28 所示。

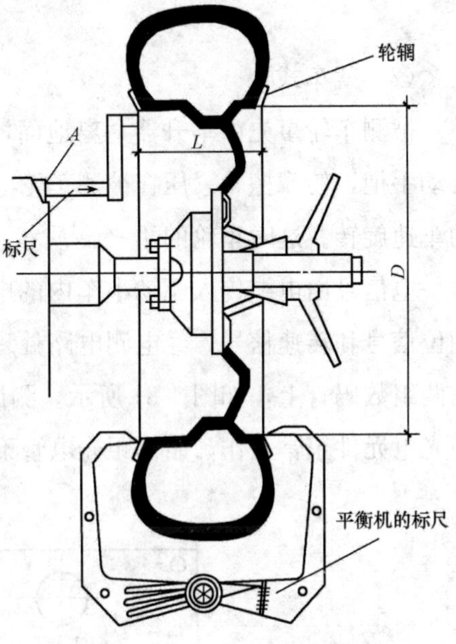

图 4-28　车轮的安装与测量

A—轮辋距离；L—轮辋宽度；D—轮辋直径

①输入轮辋距离 A：按距离输入键［A↑］和［A↓］，输入测出的距离值（每次按键±0.5 cm，总长 25 cm）。

②输入轮辋宽度 L：用宽度测量尺量出轮辋对边宽度，测量位置如图 4-28 所示。按宽度输入键［L↑］和［L↓］，选择输入正确的轮辋宽度。每次按键±5 mm。

③输入轮辋直径 D：在轮胎上标有直径，确认后按轮辋直径输入键［D↑］和［D↓］，输入轮辋直径，每次按键±12/13 mm 或 0.5 in[①]。

4）盖上安全罩，按下启动按钮数秒后，动平衡机自动停止。

5）用手缓慢转动车轮，至外侧不平衡指示灯全亮，此时轮辋外侧最高点（12 点钟位置）为不平衡位置，在此位置加上相应的平衡块，如图 4-29 所示。

6）用手缓慢转动车轮，至内侧不平衡指示灯全亮，此时轮辋内侧最高点（12 点钟位置）为不平衡位置，在此位置加上相应的平衡块，如图 4-30 所示。

7）盖上安全罩，按下启动按钮，重复以上操作步骤，直至两边显示器都显示“［0］［0］”为止。一般重复操作三次以内是正常的。

① in=2. 54 cm。

8）从平衡旋转轴上拆下轮胎，平衡结束。

当不平衡值小于 5 g 时，则显示［0］，如要显示剩下的不平衡值，可按［FINE］键。

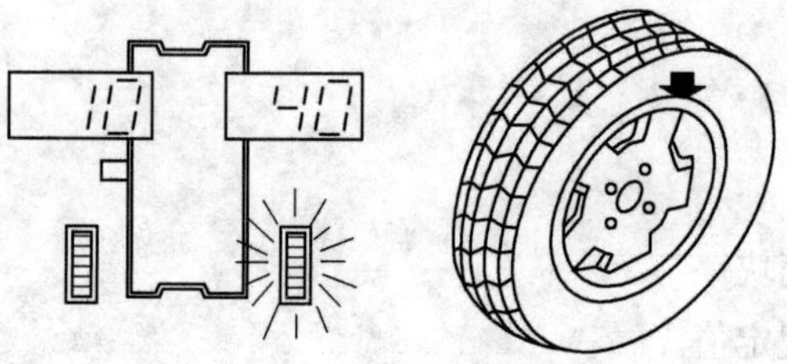

图 4-29　在外侧不平衡位置加平衡块

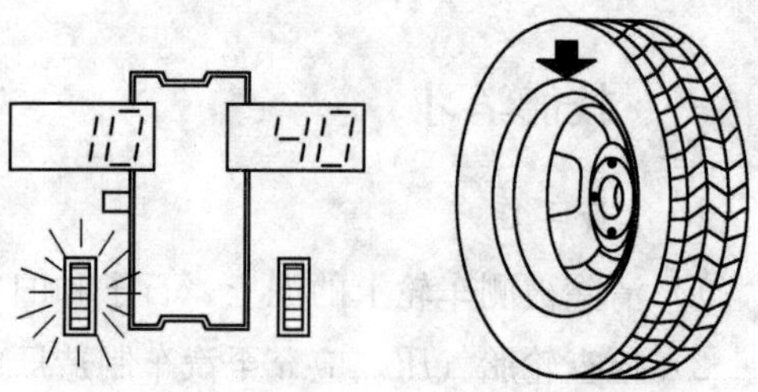

图 4-30　在内侧不平衡位置加平衡块

（2）就车式

被测车轮事先由举升器举离地面，并将车桥坐落于传感器支架上。操作人员骑在车上推动手把，使摩擦轮紧压在被测车轮上，启动电机带动摩擦轮拖动车轮以相当于 110 km/h 的车速旋转。这时车轮的不平衡质量产生的不平衡力随即被力传感器感知并转变成电量，这一电信号由电缆传入驱动小车内的电测系统予以计量和处理。光电传感器拾取车轮的初相位信号和转速信号，经电测电路处理后得到不平衡质量的量值和相位值，显示于仪表板的两组数码管上，如图 4-31 所示。测试前须在被测轮胎侧面任意处贴装白色反光标志。为使光电元件正常工作，胎侧距光电管不得超过 5 cm，检测程序分三次进行。

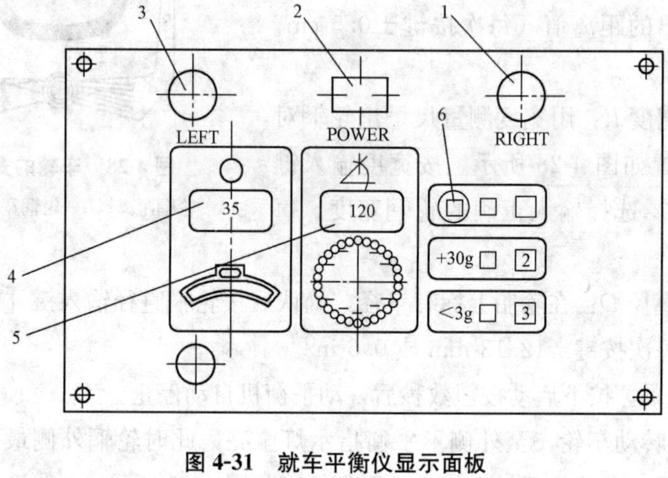

图 4-31　就车平衡仪显示面板

1—右转按钮；2—电源开关；3—左转按钮；4—质量显示；5—相位显示；6—显示灯

第一次：待摩擦轮与轮胎压紧后按下右按钮（左按钮也可），同时按压第一次试验按钮驱动车轮旋转，待转速上升到适当转速时，即分离摩擦轮同时释放按钮，电路即记录与不平衡力及其相位有关的原始量并存入 CPU，仪表的闪烁显示这组未经标定的不平衡数值和相位。

第二次：在反光标志处加装计算机预设的标定质量，如有的规定小客车为 30 g，大货车为 300 g，按下第二次试验按钮，重复上述操作，即用这已知的预设质量对振动系统的刚性和结构参数进行计算。当转速上升到设定值时显示灯即被点亮，计算机即将第一次所测得的变量自动处理成常量显示在仪表板上，这就是就车式平衡机的自标定功能。这时将显示的质量加装在所显示的相位处，然后除去标定重块。

第三次：剩余不平衡量检测，以证实剩余不平衡量是否满足有关法规的要求，如果达不到要求，可进行第二次复试。如仍达不到标准要求，只能拆下轮胎使用较高精度的离车式车轮平衡仪进行平衡。

如果是驱动桥，则可用发动机拖动车轮旋转，其他操作如同前述。对于平衡要求较高的车辆，为了消除阻尼造成的相位误差，平衡时可令车轮左右各转一次，取两次的平均值为最后测定值。

所有平衡机都有最大不平衡量限值，严重失衡的车轮是不能上机平衡的。

3. 检测标准

通常车轮动不平衡量不超过 5 g 即为合格，这一标准已存储于车轮平衡仪电脑，故车轮平衡度的检测只要平衡仪显示合格即可。

4. 检测结果分析

如果检测结果显示不合格，可能的主要原因如下：

1）前轮定位不当，尤其是前束和主销倾角，不仅影响汽车的操纵性和行驶稳定性，而且会造成轮胎偏磨。这种胎冠的不均匀磨损与轮胎不平衡形成恶性循环，因而使用中出现车轮不平衡，也是车轮定位角失准的信号。

2）轮胎和轮辋以及挡圈等因几何形状失准或密度不均匀而先天形成的重心偏离。

3）因轮毂和轮辋定位误差，使安装中心与旋转中心难以重合。

4）维修过程的拆装破坏了原有的总体重心。

5）轮辋直径过小，运行中轮胎相对于轮辋在圆周方面滑移，从而发生波状不均匀磨损。

6）车轮碰撞造成的变形引起的质心位移。

7）轮胎翻新中因定位精度不高而造成新胎冠厚度不均匀，而使重心改变。

8）高速行驶中制动抱死而引起的纵向和横向滑移，会造成局部的不均匀磨损。

9）车辆平衡块脱落。

二、技能考核

1. 准备工作

1）教师为考核准备好检测仪器、设备及必要的工具。

2）学生完成对车辆的检查准备工作。

2. 考核实施

1）学生每两人为一组，互为检测员和引车员。

2）小组相互合作完成本任务规定的实操项目，并完成学生实训工单的填写。

3）教师全过程观察学生操作情况，对可能造成仪器、设备等损坏及可能产生人身危险的操作及时制止和纠正，并在教师考核记录表上做必要的记录和评分。

4）教师审阅学生完成的学生实训工单并给出成绩。

5）教师将学生实训工单的成绩填入教师考核记录表内，并合算出总成绩。

工作任务3　车轮定位检测

任务目标

1. 知道汽车车轮定位的内容和影响。
2. 叙述车轮定位参数检测的理由。
3. 用四轮定位仪进行汽车车轮定位参数的检测。
4. 根据检测结果，对车辆车轮定位状况做出评价，并提出维修建议。
5. 培养良好的安全与卫生习惯和团结协作意识。

任务引入

由于汽车行驶速度越来越快，汽车的操纵稳定性对汽车安全的影响越来越重要。汽车不仅具有前轮定位参数，有些客车和高级轿车还具有后轮外倾角和后轮前束等参数。这些定位参数的变化会使汽车操纵稳定性恶化，当主销后倾角过大时，转向沉重，驾驶员容易疲劳；当主销后倾角过小时，当汽车直线行驶时，容易发生前轮摆振，转向盘摇摆不定，转向后转向盘自动回正能力变弱，驾驶员会失去路感；当左、右车轮的主销后倾角不相等时，车辆直线行驶时会引起跑偏，驾驶员不敢放松转向盘，难于操纵以至于极易引起驾驶员疲劳。又如，后轮前束角失准会引起跑偏和轮胎异常磨损等故障。因此适时检测这些定位参数是非常必要的。通过四轮定位仪对定位参数的检测，可增加车辆在直线行驶时的安全性，同时能维持车辆的直线行驶，转向后转向盘能自动回正，从而增强驾驶操控性。当全部定位参数检测、调整合格后，能够减少轮胎磨损、悬架系统磨损和降低燃油消耗等。

四轮定位仪是专门用来测量车轮定位参数的设备。四轮定位仪可检测的项目包括：前轮前束值/角（前轮前束角/前张角）、前轮外倾角、主销后倾角、主销内倾角、后轮前束值/角（后轮前束角/前张角）、后轮外倾角、车辆轮距、车辆轴距等。

相关知识

一、车轮定位的内容和影响

前轮定位包括主销后倾角、主销内倾角、前轮外倾角和前轮前束四项内容。后轮定位包括车轮外倾角和后轮前束。这样，前轮定位和后轮定位总称为车轮定位，也就是常说的四轮定位。车轮定位的作用是使汽车保持稳定的直线行驶和转向轻便，并减少汽车在行驶中轮胎和转向机件的磨损。

1. 外倾角

从前后方向看车轮时，轮胎并非垂直安装，而是稍微倾倒呈“八”形张开，这称为负外倾，而朝反方向张开时称为正外倾。在使用斜线轮胎的鼎盛时期，由于使轮胎倾斜触地便于方向盘的操作，所以外倾角设得比较大。后来由于汽车装用扁平子午线轮胎不断普及，而子午线轮胎花纹刚性大，外胎面宽，若正外倾角过大会磨损外胎肩，如图 4-32 所示；若负外倾角过大会磨损内胎肩，如图 4-33 所示。所以现在汽车一般将外倾角设定得很小，接近垂直。

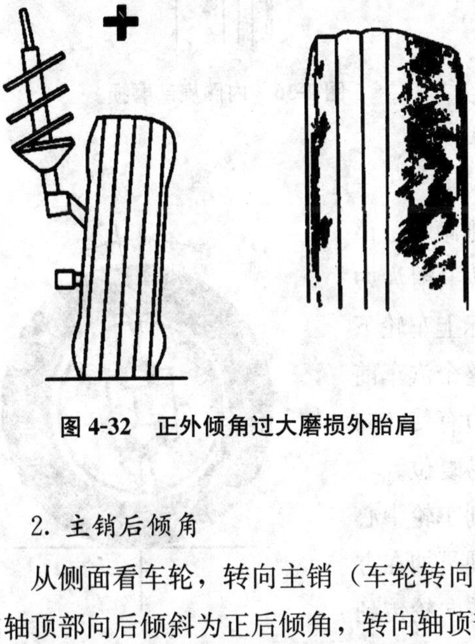

图 4-32　正外倾角过大磨损外胎肩

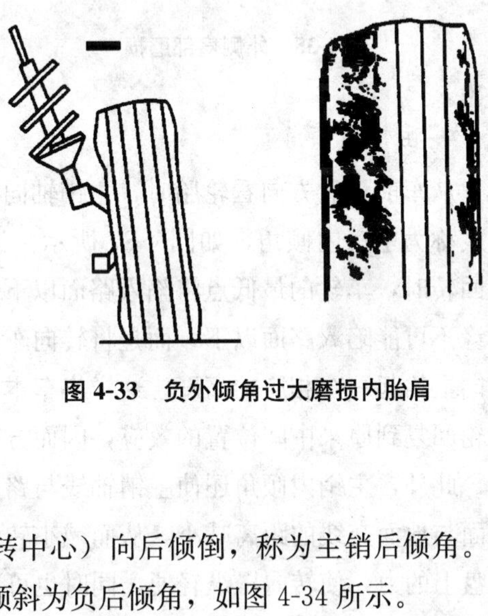

图 4-33　负外倾角过大磨损内胎肩

2. 主销后倾角

从侧面看车轮，转向主销（车轮转向时的旋转中心）向后倾倒，称为主销后倾角。转向轴顶部向后倾斜为正后倾角，转向轴顶部向前倾斜为负后倾角，如图 4-34 所示。

通常汽车都设定正后倾角，较大的正后倾角可提高直线行驶性能，但会使转向盘沉重，而且由于路面干扰而加剧车轮的前后颠簸。

3. 前轮前束

前轮前束为轮胎前面与后面横向距离之差。轮胎前面横向距离小于轮胎后面横向距离为正前束，正前束太大会造成外侧胎肩部磨损和转向不稳定，如图 4-35 所示；轮胎前面横向距离大于轮胎后面横向距离为负前束，负前束太大会造成内侧胎肩部磨损和转向不稳定，如图 4-36 所示。

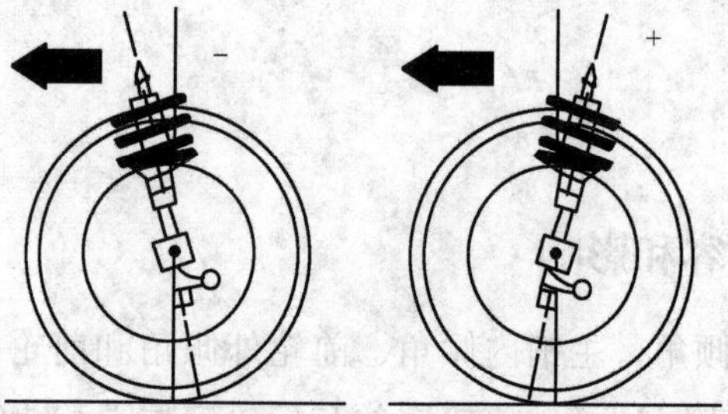

图 4-34 主销后倾角

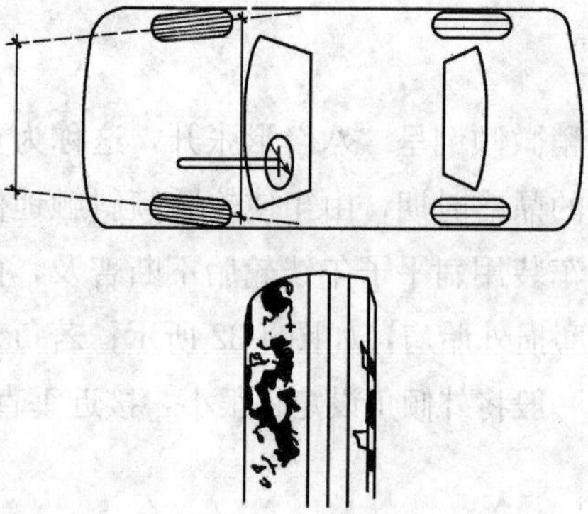

图 4-35 外侧肩部磨损

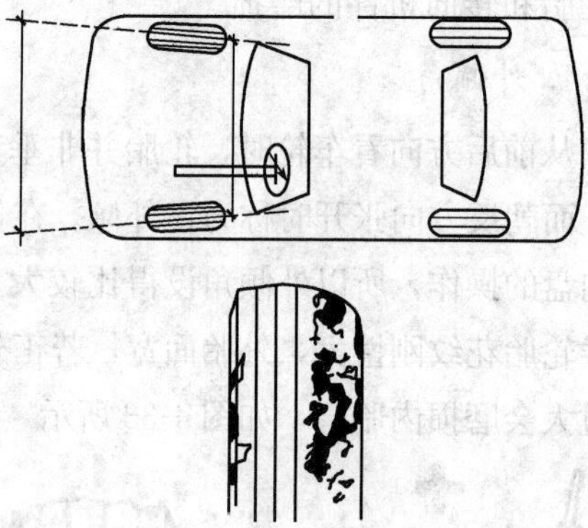

图 4-36 内侧肩部磨损

4. 主销内倾角

从车前、后方向看轮胎时，主销轴向车身内侧倾斜，该角度称为主销内倾角，如图 4-37 所示。当车轮以主销为中心回转时，车轮的最低点将陷入路面以下，但实际上车轮下边缘不可能陷入路面以下，而是将转向车轮连同整个汽车前部向上抬起一个相应的高度，这样汽车本身的重力有使转向车轮回复到原来中间位置的效应，因而方向盘容易复位。

此外，主销内倾角还使主销轴线与路面交点到车轮中心平面与地面交线的距离减小，从而减小转向时驾驶员加在方向盘上的力，使转向操纵轻便，同时也可减少从转向轮传到方向盘上的冲击力。但主销内倾角也不宜过大，否则会加速轮胎的磨损。

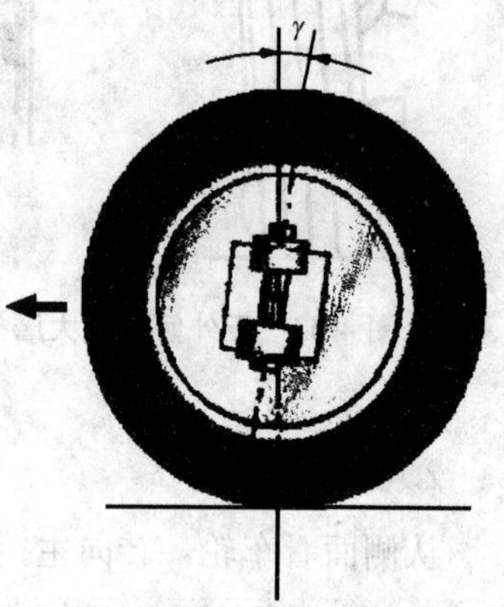

图 4-37 主销内倾角

二、四轮定位仪的类型

1. 按系统的基本组成方式分类

四轮定位系统的基本组成方式有两种：地沟式和举升器式。

(1) 地沟式四轮定位系统

地沟式四轮定位系统如图 4-38 所示，该系统结构简单，造价低，特别适用于高度较低、不能使用举升器的车间；但需掘地沟，准备时间长。由于经济上的原因，用户会选用不同品牌的转盘、滑板和二次举升器。

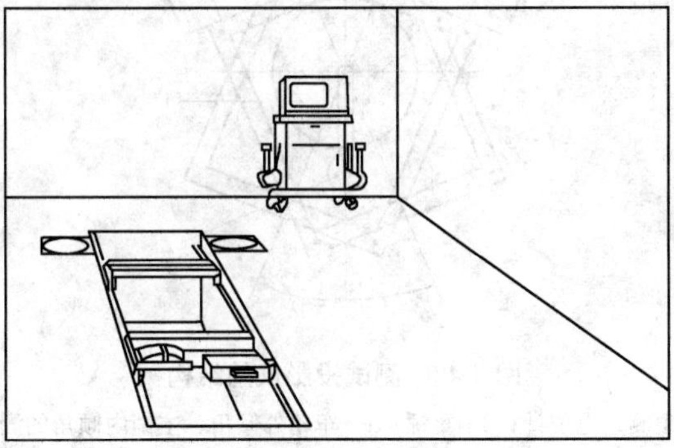

图 4-38　地沟式四轮定位系统

(2) 举升器式四轮定位系统

举升器式四轮定位系统如图 4-39 所示，该系统造价较高，要求车间有相应的高度；但准备时间短，操作人员使用方便，工作频率高。

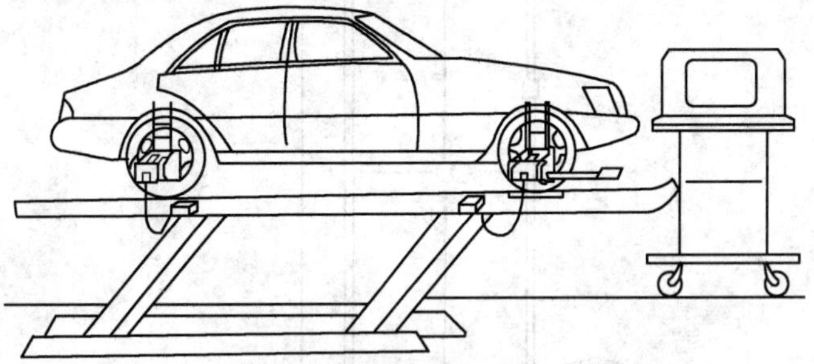

图 4-39　举升器式四轮定位系统

2. 按测量方法分类

按测量方法，常用的四轮定位仪可分为拉线式、光学式、微机拉线式和微机激光式四种。它们的测量原理基本一致，只是采用的测量方法（或使用的传感器的类型）及数据记录与传输的方式有所不同。

三、四轮定位仪的结构原理

1. 光学式四轮定位仪

(1) 测试投影仪

测试投影仪的结构如图 4-40 所示，其功能是投射十字刻度线和作为屏幕接收从轮镜上反射回来的十字刻度线。根据基准线与十字刻度线相交的刻度，可读出车轮前束角、外倾角、主销后倾角等参数。

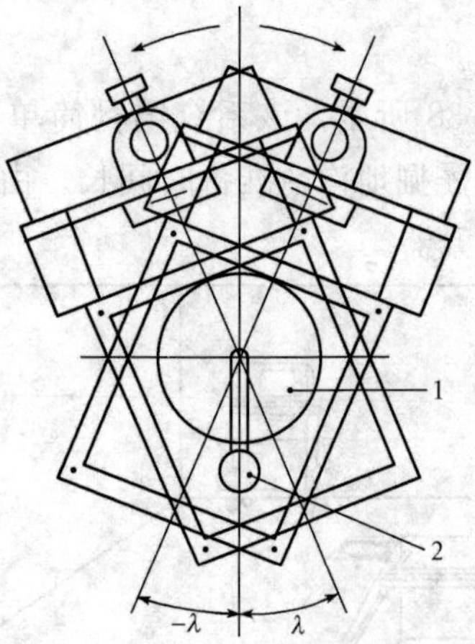

图 4-40　测试投影仪的结构

1—倾角测量电位计；2—重锤；λ—车轮外倾角、主销内倾角的测量角

（2）导轨

导轨的结构如图 4-41 中 4 所示，其功用是用来支撑测试投影仪，位于后轮处的导轨较长，以保证投影仪能来回滑动，以适应不同轴距车辆的检测要求。

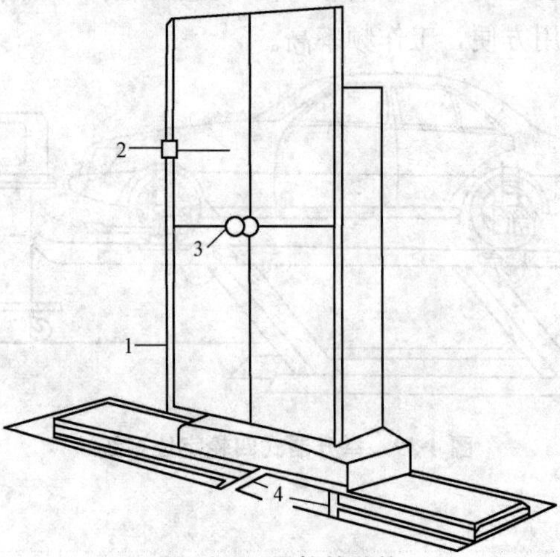

图 4-41　导轨的结构

1—带十字刻度线的屏幕；2—主销后倾角指针；3—投光镜；4—导轨

（3）转盘

转盘的结构如图 4-42 所示。转盘置于前轮下，以确保车轮在其上能灵活、轻便地转动。

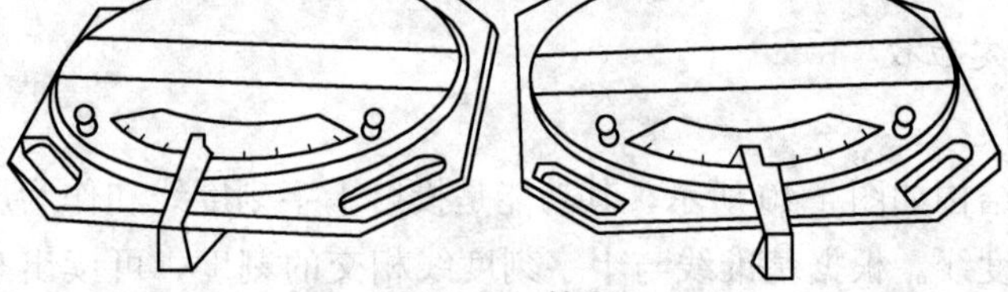

图 4-42　转盘

转盘的内部结构如图 4-43 所示。转盘下面为一个固定盘，上面为一个活动盘，两个盘之间有滚珠或滚柱及其保持架，以确保上面的转盘可以转动自如。下转盘里装有十字导轨以支撑指示车轮转角的刻度指针。

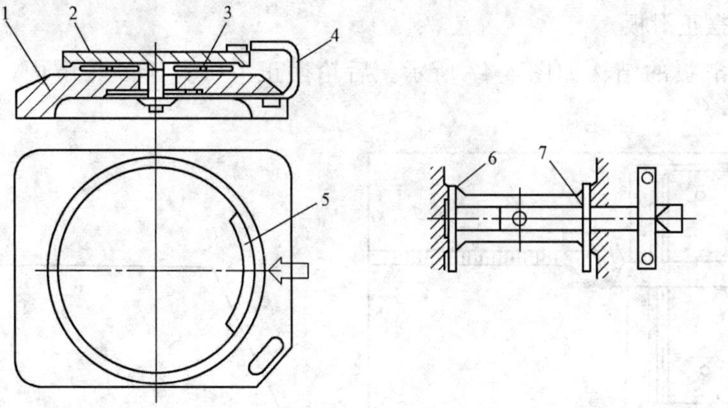

图 4-43　转盘的内部结构

1—底盘；2—上转盘；3—钢球；4—指针；5—刻度尺；6—横向导轨；7—纵向导轨

（4）万能轮镜安装架

万能轮镜安装架的结构如图 4-44 所示。安装架的三个卡爪分别固定在轮辋边沿，卡爪可依据轮辋尺寸大小进行调节，并可通过其上的偏心手柄锁紧。

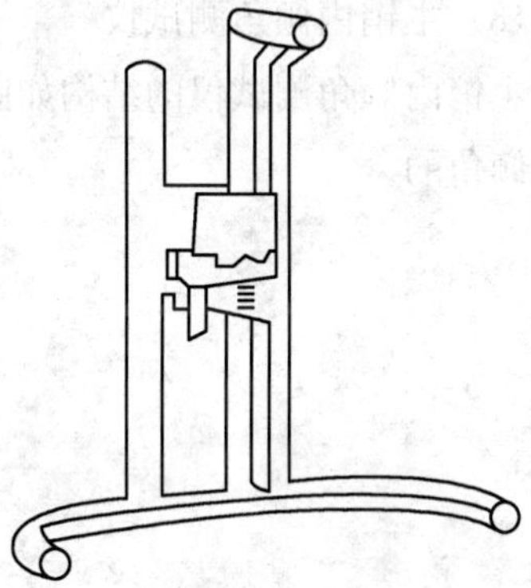

图 4-44　万能轮镜安装架

（5）轮镜

轮镜的结构如图 4-45 所示。轮镜有三个镜面，左右两镜面与中间镜面间夹角为 20′，用于接收并反射由投影仪投射出来的光线。轮镜通过锁紧套夹紧在调整盘上，调整盘又通过三角形布置的螺栓固定在万能轮镜安装架上。

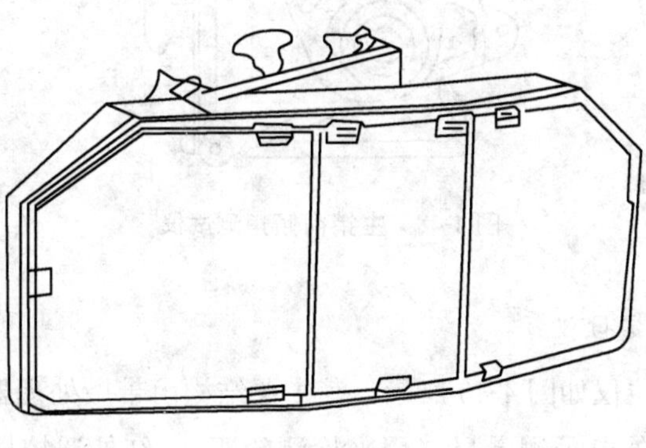

图 4-45　轮镜

(6) 定位测量卷尺

定位测量卷尺的结构如图 4-46 所示。定位测量卷尺包括一把卷尺和一个磁性座，其功能是用来测量汽车的摆正情况。

(7) 后轮摆正滑板

后轮摆正滑板的结构如图 4-47 所示。后轮摆正滑板置于后轮下面，可以左右摆正汽车。

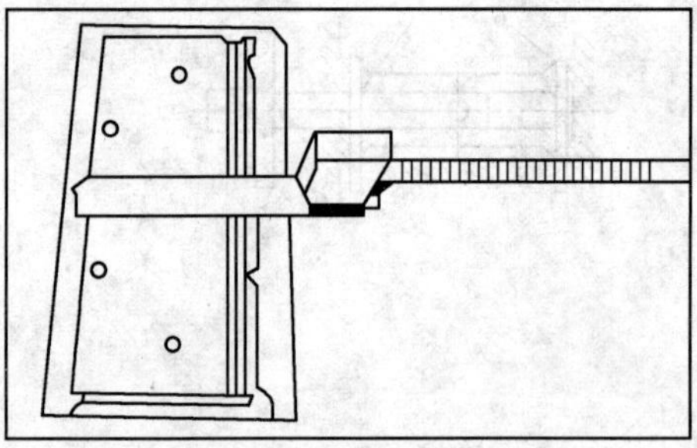

图 4-46　定位测量卷尺

图 4-47　后轮摆正滑板

(8) 主销内倾角测试仪

主销内倾角测试仪的结构如图 4-48 所示。它安装在轮镜调整盘上，是专门用来测试主销内倾角的。

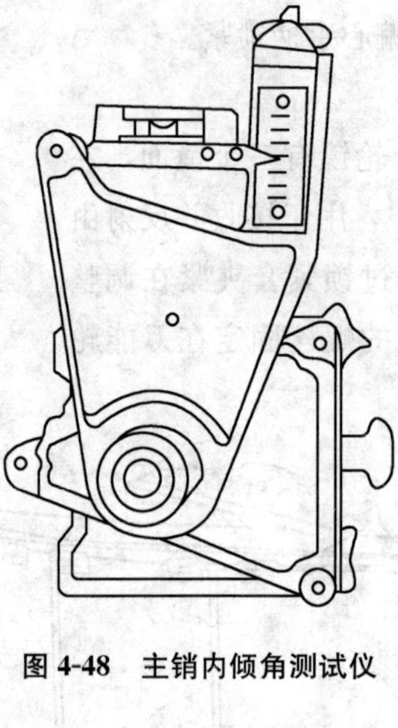

图 4-48　主销内倾角测试仪

2. 微机拉线式四轮定位仪

微机拉线式四轮定位仪如图 4-49 所示，其主要结构由带微处理器的主机柜及彩色监视器、键盘、打印机、红外电子测量尺（用来检测轮距）、红外遥控器、标准转盘或电子转盘、自定心卡盘、传感器、接线盒、电缆、传感器拉线、转向盘锁定杆和制动杆等组成。

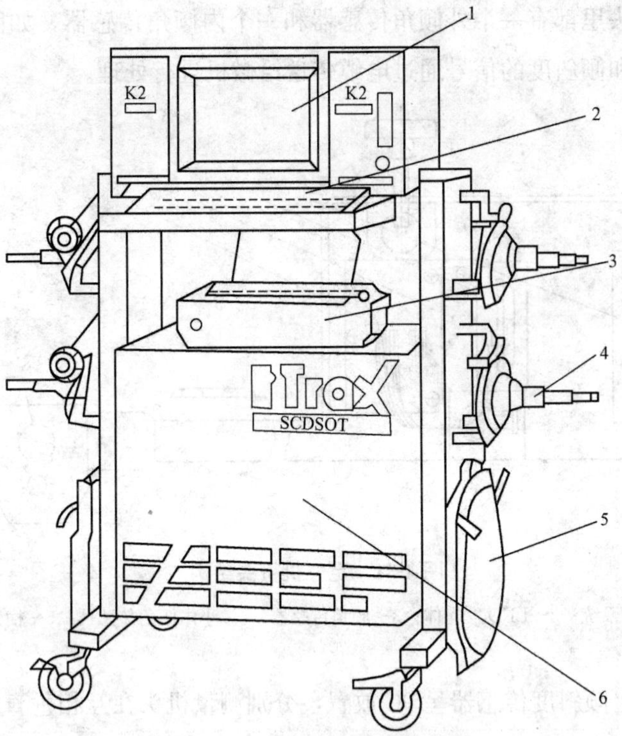

图 4-49 微机式四轮定位仪外形

1—彩色显示器；2—键盘；3—打印机；4—自定心卡盘；5—转盘；6—主机柜

3. 微机激光式四轮定位仪

这里着重介绍美国强兵公司生产的 JBC“战车”牌微机激光式四轮定位机。该四轮定位机主要由一台电子计算机和 4 个光学机头构成。微机把机头检测来的信息进行处理，用数字显示出来。微机能把存储的原厂技术标准与测量值进行比较，判断故障原因。还能用动画显示调整办法，并可存储检测调整后的数据。

微机激光式四轮定位仪具有红外线光电前束测量系统和电子倾斜仪外倾角测量系统，微机自动校正跑台前后左右的不平，在前角零度时测量外倾角和后倾角。它具有独立快速进行钢圈圆度、平面度偏差的补偿能力，并有微机辅助调整等特殊功能，可同时测量后倾角和主销内倾角。因此使用美国 JBC 四轮定位机可以达到快速、方便和准确地测量的目的。

四轮定位机的主要检测机件是 4 个光学机头。光学机头里都有一套红外线发射和接收的电子光学系统，如图 4-50 所示。

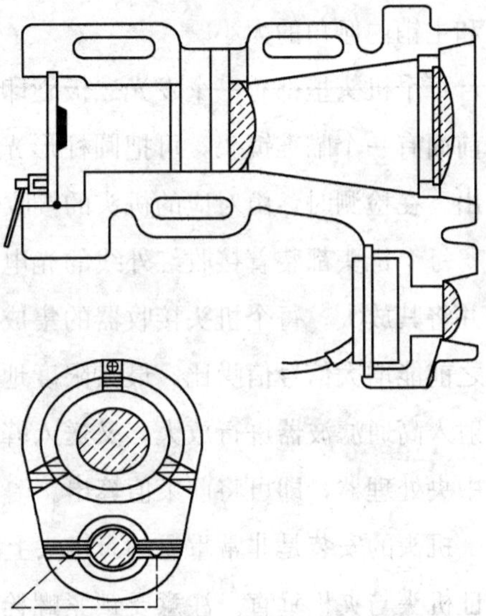

图 4-50 定位机机头的光学镜头

其每个光学机头里都有一个外倾角传感器和一个内倾角传感器，如图 4-51 所示。传感器把采集到的前束和倾斜度的信号通过电缆传送给微机进行处理。

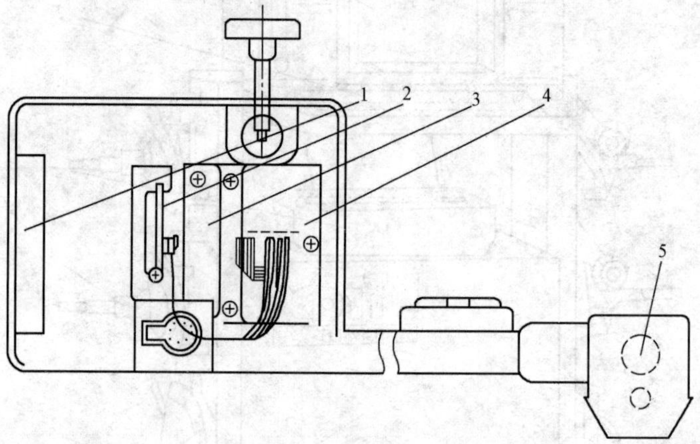

图 4-51　定位机机头结构

1—前束光学系统；2—LED 发光体；3—倾角传感器；4—小内倾角传感器；5—横角光学系统

机头里的两个上倾斜度传感器呈 90°放置，分别测量机头在互相垂直的两上平面内的倾斜度，如图 4-52 所示。这种电子倾斜角度传感器的主要元件是两个光测器和一个转矩计。转矩计像一个钟摆，如图 4-53 所示，在摆转时会发出脉冲。在不垂直的情况下且它的臂处于两个光测器之间时会发生脉冲。在垂直的情况下，它的臂处于两个光测器中间，没有电流输出。当机头倾斜时，光测器随机头倾斜而产生高度差，转矩计臂像钟摆一样，机头转过一定角度，它仍保持垂直，就靠在低侧的光测器上。机头倾斜度越大，转矩计臂摆转的角度越大。它每偏转 1°，就会输出 0.5 V 电压。这样，两个倾斜传感器就能分别测出外倾角和主销内倾角的大小。

每个机头里都有一个发光二极管印刷电路板，能发出一组圆柱形的红外线光束。它们的前面有一个瞄准镜头，可把圆柱形光束转换成箭头状，变成一个个扇形光，经过聚焦后射出。在检测时，由对应的机头的接收镜头收到，就能进行前束角度的测量了。

每个机头都装着接收红外线的光电管。光电管接收器捕捉到对面机头发出的红外线信号并将其放大。每个机头接收器的集成电路板就像一个放大器，它把信号送到前束集成电路之前能增大信号信噪比，最大限度地降低器械音振幅。在前束集成电路板上，这个信号被射入高通滤波器进行放大，又送入峰值探测器，其波形再反馈回箝压电路，再转到计算机中央处理器，即可将前束值算出。

机头的安装是非常重要的。机头上的孔往夹板上的轴销套装时一定要到位，以便导正，保证机头与夹板垂直。注意要锁紧螺栓，不能松动，避免机头倾斜。机头稍微有些倾斜就会造成外倾角和内倾角数据失准。因为机头壳是塑料制品，所以锁紧时不能过度用力，以免机壳上螺孔出现裂缝，测不出准确数据。机头要轻拿轻放，千万不能摔在地上，否则仪器将失去准确性。

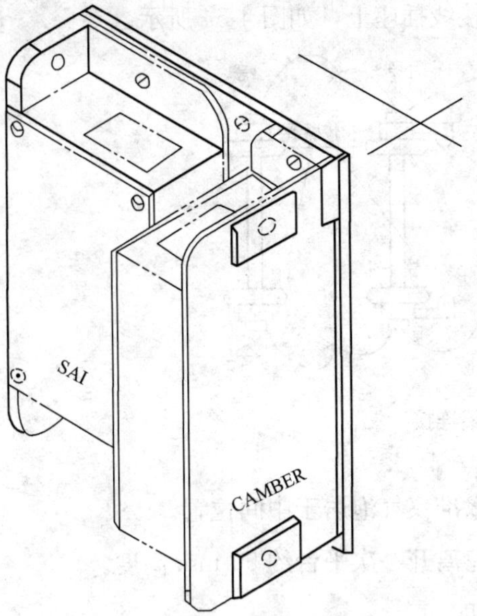

图 4-52　内倾角和外倾角传感器

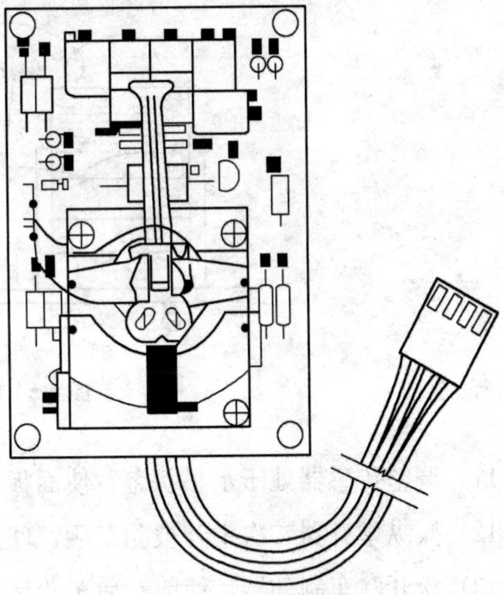

图 4-53　倾斜度传感器构造

任务实施

一、技能学习

1. 准备工作（以 KD—120 型四轮定位仪为例）

1）把汽车开上举升平台，托住车轮，把汽车举升 0.5 m（第一次举升）。

2）托住车身，把汽车举升至车轮能自由转动（第二次举升）。

3）检查轮胎磨损情况，要求各轮胎磨损基本一致。

4）检查轮胎气压，使其符合标准值。

5）做车轮动平衡试验，动平衡完成后，将车轮装回车上。

6）检查车身高度，检查车身四个角的高度和减振器技术状况，如果车身不平应先调好，同时检查转向系统和悬架是否松旷，如松旷则应先紧固或更换零件。

7）降下二次举升。

8）接入 AC220V 电源，但不要开启四轮定位仪主机柜后面板开关。

9）将传感器安装在被测车的四个车轮上，并注意以下事项：

①以驾驶员方向感为基准，1 号传感器安装在右前轮上，2 号传感器安装在右后轮上，

3 号感器安装在左前轮上，4 号传感器安装在左后轮上。

②旋转传感器卡具上的上、下卡爪，使传感器在车轮上固定牢固。

10）分别将 4 根电缆线连接到 4 个传感器的接线插座上，如图 4-54 所示。

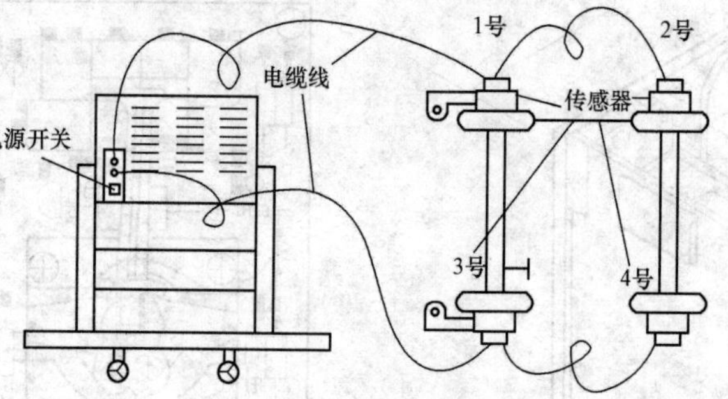

图 4-54　电缆线连接

11）调整传感器处于水平状态，使面板上的水准仪气泡居于中间位置。

12）操纵举升器二次举升被测车辆，使其车轮离开一次平台约 50 mm 高度。

13）松开驻车制动器，使前、后车轮转动自如。

2. 测试步骤

1）开启主机柜后面板上的电源开关，系统启动，30 s 后进入四轮定位测试系统。

2）显示器显示检测界面。界面下方显示“F1：测定；F2：修整；F3：输入”的提示，使用主机微机键盘或遥控器即可操作。

3）选择汽车公司后按“F1”键时，提示“请选择汽车生产国家!”的界面出现，如图 4-55所示。

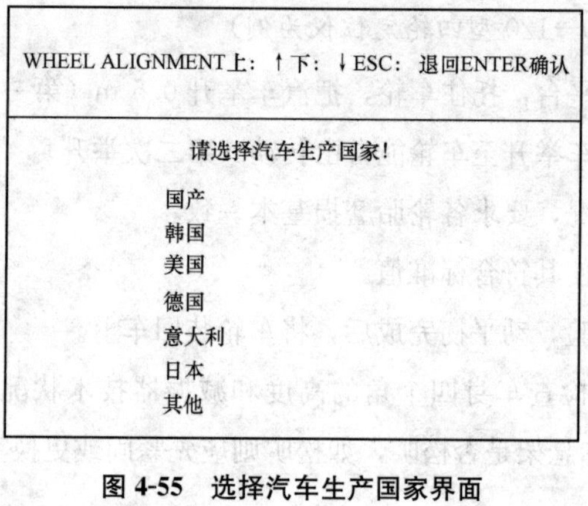

图 4-55　选择汽车生产国家界面

4）通过“↑”“↓”方向键选择被检车的生产国家，然后按“ENTER”键，出现“请选择汽车公司!”的界面，如图 4-56 所示。

WHEEL ALIGNMENT上：↑下：↓ESC：退回ENTER确认

请选择汽车公司！

现代汽车公司（HYUNDAI）
大宇汽车公司（DAEWOO）
起亚汽车公司（KIA）
三星汽车公司（SAMSUNG）
其他汽车公司

图 4-56　选择汽车公司界面

5）选择汽车公司后，提示“请选择车型!”界面出现，如图 4-57 所示。根据被检汽车厂牌、型号、年代等参数，通过“↑”“↓”方向键和“ENTER”键可实现选择。

WHEEL ALIGNMENT上：↑下：↓ESC：退回ENTER确认

请选择车型!

蓝雀（Iantra）1.5（91—92）
蓝雀（Iantra）1.5（93—96）
蓝雀（Iantra）1.6（91—92）
包房（scoupe）PAS（91—92）
包房（scoupe）（92—95）
包房PAS（scoupe）（92—95）
索纳塔（sonata）（88—91）
索纳塔（sonata）（92—93）

图 4-57　选择车型界面

注：上述步骤 2）～5）是针对手动操作的，在全自动控制检测线上，由于在登录工位已经将车辆的相关信息录入计算机系统，故当检测员单击“测定”时，将直接进行步骤 6）。

6）按仪器使用说明书的要求，对固定在车轮上的传感器按 1 号→4 号→3 号→2 号的顺序进行轮缘动态补偿操作，以消除轮辋变形对检测的影响。

7）降下第二次举升量，使车轮落到平台上；把汽车前部和后部向下压动 4～5 次，使各部位落到实处。

8）用刹车锁压下制动踏板，使汽车处于制动状态。

9）将转向盘左转至计算机显示“OK”，输入左转角度数；然后将转向盘右转至电脑显示“OK”，输入右转角度数。

10）将转向盘回正，计算机显示出车轮的前束及外倾角数值。

11）调整转向盘，并用转向盘锁锁止转向盘，使之不能转动。

12）将安装在四个车轮上的定位校正头的水平仪调到水平线上，此时计算机显示出转向轮的主销后倾角、主销内倾角、转向轮外倾角和前束的数值。计算机将比较各测量数值，得出“无偏差”“在允许范围内”或“超出允许范围”的结论。

3. 检测标准

不同车辆的车轮定位参数值是不同的。四轮定位仪计算机储存有很多车型的车轮定位标准值，可以人工调取，与实测值相比较，对被检车辆的车轮定位状况给出正确的评价。另外，计算机本身也具有自动比较功能，当一个数据测量结束，计算机自动比较，并给出“合格（或显示绿色）”“不合格（或显示红色）”“符合标准”“超出允许范围”等提示。

二、技能考核

1. 准备工作

1）教师为考核准备好检测仪器、设备及必要的工具。

2）学生完成对车辆的检查准备工作。

2. 考核实施

1）学生每两人为一组，互为检测员和引车员。

2）小组相互合作完成本任务规定的实操项目，并完成学生实训工单的填写。

3）教师全过程观察学生操作情况，对可能造成仪器、设备等损坏及可能产生人身危险的操作及时制止和纠正，并在教师考核记录表上做必要的记录和评分。

4）教师审阅学生完成的学生实训工单并给出成绩。

5）教师将学生实训工单的成绩填入教师考核记录表内，并合算出总成绩。

习题与思考

一、判断题

（　）1. 当仅有正外倾角的车轮向前通过侧滑台时，侧滑板会向外移动。

（　）2. 当仅有正前束角的车轮向前通过侧滑台时，侧滑板会向内移动。

（　）3. 汽车驶过侧滑检测台滑板时切忌加速、转向或制动。

（　）4. 禁止汽车的驱动轮在侧滑检测台的滑动板上停留及起步。

（　）5. 滑动板式侧滑试验台一般由测量装置、指示装置和报警装置等组成。

（　）6. 若转向轮向内侧滑，且侧滑量超标，则表明转向轮前束过大，或负外倾角过大。

（　）7. 用就车式车轮平衡仪检测车轮动、静不平衡情况时，若动、静不平衡量在10 g以内，则认为车轮可以继续使用；若超过10 g，则应进行平衡作业。

（　）8. 静不平衡的转向轮旋转时，会形成绕主销来回摆动的力矩，造成转向轮摆动。

二、选择题

1. 当车轮侧滑量值大于 5 mm/m 时，是下列哪种原因造成的？（　　）

A. 车轮前束角过大或车轮外倾角过小

B. 车轮前束角过小或车轮外倾角过大

C. 主销后倾角或主销内倾角变化

D. 主销后倾角过大或车轮前束角过小

2. 当车轮侧滑量值小于－5 mm/m 时，是下列哪种原因造成的？（　　）

A. 车轮前束角过大或车轮外倾角过小

B. 车轮前束角过小或车轮外倾角过大

C. 主销后倾角或主销内倾角变化

D. 主销后倾角过大或车轮前束角过小

3. 已知车轮的侧滑量大于零，则车轮通过侧滑检测台时，滑动板会（　　）。

A. 向外移动　　B. 向内移动　　C. 不能确定　　D. 不移动

4. 侧滑检测时汽车应以（　　）km/h 的速度垂直驶向试验台，使前轮平稳通过滑动板。

A. 1～2　　B. 2～3　　C. 3～5　　D. 6～7

5. 安装平衡块后，车轮的不平衡量不超过（　　）。

A. 5 g　　B. 10 g　　C. 15 g　　D. 20 g

6. 转向车轮不平衡质量在高速旋转时所形成的不平衡力将牵动转向轮左右摆动，影响汽车的（　　）。

A. 转向特性　　B. 操纵稳定性

C. 机动性　　D. 通过性

7. 在利用离车式平衡仪检测车轮平衡时，不要求输入的参数是（　　）。

A. 车轮宽度　　B. 平衡仪结构参数

C. 车轮轮辋直径　　D. 车轮安装尺寸

8. 汽车车轮的侧滑台试验是汽车在滑板上行驶时，用测量滑动板的（　　）的方法来测量车轮侧滑量的大小和方向。

A. 内侧移动量　　B. 外侧移动量

C. 左右移动量　　D. 前后移动量

三、问答题

1. 常用侧滑检测台有几种结构形式？

2. 当车轮仅有外倾角时，测试中的滑板如何运动？

3. 当车轮仅有前束角时，测试中的滑板如何运动？

4. 正确描述侧滑检测台的结构与工作原理。

5. 什么是车轮的静不平衡和动不平衡？

6. 描述车轮不平衡的原因。

7. 简述离车式平衡机的工作原理及操作步骤。

8. 车轮定位参数有哪些？为什么要检测车轮定位？

9. 简述四轮定位仪的类型。

10. 简述四轮定位的测试步骤。

项目五　汽车舒适性及检测

任务目标

1. 知道悬架性能检测的理由。
2. 了解汽车行驶平顺性的评价指标。
3. 叙述谐振式和平板式悬架装置检测台的结构及工作原理。
4. 用谐振式和平板式悬架装置检测台检测悬架特性。
5. 根据检测结果，对汽车悬架系统的技术状况做出评价，并提出维修建议。
6. 培养良好的安全与卫生习惯和团结协作意识。

任务引入

随着人们物质生活水平的提高，对汽车的舒适性要求也越来越高，要求汽车能在保证安全、快捷、节能、环保的同时，也要让人感到用车的最大享受。舒适的驾乘环境不仅有利于汽车安全、优质、高效地运行，而且可以保证驾乘人员到达目的地后仍然有良好的生理和心理状态以及工作效能。因此，汽车的舒适性是现代汽车的重要性能之一。汽车舒适性的好坏，主要取决于行驶平顺性、噪声、空气调节和居住性等因素。

减振器对汽车行驶平顺性、乘坐舒适性、操纵稳定性和行驶安全性的影响很大，汽车悬架装置最易发生故障的部件就是减振器。研究表明，大约有四分之一的汽车上至少有一个减振器工作不正常。当悬架装置减振器工作不正常时，会出现汽车在行驶中跳跃严重，车轮轮胎有30%的路程接地力减少，汽车转向盘发飘，弯道行驶时车身晃动加剧，制动时易发生跑偏或侧滑，轮胎磨损异常，乘坐舒适性降低，有关机件磨损速度加快等不良后果。在高速行驶状态下，汽车的操纵稳定性和行驶安全性尤为重要，并与悬架装置有着直接的关系。所以，对悬架装置工作性能的检测是十分重要的。

相关知识

一、汽车的舒适性概念

汽车的舒适性是指人们乘坐汽车不致引起不舒适和疲劳的一种感受。汽车舒适性主要通过汽车行驶平顺性、车内空气调节及居住性、车身的隔声与密封、上下车的方便性等性能进行综合评价。

长期以来，各汽车制造厂家都在积极采取改进措施，以提高汽车的舒适性。比如对轮胎、悬架和缓冲装置进行改进，以减少路面不平对乘员和货物的冲击；降低发动机噪声、采用隔音技术等，以减小车内、外环境噪声；改善车内换气及温度调节，增强对外界灰尘的密封等，以使车内保持清新的空气和适宜的温度；尽可能将座椅、转向盘、仪表、操纵杆等合理布置在有限的空间内，以适应各种人体特征的要求。这些措施，都是为了使乘员获得良好的舒适性而采取的。

1. 汽车行驶平顺性

汽车的行驶平顺性是指保持汽车在行驶过程中乘员所处的振动和冲击环境在一定舒适度范围内的性能。因此，平顺性主要根据乘员主观感觉的舒适性来评价。对于载货汽车还包括保持货物完好的性能。行驶平顺性既是决定汽车舒适性最主要的方面，其本身也是评价汽车性能的主要指标。

（1）汽车行驶平顺性的评价指标

汽车行驶平顺性的评价指标，通常是依据人体对振动的反应，及对保持货物完整的程度来制定的。目前对汽车行驶平顺性的评价有不同的方法。

1）ISO 2631 评价标准。国际标准化组织（ISO）在综合大量有关人体全身振动研究成果的基础上，制定了 ISO 2631—1978（E）《人体承受全身振动评价指南》，已被许多发达国家作为本国的国家标准。ISO 2631 标准用加速度的均方根值，给出了在 1～80 Hz 振动频率范围内，人体对振动反应的三个不同的感觉界限，即暴露界限、疲劳—工效降低界限、舒适降低界限。

①暴露界限。当人体承受的振动强度在这个界限之内，将保持健康和安全。通常把此界限作为人体可以承受振动量的上限。

②疲劳—工效降低界限。这个界限与保持工作效率有关。当驾驶员承受振动在此界限以内时，能保持正常的驾驶操作；若超过这个界限，则意味着人的感觉的疲劳和工作效率的降低。

③舒适降低界限。该界限与保持舒适有关。在这个界限之内，人体对所暴露的振动环境主观感觉良好，能顺利完成吃、读、写等动作。

2）我国的评价标准。

①汽车平顺性评价。我国依据 ISO 2631—1978（E）标准并对相应标准进行了修订，公布了 GB/T 4970—1996《汽车平顺性随机输入试验方法》，并提出了“车速特性的概念”。车速特性是指平顺性评价指标随车速变化的关系。用车速特性评价汽车的平顺性比在某一车速评价汽车的平顺性更符合实际。轿车、客车适用“舒适降低界限”车速特性；货车适用“疲劳一降低工作效率界限”车速特性。

②车身的固有频率评价。人体器官自幼即已习惯于行走所引起的垂直振动频率（一般在 1.1～1.5 Hz）。当车身振动频率在此范围内，则人体器官感到习惯，就不会感到不舒适；当车身的振动频率偏离该范围，人体则会感到不舒适。当车身的振动频率低于 1 Hz 时，会

引起乘员晕车和恶心；当频率高于 1.5 Hz 时，人体会明显感受到冲击感，会引起乘员的疲劳和不舒适感。

3）汽车行驶平顺性的感觉评价。汽车行驶时，来自路面的冲击以及汽车行驶系和传动系中作用力的大小、方向不断变化，汽车会发生各种振动。这些冲击、振动会引起乘坐者的不舒适与疲劳感觉。汽车乘坐是否舒适，与交通情况、汽车性能、设备状况、气候条件、视野、振动与噪声等情况有关，也与乘坐者本身的心理、生理状况有关。因而平顺性的好坏，可以根据乘坐者主观感觉的舒适程度来评价。这种主观感觉，可以根据所受振动的程度，划分成如下三种感觉：

①正常：振动很小时，人们感到比较舒适，感觉正常，超过此范围，就会感到不舒服。

②可接受：振动加大，人们感到不大舒服，但还能保持正常的驾驶，不致感到疲劳。

③可忍受：振动更大，人们感到疲劳，影响正常的驾驶，效率降低，但尚可忍受，不致影响健康和安全。

如果振动再加大，人们就无法忍受，以致影响健康和安全，这在汽车上是不允许的。

（2）改善平顺性的途径

1）悬架结构。减小悬架刚度，降低固有频率，可以减少由于不平路面而引起乘员承受的加速度值，这是改善平顺性的基本措施。但刚度降低会增加非悬挂质量的高频振动位移。而大幅度的车轮振动有时会使车轮离开地面，前轮定位角也将发生显著变化，在紧急制动时会产生严重的汽车“点头”现象。转弯时因悬架侧倾刚度的降低，会使车身产生较大的侧倾角。为了使悬架既有大的静挠度又不影响其他性能指标，可采取一些相应措施，如采用悬架刚度可变的非线性悬架。现代货车在后悬架上采用钢板弹簧加副簧即为此种方式下最简易的办法，当载荷增减时，其静挠度保持不变。

目前，比较先进的汽车一般采用主动式悬架，在其结构中植入了可人工或自动控制弹力的调节机构，并能根据路面情况自动调节减振器刚度和阻尼，以获得更好的行驶舒适性。如图 5-1 所示为空气悬架，和传统的液压减振器配螺旋弹簧的悬架相比，空气悬架利用气体的压缩性实现弹性作用，在 ECU 的计算下可根据车重和路面情况来调节压缩气体的压力，软硬程度和车身高度可以自行调节控制，所使用的空气弹簧和减振器令舒适性更好。

2）悬架阻尼。为了衰减车身自由振动和抑制车身、车轮的共振，以减小车身的垂直振动加速度和车轮的振幅（减小车轮对地面压力的变化，防止车轮跳离地面），悬架系统中应具有适当的阻尼。在悬架系统中，引起振动衰减的阻尼主要来自减振器、钢板弹簧叶片之间的摩擦。对于各种悬架结构，以钢板弹簧悬架系统的干摩擦最大，钢板弹簧叶片数目越多，摩擦越大。当干摩擦过于严重时，会增加车身的自振频率，路面的冲击也易于传给车身。

减振器可提高汽车行驶平顺性，还可增加悬架的角刚度，改善车轮与道路的接触条件，防止车轮离开路面，因而可改善汽车的稳定性，提高汽车的行驶安全性。减振器如图 5-2 所示。改进减振器的性能，对提高汽车在不平道路上的行驶速度有很大的作用。

图 5-1　空气悬架

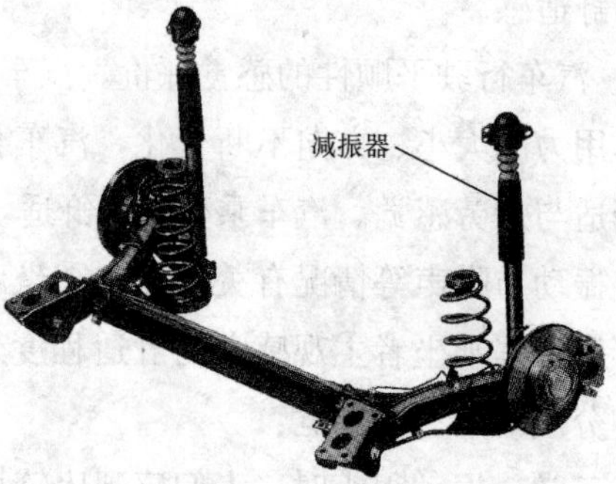

图 5-2　减振器

3）轮胎的影响。轮胎对行驶平顺性的影响主要取决于轮胎的径向刚度，适当减小轮胎的径向刚度，可以改善行驶平顺性。比如采用子午线轮胎径向刚度减小，轮胎的静挠度增加 40%以上，行驶平顺性得到改善。但轮胎刚度过低，会引起侧向偏离加大，影响汽车的操纵稳定性。在使用中，通过动平衡试验消除轮胎的动不平衡现象，也是保证行驶平顺性的必要措施。

4）座椅的布置。座椅的布置对行驶平顺性也有很大影响。实际感受和试验表明：座椅接近车身的中部，其振动最小。座椅位置常由它与汽车质心间的距离来确定，用座椅到汽车质心距离与汽车质心到前（后）轴的距离之比评价座椅的舒适性。该比值越小，车身振动对乘客的影响越小。对载货汽车和公共汽车，座椅在高度上的布置也很重要。为了减小水平纵向振动的振幅，座椅在高度方面与汽车质心间的距离应该不大。弹簧座椅刚度的选择要适当，防止因乘客在座椅上的振动频率与车身的振动频率重合而发生共振。对于具有较硬悬架的汽车，可采用较软的坐垫。对于具有较软悬架的汽车，可采用较硬的坐垫。如图 5-3 所示为小型客车的座椅布置。

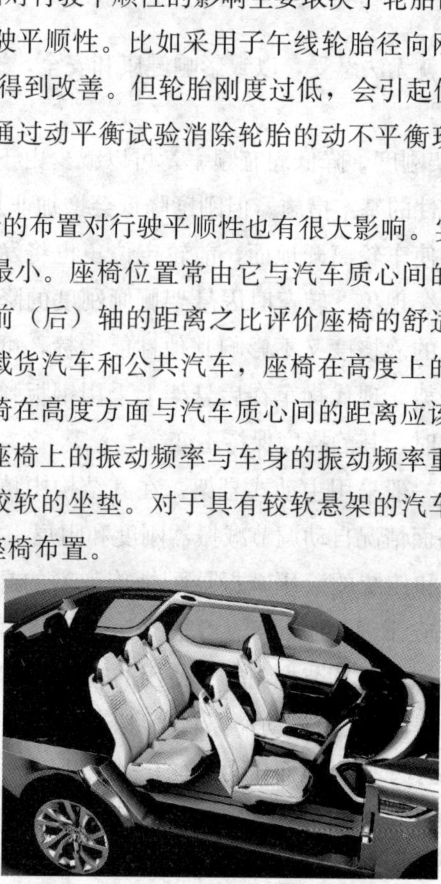

图 5-3　小型客车的座椅布置

5）非悬挂质量。减小非悬挂质量可降低车身的振动频率，增高车轮的振动频率。这样就使低频共振与高频共振区域的振动减小，而将高频共振移向更高的行驶速度，对行驶平顺性有利。减小非悬挂质量，还将引起高频振动的相对阻尼系数增加，因而减振器所吸收的能量减少，工作条件可以获得改善。独立悬架相对于非独立悬架其非悬挂质量小，行驶平顺性好，如图 5-4 所示为独立悬架，图 5-5 所示为非独立悬架。

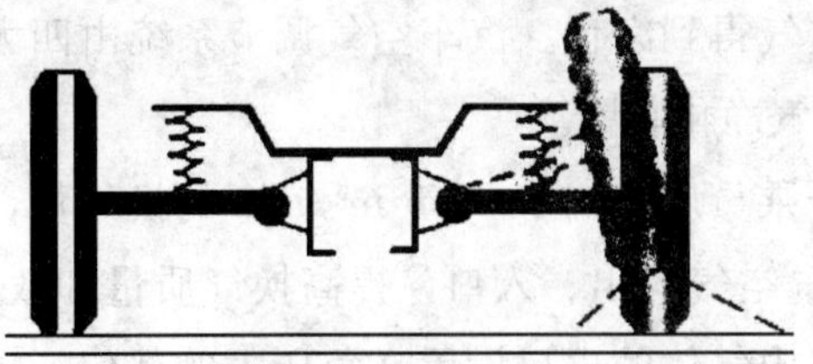

图 5-4　独立悬架

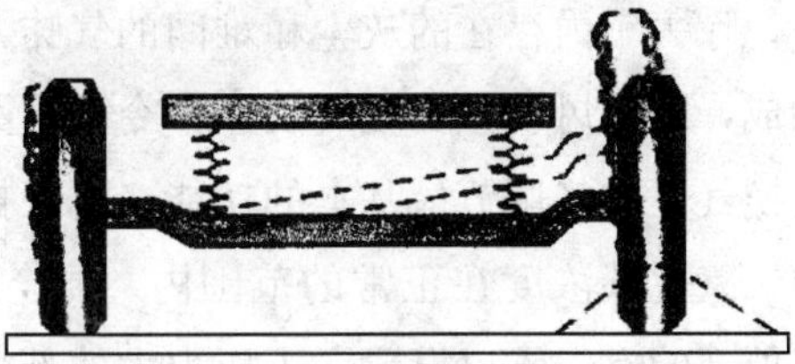

图 5-5　非独立悬架

6）其他影响因素。乘坐舒适性在很大程度上还取决于座椅的结构、尺寸、布置方式和车身（或载货汽车的驾驶室）的密封性（防尘、防雨、防止废气进入车身）、通风保暖、照明、隔声等效能，以及是否设有其他提高乘客舒适的设备（空调、钟表、音响、烟灰盒、点烟器等）。

2. 空气调节与舒适性

空气调节性能与居住性能都是影响汽车舒适性的重要因素。空气调节性能不好，会引起乘员胸闷、晕车等不适感觉，造成驾驶员反应迟钝，影响行车安全；居住性不好，会使乘员感到难以保持舒适的坐姿，驾驶员感到操作不便，易疲劳等。

（1）空气调节性能

汽车空气调节是指对车内空气质量进行调节，即不管车外的天气情况如何，将车内的温度、湿度和清洁度都保持在一定的舒适范围内。

1）人体对温度的感觉。人体在不断地产生和散发热量，当两者取得平衡而维持体温在 36℃时人就会感到舒适，若散热过多，人会感觉“冷”；多余的热量不能及时散发，人会感到“热”。试验表明，人体对温度的感觉主要受环境温度、湿度和风速三项因素的影响。

当环境温度一定时，若降低空气湿度，会使皮肤表面的汗加快蒸发，人便感觉到凉快。增大风速也有同样的效果。在 1 m/s 的风速下，人会感觉比无风状态温度下降约 1℃，若风速达到 3 m/s，会觉得温度下降约 3℃。

2）舒适的温度范围。人体感到舒适的环境温度随其工作内容、体质状况、性别、年龄和衣着等方面变化，还要受季节、昼夜等自然环境变化的影响。综合这些因素，冬季人体感到舒适的温度范围为 16℃～20℃，湿度为 55％～70％；夏季温度范围为 19℃～23℃，湿度为 60％～75％。

3）对空气清洁度要求。车厢内空气的洁净程度对舒适性会产生重要影响。由于车厢内乘员所拥有的空间有限，人所吸入的氧气 80％变成二氧化碳排出，另外人体散发出的气味，燃油蒸汽、汽车废气、道路尘埃的渗入等，都会导致车内空气质量恶化，影响乘员健康。对车内空气清洁度的指标是按照车厢内二氧化碳的浓度来评定的，一般允许车内的二氧化碳浓度为 0.5％，最好控制在 0.1％以下。

4）空气调节。汽车空气调节系统主要实现三大功能：一是换气，将车外的新鲜空气吸入车内，将车内气体排到车外，以保持车内二氧化碳浓度不超过规定值；二是调节温度和湿度，包括冬季的加温除湿，夏季的降温除湿，使车内保持适宜的温度和湿度；三是净化空气，除去车内存在的灰尘和难闻的气味，使空气得到净化。汽车空气调节系统由四大装置构成，即通风装置、暖气装置、冷气装置、空气净化装置。

换气是空气调节最基本的功能。要保持每个乘员应有 0.3～0.5 m^3/min 的换气量，使车内二氧化碳浓度在正常的范围内。要合理布置空气的出、入口，提高换气质量和效率。汽车外部的空气入口设置在正压力大的部位，车内气体的出口设置在负压大的部位。轿车的进气口一般开在前挡风玻璃下的机罩上，排气口开在后排座位的车侧。在使用中应注意对空气进、出口及通道进行清洁维护，以免堵塞而影响换气质量。

除了适宜的温度外，温度的分布情况对人体是否感到舒适也有很大的影响。冬季要求脚下左右部位的温差尽可能小；头部的温度比脚部低 2℃～5℃，即所谓的“头寒足热”；前后座位温差要小，特别是后排座位脚部，应有充足的热风流通。夏季制冷时，则要求尽可能保持上下身相同的温度。

（2）居住性

汽车的居住性主要是指合理分配车内空间，布置适应各种人体特征的要求，使驾驶员和乘员经过长时间行驶而不感到疲劳。

1）乘员的居住性。要使乘员长时间乘坐而不感到疲劳，就必须给乘员提供能够随意选择乘坐姿势的宽敞车内空间和舒适可靠的座椅。

由于汽车的外形尺寸有限，要给乘员提供宽敞的车内空间，一方面要在有限的外形尺寸内，制造出必要的居住空间；另一方面要合理安排居住空间的形状，以更有效地发挥有限居住空间的功效。

车室内容积的确定，应考虑人体尺寸的参差不齐。以被测对象的尾椎点为基准，首先考虑适于各种情况下的坐姿以及供身体转动的足够空间，还要考虑不致因振动而令乘客触及车内装备件而受伤等，由这些因素综合决定车室空间的长、宽、高度等尺寸。在汽车横截面积不变的情况下，采用发动机前置前轮驱动以及减少轮胎装置空间等可以扩大室内有效空间，采用曲面玻璃可以扩大乘员肩部空间。

要使座椅舒适可靠，首先是座椅的长、宽、高基本尺寸与人体尺寸相适应，能按照乘员的体型进行尺寸调整。对于大量生产的汽车，一般能做到的是座椅靠背的倾角可在一定范围内调整（一般为 3°～8°）。长途客车的座椅靠背要求可以倾斜到 25°以上，以便乘客休息。座椅背的结构采用头枕式，可以提高其舒适性。要进一步提高座椅的舒适性，还需对座椅的振动特性进行测试，使其共振频率避开人体和悬架的共振频率。

另外，座椅蒙皮的触感、室内装饰的色彩、乘员的视野等也影响其居住性。

2）驾驶员的居住性。要使驾驶员长时间驾驶而不感到过分疲劳，除上述因素之外，还应满足下列条件：

①各类操纵机构布置应合理，便于操作。

②各类操纵机构的操作力要适度。

③驾驶员座椅高度、前后位置能适度调整，以便使驾驶员能获得与各操纵机构相协调的位置和舒适的坐姿。

④良好的视野，以便于获取道路状况、各种信号标志和周围汽车情况等必需的外部信息。

⑤易于辨认的仪表和警示灯等，以便及时获取汽车各装置工作状况和行驶状况的信息等。

二、悬架装置检测台的结构原理

汽车悬架装置工作性能的检测方法，有经验法、按压车体法和台架检测法三种类型。本任务只介绍台架检测悬架系统性能的原理与方法。

1. 谐振式检测台

谐振式检测台如图 5-6 所示，一般由机械部分和微机控制部分组成。检测时，先通过检测台中电动机、偏心轮、蓄能飞轮和弹簧组成的激振器，迫使检测台台面及其上被检汽车悬架装置产生振动，然后在开机数秒后断开电机电源，从而由蓄能飞轮产生扫频激振。由于电机的频率比车轮固有频率高，因此蓄能飞轮逐渐降速的扫频激振过程总可以扫到车轮固有振动频率处，从而使台面—汽车系统产生共振。通过检测激振后振动衰减过程中力或位移的振动曲线，求出频率和衰减特性，便可判断悬架装置减振器的工作性能。

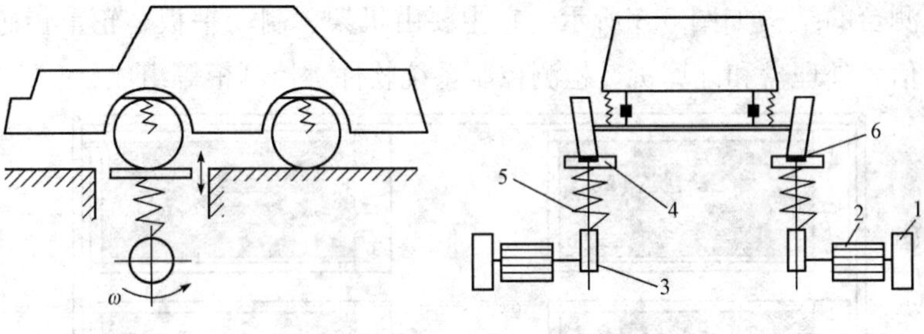

图 5-6 谐振式悬架装置检测台

1—蓄能飞轮；2—电动机；3—凸轮；4—台面；5—激振弹簧；6—测量装置

测力式悬架装置检测台和测位移式悬架装置检测台，一个是测振动衰减过程中的力，另一个是测振动衰减过程中的位移量，它们的结构简图如图 5-7 所示。由于谐振式悬架装置检测台性能稳定、数据可靠，因此应用广泛。

检测时，将汽车驶上支撑平台，启动测试程序，驱动电机带动偏心机构使整个汽车—台面系统振动。激振数秒达到角频率为 ω_0 的稳定强迫振动后，断开驱动电机电源，接着由蓄能飞轮以起始频率为 ω_0 的角频率进行扫频激振。由于停在台面上车轮的固有频率处于 ω_0 和 0 之间，因此蓄能飞轮的扫频激振总能使汽车—台面系统产生共振。断开驱动电机电源的同时，启动采样测试装置，记录数据和波形，然后进行分析、处理和评价。

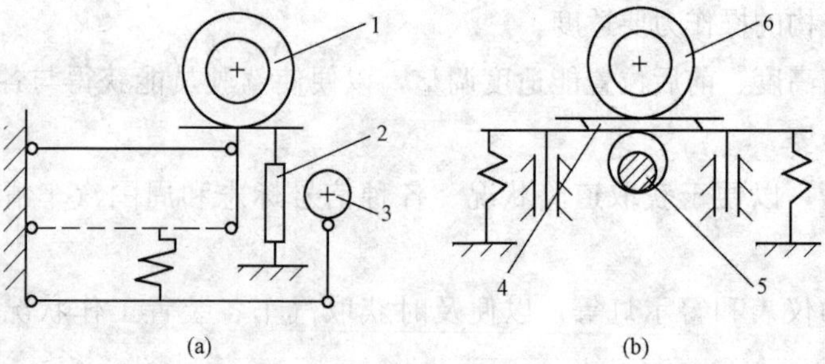

图 5-7　测力式和测位置式悬架装置检测台的结构

（a）测位移式；（b）测力式

1、6—车轮；2—位移传感器；3—偏心轮；4—力传感器；5—偏心轴

2. 平板式检测台

平板式检测台是近年来研制出的一种集制动力、轮重、侧滑、悬架效率等检测功能于一体的汽车检测设备。根据设备的配置不同，可以一次完成轮（轴）重称量、车轮最大制动力、左右轮制动力平衡、制动协调时间、前后制动力分配比、整车制动减速度、车轮横向侧滑量、悬架效率等多种项目的检测。平板式汽车检测设备的最大特点是汽车在运动过程中能够比较真实地反映汽车在道路上行驶时的实际性能。平板式汽车检测设备的检测方法简便，检测时间迅速，且具有耗电少、安装方便、费用低等优点。目前，这种平板式检测台正越来越多地被汽车检验机构采用。

平板式检测台的结构如图 5-8 所示。它主要由机架、制动平板、轮重传感器、制动传感器、力臂、信号处理盒和计算机、检测控制系统软件、控制柜等组成。

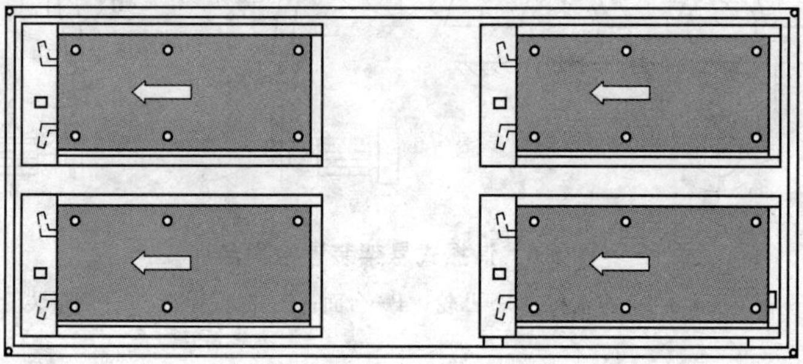

图 5-8　平板式检测台的结构

用于小型车辆检测的平板式检测台一般有四块制动平板，用于重型车辆检测的检测台有的只有两块平板，每块平板在检测时承担一个车轮的质量。在每块平板的下面，有起支撑作用的轮重传感器，前端装有制动力传感器和力臂，还有一个信号采集、前置处理的处理器。

控制柜用来放置计算机、显示器和打印机等。检测控制软件用来引导车辆检测，采集信号数据，计算评价结果，并打印出检测报告和振动衰减曲线等。

平板式检测台检测悬架性能时，测试过程接近于道路试验。检测时，车辆以 5～10 km/h的速度驶上平板，当四个车轮都行驶在平板上时，驾驶员进行紧急制动，迅速将制动踏板踩到底，使车轮都停止在平板面上。此时，前后车轮处的负重情况将发生变化，主要是由于制动时前后车轮之间的负荷发生转移及车身通过悬架在车轮上的振动而引起的。车身在加速向下时，车轮处负重增加；车身加速向上时，车轮处负重减少。

如图 5-9 所示的曲线，是平板式检测台在显示悬架性能测试结果时给出的前后车轮处的负重随时间变化的曲线。从图 5-9（a）中可以看出，前轮处的动态负重先从静态负重值附近（*O* 点）上升到最大值（*A* 点），再从最大值下降到最小值（*B* 点）。显然，图 5-9（a）所反映的是制动时前部车身先加速向下，再加速回升向上的“制动点头”现象。图 5-9（b）反映了后部车身的振动，它与图 5-9（a）反相位，即前部车身向下运动时后部车身向上抬起（在加速度较大时后轮可能会离地）；前部车身回升时，后部车身向下运动。因此，图 5-9（b)反映了车辆制动时引起的前后车身纵向俯仰振动的现象。由于车辆的悬架系统能够衰减、吸收车身的振动，所以，车身的振动经过一段时间后就会消失，故图 5-9 中曲线的后段部分逐渐平直并接近 *O* 点的高度（车轮处于静态负重值）。该曲线反映了车辆制动时引起的车身振动被悬架系统逐渐衰减的过程，这说明平板式检测台是按照“车轮处动态负重的变化→车身振动→悬架衰减振动→悬架效率”这一原理测试汽车悬架性能的。

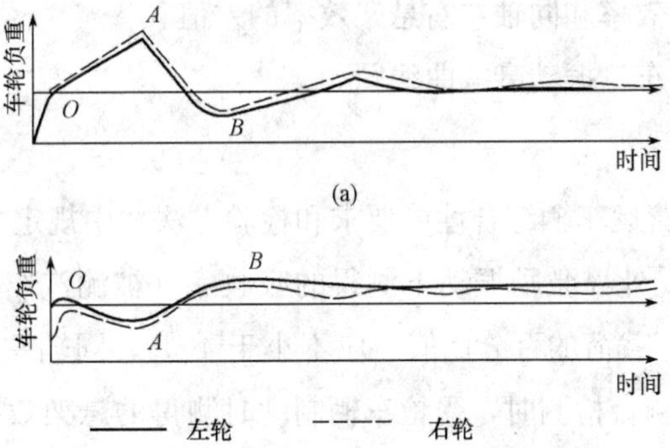

(b)

图 5-9　车轮处负重的变化曲线

（a）前轮；（b）后轮

任务实施

一、技能学习

1. 准备工作

1）按照检测台的说明要求进行检测台的启动、预热等相关准备。

2）轮胎规格、气压应符合规定值，车辆空载，不乘人（无驾驶员，但平板式检测台除外）。

3）平板式检测台的平板表面应保持干燥，不能有松散物质或油污。

2. 测试步骤

（1）谐振式悬架装置检测台检验方法

1）将车辆各轴的车轮依次驶上检测台的台面，使轮胎位于台面的中央位置。

2）启动检测程序，激振器工作，带动汽车悬架产生振动，使振动频率上升超过系统的共振频率。

3）当振动频率超过共振点后，关闭激振源电源，系统振动频率自然衰减（降低），并通过系统共振点。

4）记录衰减振动的过程数据及曲线变化，设纵坐标为车轮动态载荷变化值，横坐标为时间。计算并显示车轮动态载荷与静态载荷的百分比，计算同轴左、右轮百分比的差值。

5）打印检测报告及车轮振动衰减曲线图。

（2）平板式检测台检验方法

1）驾驶员将车辆对正平板台，以5～10 km/h的速度驶上平板，置变速器于空挡，急踩制动，使车辆停止在平板上。

2）连续测量并记录车辆制动时的车轮动态轮荷的变化。

3）计算并显示悬架效率和同轴左右悬架效率的差值。

4）打印检测报告及车轮振动衰减曲线图。

3. 检测标准

GB 18565—2001《营运车辆综合性能要求和检验方法》中规定，“用悬架装置检测台检测时受检车辆的车轮在受外界激励振动下测得的吸收率（被测汽车共振时的最小动态车轮垂直载荷与静态车轮垂直载荷的百分比值）应不小于40%，同轴左右轮吸收率之差不得大于15%”。“用平板式检测台检测时，受检车辆制动时测得的悬架效率应不小于45%，同轴左右轮悬架效率之差不得大于20%”。

在营运车辆技术等级评定中，悬架特性为不分级项目，检测结果符合上述要求即为合格。

4. 检测结果分析

在悬架系统中，起主要作用的部件是减振器。对在悬架装置检测中不合格的车辆，其可能的故障原因如下：

1）减振器内部的轴磨损，内部阀片损坏，各密封处漏油，导致减振功能失效。

2）减振器外部的紧固螺栓磨损，松动，脱落。

3）减振用螺旋弹簧弹性降低，疲劳或折断，造成早期损坏。

4）悬架系统各连接部件磨损，松动。

二、技能考核

1. 准备工作

1）教师为考核准备好检测仪器、设备及必要的工具。

2）学生完成对车辆的检查准备工作。

2. 考核实施

1）学生每两人为一组，互为检测员和引车员。

2）小组相互合作完成本任务规定的实操项目，并完成学生实训工单的填写。

3）教师全过程观察学生操作情况，对可能造成仪器、设备等损坏及可能产生人身危险的操作及时制止和纠正，并在教师考核记录表上做必要的记录和评分。

4）教师审阅学生完成的学生实训工单并给出成绩。

5）教师将学生实训工单的成绩填入教师考核记录表内，并合算出总成绩。

习题与思考

一、判断题

(　　)1. 适当减小汽车轮胎径向刚度，可以改善汽车行驶平顺性。

(　　)2. 子午线轮胎比普通斜线轮胎的行驶稳定性好。

(　　)3. 悬架振动检测台主要是检测减振器性能的好坏。

(　　)4. 轮胎气压对汽车悬架性能的检测结果有影响。

(　　)5. 汽车悬架装置通常由弹性元件、导向装置和减振器三部分组成，对在用汽车悬架装置的检测主要是测试弹性元件的性能。

二、选择题

1. 轮胎对行驶平顺性的影响主要取决于轮胎的径向刚度，适当(　　)轮胎径向刚度，可以改善行驶平顺性。

A. 减小　　B. 增加　　C. 改变　　D. 以上都不是

2. 对于荷载变化较大的公共汽车和载货汽车，为满足不同荷载对悬架刚度的不同需要，常采用(　　)。

A. 非线性悬架　　B. 线性悬架

C. 刚度悬架　　D. 以上都不是

3. 用平板式检测台检测悬架特性时，驾驶员应将车辆以(　　)km/h速度驶上平板。

A. 3～5　　B. 10～20　　C. 5～10　　D. 15～20

4. 用谐振式检测台检测悬架特性时，车辆应(　　)。

A. 空载　　B. 满载

C. 空载或满载都可以　　D. 半载

5. 汽车悬架装置检测台主要用于测试汽车(　　)的性能。

A. 弹性元件　　B. 减振器　　C. 车架　　D. 车身

三、问答题

1. 什么叫行驶平顺性?
2. 行驶平顺性评价指标有哪些?
3. 如何改善汽车行驶平顺性?
4. 为什么要进行汽车悬架特性的检测?
5. 说明谐振式悬架装置检测台的工作原理。
6. 简述汽车空调系统的作用。
7. 如何保证乘员和驾驶员良好的居住性?

项目六　汽车通过性

任务目标

1. 知道汽车通过性的几何参数。
2. 叙述影响汽车通过性的主要因素。
3. 培养良好的安全与卫生习惯和团结协作意识。

任务引入

汽车的通过性又称越野性，是指汽车能以足够高的平均车速通过各种路况不好的道路及无路地带的能力，如通过松软地面（松软的土壤、沙漠、雪地、沼泽地）、坎坷不平地段和各种障碍（陡坡、侧坡、壕沟、台阶）等。尤其是军用、农用、工地及林区使用的汽车，要求有良好的通过性。汽车的通过性主要决定于汽车的支撑—牵引参数及几何参数，也与汽车的动力性、平顺性、机动性、视野等性能密切相关。

相关知识

一、汽车通过性几何参数

由于汽车与地面间的间隙不足而被地面托住、无法通过的情况，称为间隙失效。当车辆中间底部的零件碰到地面而被顶住时，称为“顶起失效”；当车辆前端或尾部触及地面而不能通过时，则分别称为“触头失效”和“托尾失效”。显然，后两种情况属同一类失效。

与间隙失效有关的汽车整车几何尺寸，称为汽车通过性的几何参数。这些参数包括最小离地间隙、纵横向通过半径、接近角、离去角、最小转弯半径等，如图 6-1 所示。

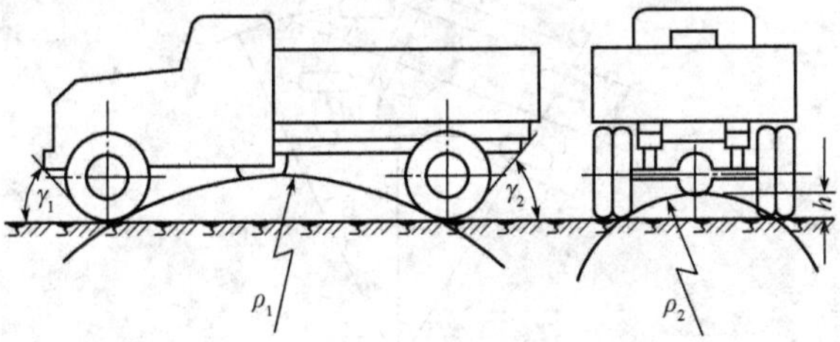

图 6-1　汽车通过性的几何参数

γ_1—接近角；γ_2—离去角；ρ_1—纵向通过半径；ρ_2—横向通过半径；h—最小离地间隙

1. 最小离地间隙 h

最小离地间隙用符号 h 表示，是指汽车除车轮以外的最低点与路面之间的距离，如图 6-1 所示。它表征了汽车能无碰撞地越过石块、树桩等障碍物的能力。汽车的飞轮壳、前桥、变速器壳、消声器、驱动桥的外壳、车身地板等处一般有较小的离地间隙。

2. 纵向通过半径 ρ_1

在汽车侧视图上做出的与前后车轮及两轴中间轮廓线相切之圆的半径，称之为纵向通过半径，用符号 ρ_1 表示。它表示了汽车能够无碰撞地通过小丘、拱桥等纵向凸起障碍物的轮廓尺寸，ρ_1 越小，汽车的通过性越好。

3. 横向通过半径 ρ_2

在汽车的正视图上所作与左右车轮及与两轮之间轮廓线相切的圆的半径，称为横向通过半径，用符号 ρ_2 表示。它表示了汽车通过小丘及凸起路面等横向凸起障碍物的能力，ρ_2 越小，通过性越好。

最小离地间隙不足，以及纵向和横向通过半径过大，都容易引起“顶起失效”。

4. 接近角 γ_1 和离去角 γ_2

从汽车前端突出点向前轮引切线，该切线与路面的夹角 γ_1 称为接近角。γ_1 越大，通过障碍物（如小丘、沟洼地等）时，越不易发生“触头失效”。

从汽车后端突出点向后轮引切线，该切线与路面的夹角 γ_2 称为离去角。γ_2 越大，通过障碍物时，越不容易发生“托尾失效”。

5. 最小转弯半径 R_H 和内轮差 d

转向盘转到极限位置，作转弯行驶，前外轮印迹中心至转向中心的距离（左、右转弯，取较大者），称为汽车的最小转弯半径，如图 6-2 所示，用符号 R_H 表示。内轮差是指前内轮轨迹与后内轮轨迹半径之差，图中用 d 表示。这两个参数表示车辆在最小面积内的回转能力和通过狭窄弯曲地带或绕过障碍物的能力。

机动车安全检测条件国家标准规定，机动车辆最小转弯半径，以前外轮轨迹中心线为基线测量其值不得大于 24 m。当转弯直径为 24 m 时，转向轴和末轴的内轮差，以两轮轨迹中心线计，不大于 3.5 m。

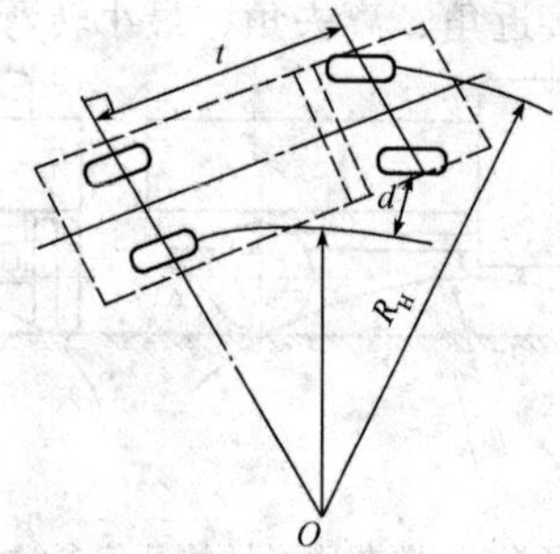

图 6-2　最小转弯半径 R_H 和内轮差 d

6. 车轮半径 r

汽车在不平路面上行驶时，经常要越过垂直障碍物。汽车克服垂直障碍物（台阶、壕沟等）的能力与车轮半径和驱动形式有关，也与路面附着条件有关。其越过台阶的能力如图 6-3 所示。图中纵坐标为台阶高度 h_W 与车轮直径 D 之比，横坐标为路面附着系数。由此图可以看出，全轴驱动汽车比单轴驱动汽车越过台阶能力强；路面附着条件越好，汽车能越过的台阶更高。

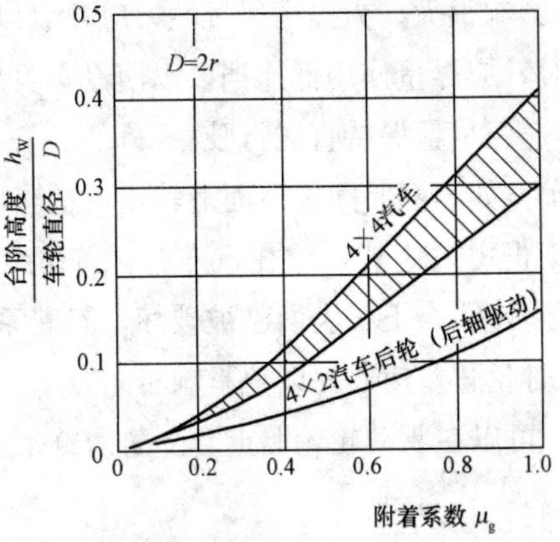

图 6-3　汽车越障碍能力与附着系数的关系

汽车越过壕沟的宽度 l_d 与其越过台阶的能力直接相关，两者只存在一个换算系数的关系。由图 6-3 查出汽车在某路面的 h_W/D 之值，则可由下式计算在该种路面条件下的 l_d/D 之值（l_d 为壕沟宽度，D 为车轮直径），即

$$\frac{l_d}{D}=2\sqrt{\frac{h_W}{D}-\left(\frac{h_W}{D}\right)^2}$$

二、影响汽车通过性的主要因素

1. 使用因素

（1）轮胎气压

汽车在松软路面上行驶时，降低轮胎气压，可以使轮胎与路面接触面积增加，从而降低轮胎对路面的单位压力，使路面变形减小，轮胎受到的道路阻力下降。而在硬路面上行驶时，适当提高轮胎压力，可以减小轮胎变形，使行驶阻力变小。所以，有的越野汽车装有中央充气系统，驾驶员在驾驶室内可根据路面情况调整轮胎气压。

（2）轮胎花纹

轮胎花纹对附着系数影响很大。越野汽车应选用具有宽而深花纹的轮胎，这是因为在松软地面上行驶时，轮胎花纹嵌入土壤，使附着能力提高；而汽车在潮湿路面上行驶时，只有花纹的凸起部分与路面接触，提高了单位压力，有利于挤出水分，提高附着系数。

(3) 拱形轮胎

不少专用越野车使用了超低压的拱形轮胎。在相同轮辋直径的情况下，超低压拱形轮胎的断面宽度比普通轮胎要大 2～2.5 倍，轮胎气压很低（29.4～83.3 kPa）。若用这种轮胎代替并列轮胎，其接地面积可增加到 3 倍。拱形轮胎在沙漠、雪地、沼泽、田间行驶有良好的通过性，但在硬路面上行驶，会使行驶阻力增加，且易损坏轮胎。

(4) 驾驶技术

驾驶技术对汽车通过性影响很大。为提高通过性，应注意以下四点：

1）汽车通过松软地段时，应尽量使用低速挡，以使汽车具有较大的驱动力和较低的行驶速度；尽量避免换挡和加速，尽量保持直线行驶。

2）驱动轮是双胎的汽车，如因双胎间夹泥而滑转，可适当提高车速，以甩掉夹泥。

3）若传动系装有强制锁止式差速器，应在汽车进入车轮可能滑转地段之前挂上差速器。如果已经出现滑转再挂差速器，土壤表面已被破坏，附着系数下降，效果会显著下降。当汽车离开坏路地段，应及时脱开差速器，以免影响转向。

4）汽车通过滑溜路面，可以在驱动轮轮胎上套上防滑链条，提高车轮的附着能力。

2. 结构因素

(1) 发动机的功率与转矩

汽车通过坏路或无路地带时，要克服较大的道路阻力，为此，要提高汽车的通过性，就必须提高单位汽车重力发动机转矩 M_e/G，或提高比功率 P_e/G，这是提高汽车动力性的基础。

(2) 传动系传动比

要提高动力性，就要增大传动系传动比，故越野车均设有副变速器或使用两挡分动器。越野汽车增加传动系总传动比的另一个作用是降低最低稳定车速，以减小稳定车轮对松软路面的冲击，从而减少由此引起的土壤剪切破坏的概率，提高汽车通过路况不好的道路或无路地段的能力。

(3) 液力传动

装有液力变矩器或液力耦合器的汽车，起步时转矩增加平缓，避免了对路面的冲击，同时，不用换挡也能提高转矩，能提高汽车的通过性。

(4) 差速器

普通锥齿轮式差速器，由于具有在驱动轮平均分配转矩的特性，当一侧车轮出现滑转时，另一侧车轮只能产生与滑转车轮相等的驱动力，使总驱动力不能克服行驶阻力，汽车不能前进。采用高摩擦差速器，可以使转得较慢的车轮得到较大的驱动力，从而增大总驱动力，有利于提高汽车的通过性。若采用差速器，两边车轮的驱动力可以按各自的附着力来分配，改善通过性的作用更明显。

(5) 前、后轮距

若前、后轴采用相同的轮距，且轮胎宽度相等时，后轮可以沿前轮压实的轮辙行驶，从而使全车的行驶阻力减小，提高通过性。所以现代越野汽车普遍采用单胎，各轴轮距相等。

(6) 驱动轮的数目

增加驱动轮的数目，可以提高相对附着重量，获得较大的驱动力，越野汽车均采用全轮驱动。

(7) 涉水能力

为了提高汽车的涉水能力，应注意发动机的分电器、火花塞、蓄电池、曲轴箱通风口、机油尺等处的防水密封，并保证空气滤清器不进水。

任务实施

从汽车结构和使用角度，分析提高汽车通过性的措施。

习题与思考

一、判断题

(　　)1. 最小离地间隙不足，纵向和横向通过半径大，都容易引起“顶起失效”。

(　　)2. 全轴驱动汽车比单轴驱动汽车越过台阶能力强；路面附着条件越好，汽车能越过的台阶更高。

(　　)3. 最小离地间隙表示汽车无碰撞地越过小丘和拱桥的能力。

(　　)4. 接近角和离去角表示汽车的横向通过能力。

(　　)5. 拱形轮胎不仅在硬路面上行驶，而且在沙漠、雪地、沼泽和田间行驶都具有良好的通过性。

(　　)6. 为使全车的行驶阻力减小，提高通过性，现代越野汽车普遍采用双胎，各轴轮距相等。

二、选择题

1. 汽车的通过性与下列哪些选项无关？(　　)

A. 汽车爬坡度　　B. 汽车加速能力

C. 汽车转弯能力　　D. 防滑能力

2. 下列哪些参数不是关于汽车通过性的几何参数？(　　)

A. 轮胎胎压　　B. 轮胎直径

C. 接近角　　D. 汽车最小转弯半径

三、问答题

1. 什么叫汽车的通过性？

2. 汽车的哪些几何参数与通过性有关？

3. 什么叫最小转弯半径？什么叫内轮差？

4. 为什么越野车要采用全轮驱动？

项目七　汽车前照灯检测

任务目标

1. 知道汽车前照灯检测的检验指标和配光特性。
2. 了解前照灯检测仪的结构与工作原理。
3. 叙述汽车前照灯检测的检测标准和检测方法。
4. 会使用前照灯检测仪对汽车前照灯进行检测。
5. 根据检测结果进行分析，对汽车前照灯的技术状况做出评价，并提出维修建议。
6. 培养良好的安全与卫生习惯和团结协作意识。

任务引入

汽车前照灯即汽车大灯，是汽车在夜间或在能见度较低的条件下，为驾驶员提供行车道路照明的重要设备，也是驾驶员发出警示、进行联络的灯光信号装置。前照灯的技术状况检测主要是指发光强度的变化和光束照射位置是否偏斜。当发光强度不足或光束照射位置偏斜时，汽车驾驶员不易辨清前方的障碍物或给对方来车驾驶员造成眩目，因而导致交通事故。所以，应定期对前照灯的发光强度和光束照射位置进行检测、校正，只有符合国家标准的汽车才能上路行驶。

要科学地利用检测设备检测前照灯的技术状况，就必须熟悉前照灯的检验指标及配光特性、前照灯的检验标准、前照灯检测仪的结构及检测仪的正确使用等知识。

相关知识

一、前照灯的检验指标

1. 发光强度

发光强度表示光源在一定方向范围内发出的可见光辐射强弱的物理量，单位为坎德拉，简称“坎”，用符号 cd 表示。按国际标准单位 SI 规定，若一光源在给定方向上发出频率 540×10^{12} Hz 的单色辐射，且在此方向上的辐射强度为每球面度 1/683 W 时，则此光源在该方向上的发光强度为 1 cd。

由于实际检测汽车前照灯时，检测仪均需离开前照灯一定的距离，故前照灯检测仪实际检测的并不是发光强度，而是照度。

照度是物体单位面积上所得到的光通量。它表示不发光物体被光源照明的程度，为表征受光面明亮度的物理量，单位为勒克斯，用符号 lx 表示。1 勒克斯等于 1.02 cd 的点光源在半径为 1 m 的球面上产生的光照度。

照度可用下式表示：

$$E=\frac{\Phi}{S}$$

式中 E——照度；

Φ——照射到物体上的光通量；

S——被照明物体的面积。

在光源发光强度不变的情况下，物体离开光源越远，被照明的程度越差。在不计光源大小即把光源看作点光源的情况下，照度与离开光源距离的平方成反比，可用下式表示：

照度＝发光强度/离开光源距离的平方

其关系如图 7-1 所示。

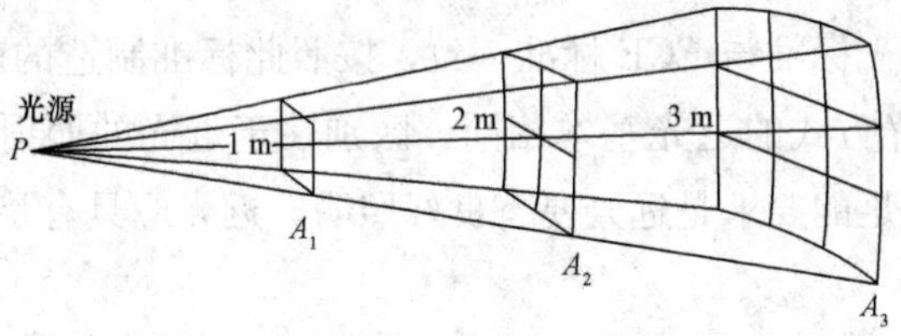

图 7-1 发光强度与照度的关系

如图 7-2 所示为经大量实验测得的数据绘制的前照灯主光轴照度与距离的关系。从图中可以看出距离超过 5 m 时，实测值和理论计算值基本一致，距离 3 m 时，产生 15%左右的误差。可见距离越远，越能得到准确的测量值。但由于受到场地限制，在用前照灯检测仪测量时，通常采用在前照灯前方 3 m、1 m、0.5 m、0.3 m 的距离进行测量，并将该测量值当作前照灯前方 10 m 处的照度，换算成发光强度进行指示。

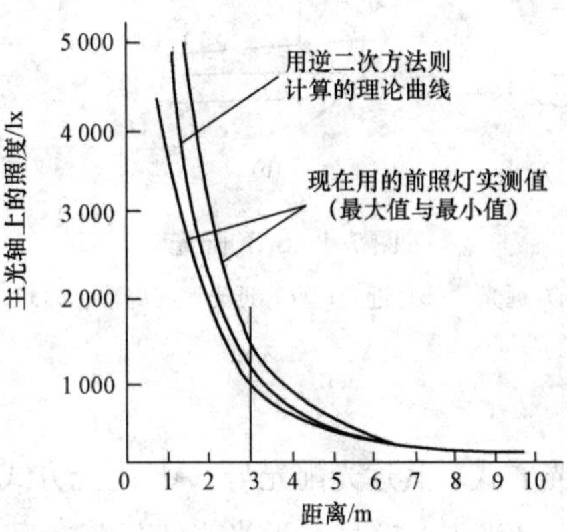

图 7-2 前照灯主光束照度随距离的变化曲线

2. 光束照射位置的偏移量

如果把前照灯最亮的地方看作是光束的中心，则它对水平、垂直坐标轴交点的偏离即表示它的照射方位的偏移，其偏移的尺寸就是光束照射位置的偏移值，也称为光轴的偏斜量，如图 7-3 所示。

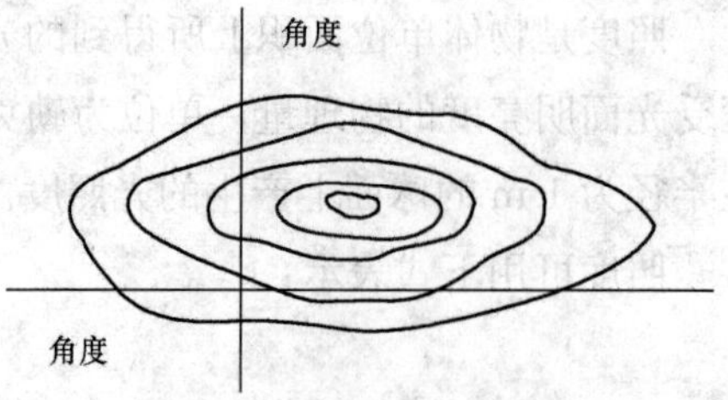

图 7-3　光束照射方向

二、前照灯的配光特性

前照灯的远光是夜间行车照明用的，当无迎面来车或不尾随其他车辆时，灯光照得远并使路面有足够的亮度；前照灯的近光是会车时用的，要求光束倾向路面一侧，避免造成对面来车驾驶员炫目。因此，前照灯发出的光线应满足一定的分布。配光特性就是用等照度曲线表示的明亮分布特性。用等照度曲线表示的明亮度分布特征称为配光特性，也称光形分布特性。前照灯的配光特性有对称配光和非对称配光两种。

目前国际上通用的前照灯配光标准有两种：美国的 SAE 标准和欧洲的 ECE 标准。我国国家标准所规定的配光标准与 ECE 标准一致，按照此标准制造的前照灯属于“非对称防眩光前照灯”。两种配光方式的远光基本相同，区别在于近光的照射位置和防炫目的方法。前照灯的配光特性应满足的要求是远光要有良好照明，近光应具有足够照度和不炫目。

1. SAE 配光方式

SAE 配光方式也称为美国配光方式，如图 7-4 所示。远光灯丝位于反射镜焦点处，所发出光线经反射沿光学轴线方向射向远方；近光灯丝位于焦点之上，所发出的光线经反射后，大部分向下倾斜，从而下部较亮而上部较暗，所形成的光形分布是水平方向宽，垂直方向窄。若等照度曲线左右对称，不偏向一边，上下扩展不太宽，就是好的配光特性。SAE 配光方式的近光照射在屏幕的光斑没有明显的明暗截止线。

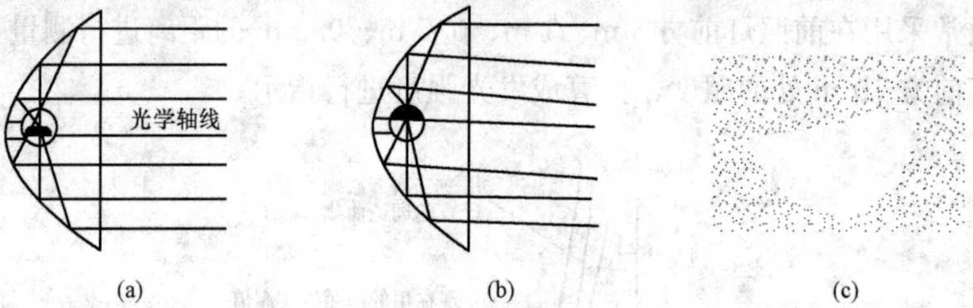

图 7-4　SAE 配光

(a) 远光；(b) 近光；(c) 近光照在屏幕上的光斑

2. ECE 配光方式

ECE 配光也称为欧洲配光方式，其远光配光与 SAE 配光方式相同，但近光灯丝位于反射镜焦点之前，且在灯丝下设一遮光屏。这样，近光光线只落在反射镜上半部分而向下倾斜反射，照射到屏幕上时，可看到明显的明暗截止线和明暗截止线转角点的光斑，如图 7-5 所示。

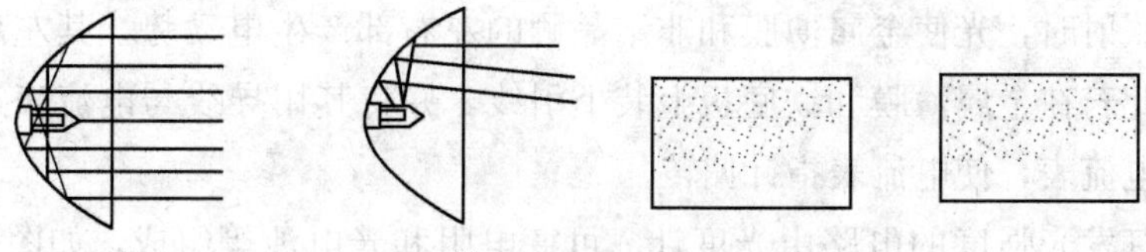

图 7-5　ECE 配光

（a）远光；（b）近光；（c）近光照在屏幕上的光斑

ECE 配光方式有两种：一种在配光屏幕上，左半边明暗截止线与水平的前照灯基准中线高度水平线 $h-h$ 重合，右半部分明暗截止线以 $h-h$ 与 $V-V$ 线（汽车纵向中心平面在屏幕上的投影线）的交点为起点，呈 15°向右上方倾斜，如图 7-6（a）所示。另一种配光方式，左半部分投影明暗截止线在 $h-h$ 线下 250 mm 处，右半部分则先在左半部分投影明暗截止线与 $V-V$ 线交点处向上倾斜 45°角，与 $h-h$ 线相交后成为水平线，明暗截止线在屏幕上呈“Z”字形，如图 7-6（b）所示。我国前照灯的近光灯已采用“Z”字形配光方式。

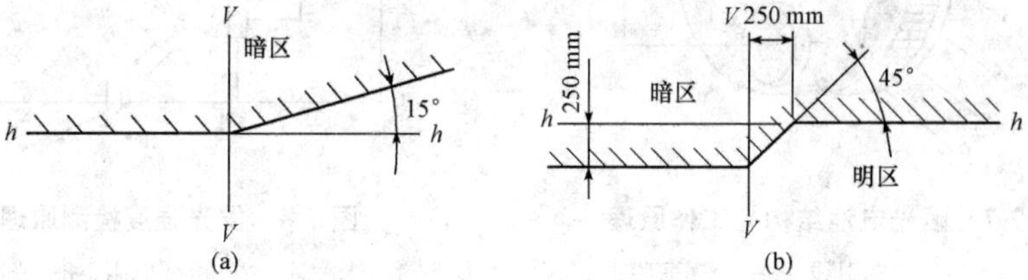

图 7-6　近光配光方式

三、前照灯检测仪的检测原理

前照灯检测仪是利用光电原理制成的专门用于检测汽车前照灯技术状况的仪器，该仪器可同时检测到前照灯光束照射位置及发光强度，进而对前照灯的技术状况给出全面的评价。

目前，各前照灯检测设备生产厂家生产的前照灯检测仪大多采用以下五种测量方法。

1）采用 CCD 和光电池相结合方法。利用光电池进行远光测量，利用 CCD 进行近光测量。这种方法是在沿用早期单远光前照灯检测仪前提下而制订的。

2）采用全 CCD 测量，用 CCD 替代光电池进行远光的定位、角度和光强测量。

3）利用 CCD 的成像高分辨率，进行远光和近光的角度测量，利用具有大动态范围的光电池进行远光光强度的测量。

4）采用全光电池的方法。测量近光时用光电池进行扫描，以得到平面图像进行近光分析。

5）采用手工进行仪器的定位。用目视的方法进行偏角的观察，同时利用光电池进行光强的测量。

1. 发光强度检测原理

前照灯检测仪上使用的光电池主要是硒光电池，其结构与工作原理如图 7-7 所示。当硒光电池受光照射时，光使金属薄膜和非结晶硒的左右部产生电动势，其左部带负电，右部带正电，因此若在金属薄膜和铁底板上装上引线，并将其用导线与电流表连接起来，光电流就会流过电流表，使电流表指针偏转。

检测前照灯发光强度的电路由光度计、可变电阻和光电池等组成，如图 7-8 所示。按规定的距离使前照灯照射光电池，光电池便按受光强度的大小产生相应的电流，使光度计指针摆动，指示出前照灯的发光强度。

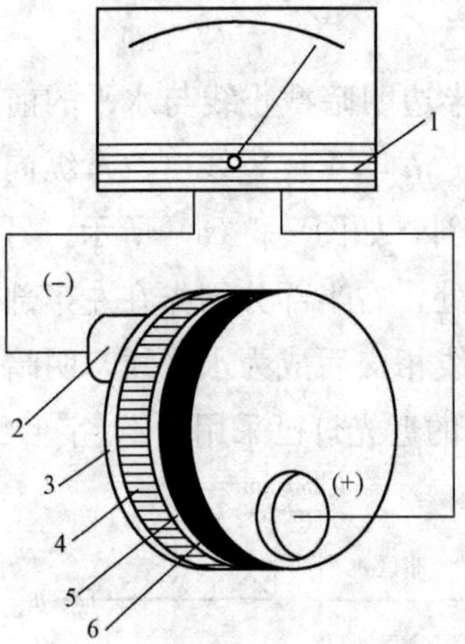

图 7-7 硒光电池结构与工作原理

1—电流表；2—引线；3—金属薄膜；4—非结晶硒；5—结晶硒；6—铁底板

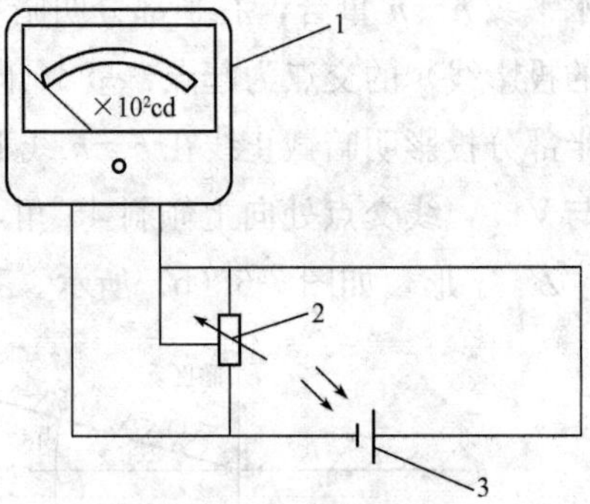

图 7-8 发光强度检测原理

1—光度计；2—可变电阻；3—光电池

2. 光轴偏斜量检测原理

检测前照灯远光光轴偏斜量的电路如图 7-9所示。电路中有四块硒光电池，即 B_u、B_d、B_L 和 B_R。在 B_u 和 B_d 之间接有上下偏斜指示计，在 B_L 和 B_R 之间接有左右偏斜指示计。当前照灯光束照射光电池时，如果光束照射方向偏斜，将分别使光电池 B_u 和 B_d、B_L 和 B_R 的受光面不一致，因而产生的电流大小也不一致。光电池 B_u 和 B_d、B_L 和 B_R 产生的电流差值分别使上下偏斜指示计及左右偏斜指示计的指针摆动，从而指示出光轴的偏斜方向和偏斜量。图 7-10 所示为光轴无偏斜时的情况，这时上下偏斜指示计的指针与左右偏斜指示计的指针均处于中间的垂直位置，即上下、左右均无偏斜指示。图 7-11 所示为光轴有向左向下偏斜时的情况。这时上下偏斜指示计的指针显示向“下”偏斜，左右偏斜指示计的指针显示向“左”偏斜。由此，可检测出前照灯的主光轴的偏斜方向和偏斜量。

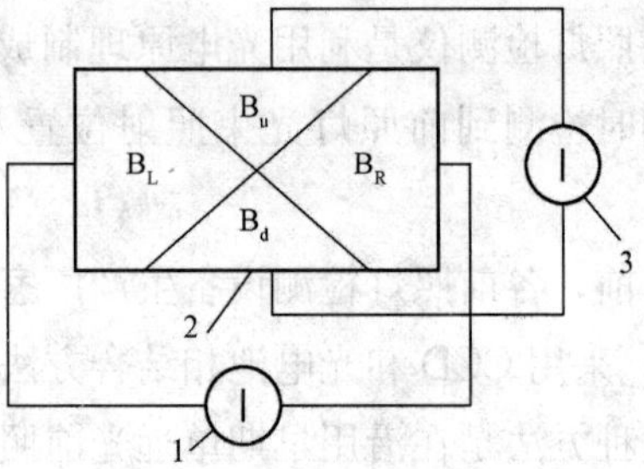

图 7-9 光轴偏斜量的检测原理

1—左右偏斜指示计；2—光电池；3—上下偏斜指示计

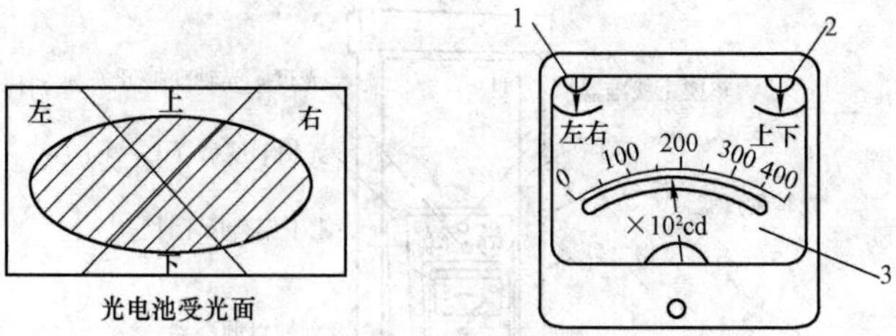

图 7-10　光轴无偏斜时的情况

1—左右偏斜指示计；2—上下偏斜指示计；3—光度计

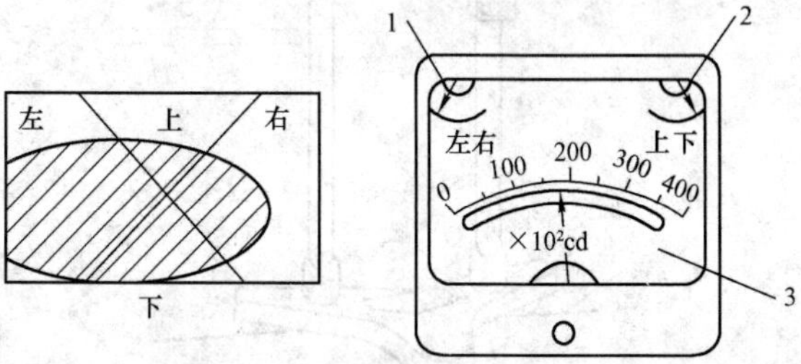

图 7-11　光轴有偏斜时的情况

1—左右偏斜指示计；2—上下偏斜指示计；3—光度计

3. CCD 检测原理

传统的前照灯检测仪以远光检测为主，利用对称分布的光电池对光轴中心进行检测，这种方法无法检测非对称性的近光灯。带 CCD 元件的检测设备，利用了 CCD 元件成像技术，通过计算机计算光轴的中心，可以较好地检测出非对称性近光灯灯光的偏移量。

CCD 是一种特殊半导体器件，平面上分布着很多一样的感光元件，每个感光元件称为一个像素。当灯光照在元件上时，每个感光元件都可将光线强度转换成电信号。将每个点的电信号送到计算机，经处理就可获得一张灯光照在 CCD 上的一个完整图像，通过图形处理软件就可得到明暗截止线拐点的位置，确定近光灯光轴的中心，从而检测出光轴的偏移量。

四、前照灯检测仪的类型与构造

按照其结构特征与测量方法，前照灯检测仪可分为聚光式、屏幕式、投影式、自动追踪光轴式和电脑式等几种类型。这些不同类型的前照灯检测仪均由接收前照灯光束的受光器、使受光器与汽车前照灯对正的校准装置、前照灯发光强度指示装置、光轴偏斜方向和偏斜量指示装置以及支柱、底板、导轨、车辆摆正找准装置等组成。

1. 聚光式前照灯检测仪

聚光式前照灯检测仪的构造如图 7-12 所示。它是用受光器的聚光透镜把前照灯的散射光束聚合起来，根据其对光电池的照射强度，检测前照灯的发光强度和光轴偏斜量的仪器。检测时，检测仪放在前照灯前方 1 m 处。

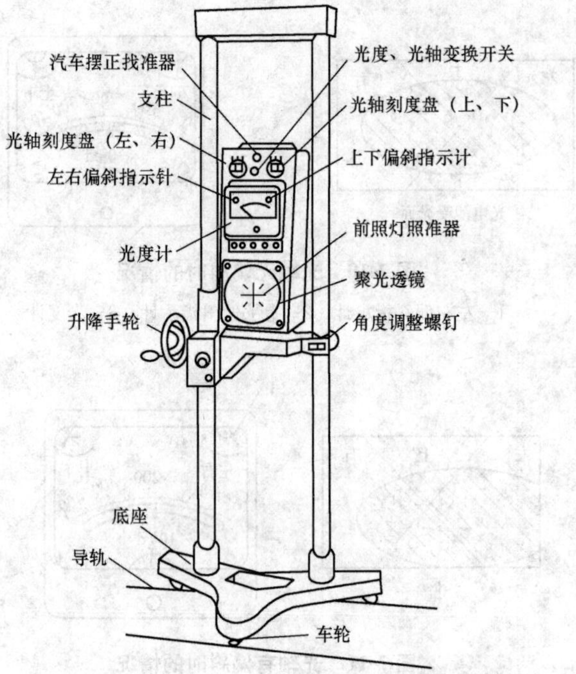

图 7-12　聚光式前照灯检测仪

2. 屏幕式前照灯检测仪

屏幕式前照灯检测仪是把前照灯的光束照射到屏幕上，从而检测发光强度和光轴偏斜量。检测时，检测仪放在前照灯前方 3 m 的检测距离处。

屏幕式前照灯检测仪的构造如图 7-13 所示。在固定屏幕上装有可以左右移动的活动屏幕，在活动屏幕上装有能上下移动的内部带光电池的受光器。检测时，移动受光器和活动屏幕，根据光度计指示值为最大时的位置找到主光轴的方向，然后由固定屏幕和活动屏幕上的光轴刻度尺即可读出光轴偏斜量，同时可从光度计的指示值得出发光强度。

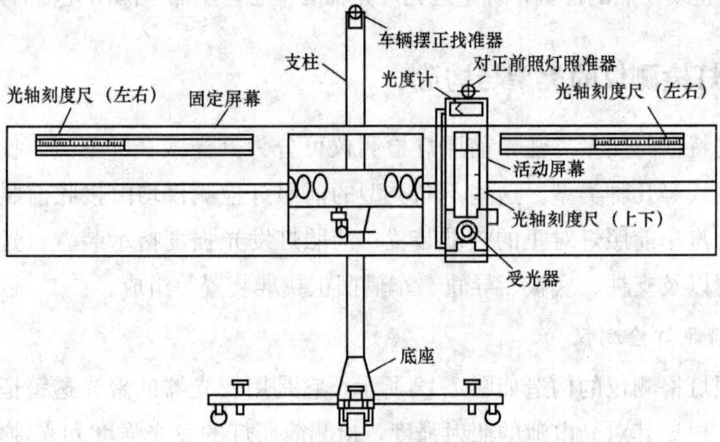

图 7-13　屏幕式前照灯检测仪

3. 投影式前照灯检测仪

投影式前照灯检测仪，是将前照灯光束的影像映射到投影屏上，从而检测出发光强度和光轴偏斜量。检测时，检测仪放在前照灯前方 3 m 的检测距离处。投影式前照灯检测仪的构造如图 7-14 所示。

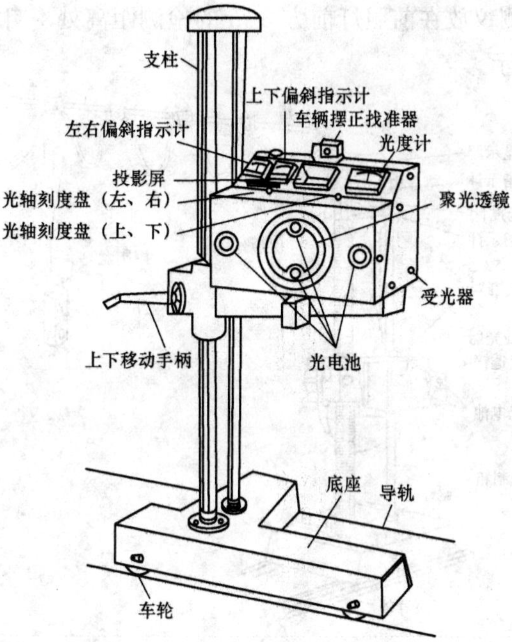

图 7-14　投影式前照灯检测仪

在聚光透镜的上下和左右方向装有四个光电池。前照灯光束的影像通过聚光透镜、光度计的光电池和反射镜后，映射到投影屏上，如图 7-15 所示。在检测时，通过上下与左右移动受光器使光轴偏斜指示计的指示值为零，即上下与左右光电池的受光量相等，从而找到被测前照灯主光轴的方向。然后根据投影屏上前照灯光束影像的位置，即可得出主光轴的偏斜量，同时可从光度计的指示值得出发光强度。

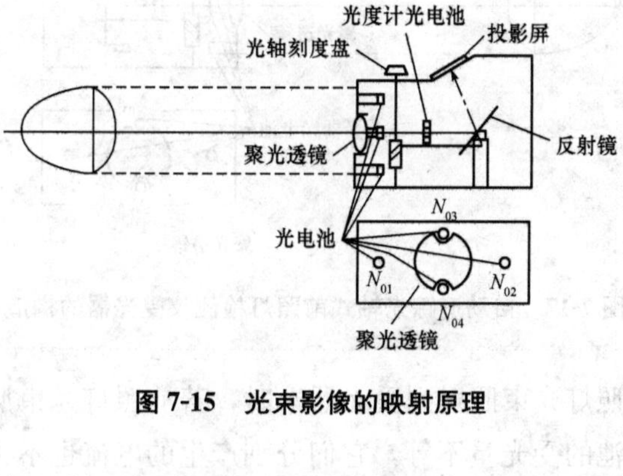

图 7-15　光束影像的映射原理

投影式前照灯检测仪不仅可以检测远光照射位置，还可以检测近光明暗截止线及其转角点的位置。当转角点位置调整到投影屏上零点位置后，通过配光布置图上规定点设置的光电管输出值便可测得近光配光性能，这是投影式检测仪的主要特点。

4. 自动追踪光轴式前照灯检测仪

自动追踪光轴式前照灯检测仪是用受光器自动追踪光轴的方法来检测发光强度和光轴偏斜量的。检测时，检测仪放在前照灯前方 3 m 的检测距离处。自动追踪光轴式前照灯检测仪的构造如图 7-16 所示。

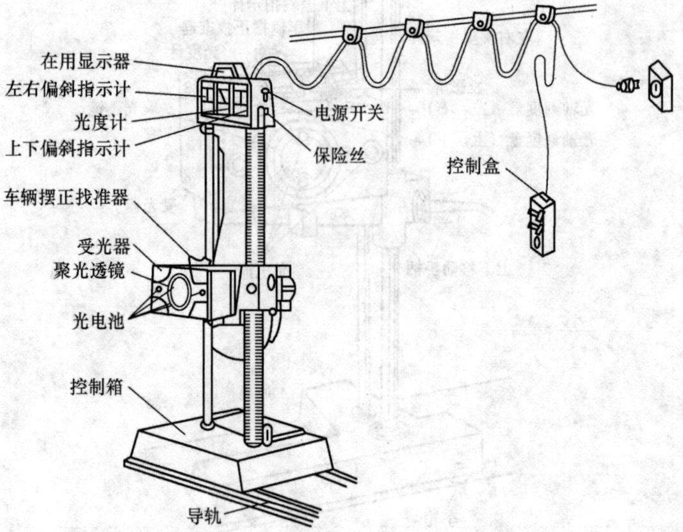

图 7-16 自动追踪光轴式前照灯检测仪

在受光器的面板上聚光透镜上下与左右装有四个光电池，受光器的内部也装有四个光电池，分别构成主、副受光器。另外，还有由两组光电池电流差所控制的能使受光器沿上下和水平方向移动的驱动和传动装置，如图 7-17 所示。

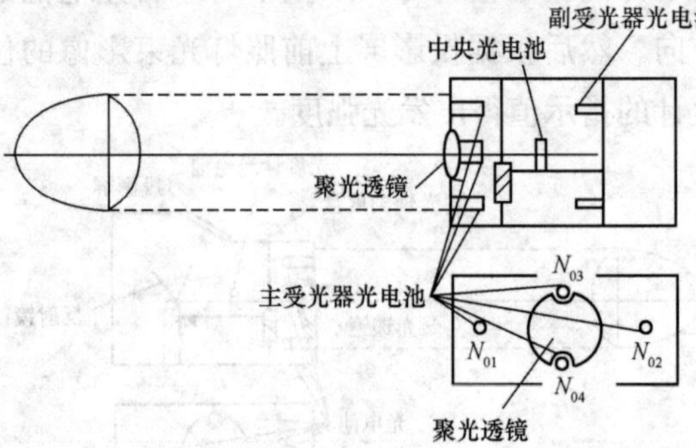

图 7-17 自动追踪光轴式前照灯检测仪受光器的构造

在检测过程中，前照灯光束照射到受光器上时，若前照灯光束照射方向偏斜，则主副受光器上下或左右光电池的受光量不等，它们分别产生的电流也不再相同，其电流的差值使控制受光器上下移动的电动机或使控制箱左右移动的电动机运转，并通过钢丝绳牵动受光器上下移动或驱动控制箱在轨道上左右移动，直至受光器上下、左右光电池受光量相等为止。这就是所谓的自动追踪光轴，追踪时受光器的位移由光轴偏斜指示计指示，发光强度由光度计指示。

5. 电脑式前照灯检测仪

电脑式前照灯检验仪主要由机架、光学机构和电路板组成，如图 7-18 所示。

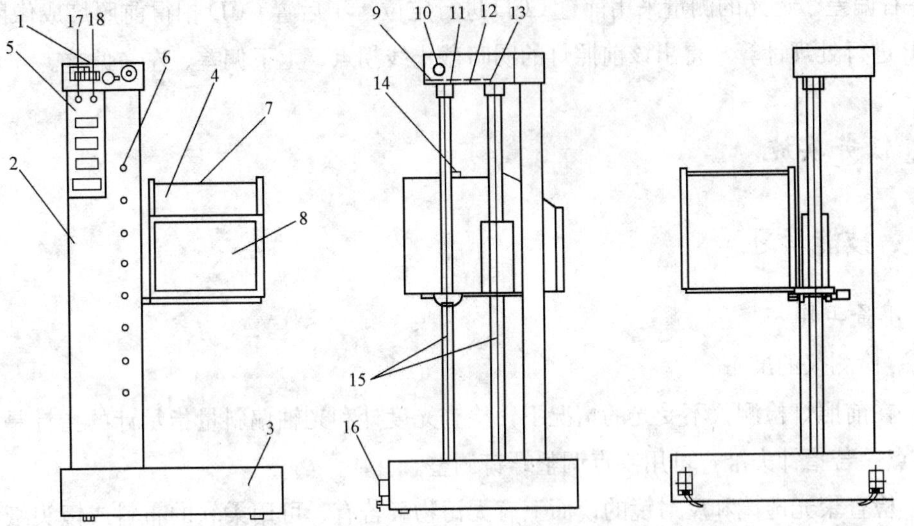

图 7-18　电脑式前照灯检测仪外形

1—上箱；2—立板；3—下箱；4—光电箱（中箱）；5—显示面板；6—立柱光电池；7—准尖；8—透镜；9—熔丝盒；10—电源开关；11—电源插孔；12—串行通信和标定器接口；13—控制器接口；14—水准泡；15—立柱；16—行程开关；17—远光测量指示灯；18—近光测量指示灯

机架由上箱、中箱、立板、立柱和下箱组成，各部分的组成如下：

1）上箱主要有仪器的各种接口，包括 7 芯和 14 芯的上中箱连线接口、串行口、电源接口、保险丝座（保险丝为 5 A），仪器的电源为交流 220 V，在上箱通过一个滤波器（减少电源的干扰）将电源输送到各相关器件（变压器和开关电源）上。

2）仪器的中箱在整台仪器中占有非常重要的位置，中箱内装有前、后置 CCD 和两块 DSP 板及整个光学回路，用于拍摄机动车前照灯的发光体表面图像和模拟 10 m 远处该前照灯的成像，而两块 DSP 板用于处理、分析这些图像。另外，中箱上还装有一块硅光电池，用于检测该前照灯的发光强度。

3）仪器的下箱为仪器行走的驱动结构，装有仪器行走所需要的直流电动机、减速器（上下和左右各一个），用于限制仪器行走的行程开关（上下的限位开关在仪器的下箱内部，左右的限位开关在仪器下箱后部的外侧），用于测量高度的高精度多圈电位器（最大阻值为 1 kΩ），用于行走的主、副动轮（其中一个主动轮和一个副动轮可以调节，保证整台仪器在导轨上行走时四个轮子在一个水平面上），在仪器的下箱还装有给仪器提供电源的开关电源和离合器、制动器。

4）仪器的立板内安装有仪器的大部分控制线路板，包括显示板（用于显示仪器的检测结果）、放大板（用于放大信号）、主板（对整台仪器的动作进行控制）、继电器板、制动板等。

前照灯电脑检验仪远光的测量采用前置 CCD 进行定位，用硅光电池检测前照灯的发光强度，于后置 CCD 拍得前照灯成像图形后，由 DSP 进行处理计算，得出该前照灯的上下偏差、左右偏差。近光的测量采用前置 CCD 进行定位，于后置 CCD 拍得前照灯成像图形后，由 DSP 进行处理计算，得出该前照灯的明暗截止线拐点、上下偏差、左右偏差。

任务实施

一、技能学习

1. 准备工作

（1）检测仪的准备

1）在前照灯检测仪不受光的情况下，检查光度计和光轴偏斜量指示计的指针是否对准机械零点。若指针失准，可用零点调整螺钉调整。

2）检查聚光透镜和反射镜的镜面上有无污物。若有，可用柔软的布料或镜头纸等擦拭干净。

3）检查导轨是否粘有泥土等杂物。若有，应清除干净。

（2）车辆的准备

1）清除前照灯上的污垢。

2）轮胎气压应符合汽车制造厂的规定。

3）前照灯开关和变光器应处于良好状态。

4）汽车蓄电池和充电系统应处于良好状态。

2. 测试步骤

由于前照灯检测仪的厂牌、形式不同，检测其发光强度和光轴偏斜量的具体方法也不完全相同。因此，仅将通用的使用方法介绍如下：

1）将被检汽车尽可能与前照灯检测仪的轨道保持垂直方向驶近检测仪，直至前照灯与检测仪受光器之间达到规定的检测距离（3 m、1 m、0.5 m 或 0.3 m）。

2）用车辆摆正找准器使检测仪与被检汽车对正。

3）开亮前照灯（远光灯），用前照灯照准器使检测仪与被检前照灯对正。

4）提高发动机转速，使电源系统处于充电状态。

5）按检验程序指示器提示，打开汽车前照灯远光。

6）按检验程序指示器提示，打开汽车前照灯近光。

7）检测结束，前照灯检测仪沿轨道或沿地面退回护栏内，汽车驶出本工位。

3. 注意事项

在仪器正常的前提下，对前照灯光远近光检测影响最大的就是车间环境和受检车辆的停车位置。

车间环境主要是指灯光检验仪在整个行驶轨迹上不得有阳光或外来光的强烈照射，否则，会影响灯光仪自动寻找光源中心，同时，对检测结果也会产生较大的影响。

受检车辆的停车位置也会直接关系到它的检测结果，若位置没和轨道垂直或没按要求距离停车，都会产生找不到光源中心或灯光偏差较大的问题。所以，要求操作人员一定要将车辆垂直于检测仪轨道停车，并按要求及时更换远近光，才能测得较为准确的数据。

4. 检测标准

(1) 前照灯发光强度标准

GB 7258—2012 规定，机动车每只前照灯的远光光束发光强度应达到表 7-1 的要求；并且，同时打开所有前照灯（远光灯），其总的远光光束发光强度应不超过 225 000 cd。测试时，其电源系统应处于充电状态。

表 7-1　前照灯远光光束发光强度最小值要求　　cd

机动车类型		检查项目					
		新注册车			在用车		
		一灯制	二灯制	四灯制[①]	一灯制	二灯制	四灯制[①]
三轮汽车		8 000	6 000	—	6 000	5 000	—
最高设计车速小于 70 km/h 的汽车		—	10 000	8 000	—	8 000	6 000
其他汽车		—	18 000	15 000	—	15 000	12 000
摩托车		10 000	8 000	—	8 000	6 000	—
轻便摩托车		4 000	3 000	—	3 000	2 500	—
拖拉机运输机组	标定功率＞18 kW	—	8 000	—	—	6 000	—
	标定功率≤18 kW	6 000[②]	6 000	—	5 000[②]	5 000	—

注：①四灯制是指前照灯具有四个远光光束。采用四灯制的机动车其中两只对称的灯达到两灯制的要求时视为合格。

②允许手扶拖拉机运输机组只装用一只前照灯。

GB 18565—2001 规定，营运车辆远光发光强度标准为：两灯制 12 000 cd，四灯制 10 000 cd，在营运车辆技术等级评定中，该项目为不分级项目。

国家标准对近光灯的发光强度没有作具体的规定。因为近光灯照明距离较近，一般在 40 m 左右，所以发光强度远比远光灯要低。

(2) 前照灯光束照射位置标准

前照灯光束照射位置如图 7-19 所示。图中屏幕上画有三条垂直线和三条水平线。中间垂直线 $V—V$ 与被检车辆的纵向中心垂直面对正，两侧的垂直线 $V_L—V_L$ 和 $V_R—V_R$ 分别为被检车辆左、右前照灯基准中心的垂直线。三条水平线中的 $h—h$ 线与被检车辆前照灯的基准中心等高，距地面高度为 H（mm）；中间水平线与被检车辆前照灯远光光束的中心等高，距地面高度为 H_1（mm），H_1 为（0.85～0.90）H；下边水平线与被检车辆前照灯近光光束的中心等高，距地面高度为 H_2（mm），H_2 为（0.60～0.80）H。H 如前所述，为被检车辆前照灯基准中心距地面的高度，其值视被检车型而定。

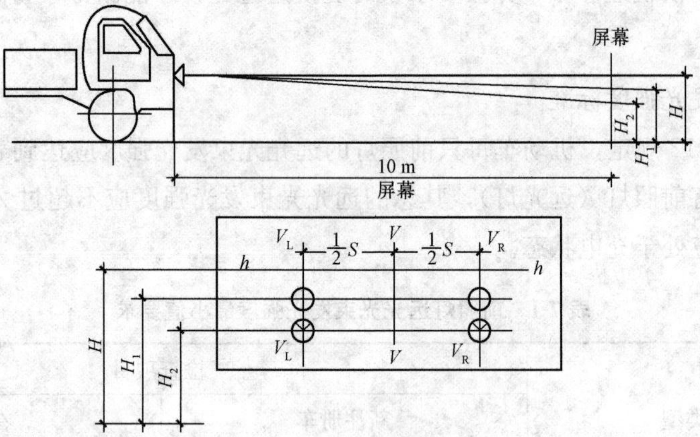

图 7-19　前照灯光束照射位置

1）GB 18565—2001 规定：

①机动车（运输用拖拉机除外）在检验前照灯的近光光束照射位置时，前照灯在距离屏幕 10 m 处，光束明暗截止线转角或中心的高度应为（0.6～0.8）H，其水平方向位置向左向右偏均不得超过 100 mm。

②四灯制前照灯其远光单光束灯的调整，要求在屏幕上光束中心离地高度为（0.85～0.90）H 时，水平位置要求左灯向左偏不得大于 100 mm，向右偏不得大于 170 mm；右灯向左或向右偏均不得大于 170 mm。

③运输用拖拉机装用的前照灯近光光束的调整，要求在屏幕上光束中心的离地高度应为（0.5～0.7）H；水平位置要求，向右偏移不大于 350 mm，不允许向左偏移。

④机动车装用远光和近光双光束灯时，以调整近光光束为主。对于只能调整远光单光束的灯，调整远光单光束。

2）GB 7258—2012 规定：

①在检验前照灯近光光束照射位置时，前照灯照射在距离 10 m 的屏幕上时，乘用车前照灯近光光束明暗截止线转角或中点的高度应为 0.7～0.9H（H 为前照灯基准中心高度，下同），其他机动车（拖拉机运输机组除外）应为 0.6～0.8H。机动车（装用一只前照灯的机动车除外）前照灯近光光束水平方向位置向左偏移不允许超过 170 mm，向右偏移不允许超过 350 mm。

②轮式拖拉机运输机组装用的前照灯近光光束的照射位置，按照上述方法检验时，要求在屏幕上光束中点的离地高度不允许大于 0.7H；水平位置要求，向右偏移不允许超过 350 mm，不允许向左偏移。

③在检验前照灯远光光束及远光单光束灯照射位置时，前照灯照射在距离 10 m 的屏幕上时，要求在屏幕光束中心离地高度，对乘用车为（0.9～1.0）H，对其他机动车为（0.8～0.95）H；机动车（装用一只前照灯的机动车除外）前照灯远光光束水平位置要求，左灯向左偏不允许超过 170 mm，向右偏不允许超过 350 mm；右灯向左或向右偏均不允许超过 350 mm。

5. 检测结果分析

前照灯技术状况监测不合格有两种情况，一是前照灯发光强度偏低；二是前照灯照射位置偏斜。

1）左右前照灯发光强度均偏低时，应检查前照灯反光镜是否明亮，如昏暗或镀层剥落应更换。检查灯泡是否老化，质量是否符合要求，否则应更换。检查电池端电压是否符合要求。仅靠蓄电池供电，前照灯发光强度一般很难达到标准的规定，故检测时发电机应供电。

2）左右前照灯发光强度不一致时，应检查发光强度偏低的前灯的反射镜是否符合要求，是否有线路接触不良的情况。

3）前照灯安装位置不当或因强烈震动而错位，致使光束照射位置偏斜超标，应进行调整。前照灯光束照射位置偏斜的调整，可借助前照灯检测仪进行。先将左右及上下光轴刻度盘旋钮置于所需要调整的方位上，然后调整被检汽车前照灯的安装螺钉，直到左右指示表及上下指示表指针均指向零点即可。

二、技能考核

1. 准备工作

1）教师为考核准备好检测仪器、设备及必要的工具。

2）学生完成对车辆的检查准备工作。

2. 考核实施

1）学生每两人为一组，互为检测员和引车员。

2）小组相互合作完成本任务规定的实操项目，并完成学生实训工单的填写。

3）教师全过程观察学生操作情况，对可能造成仪器、设备等损坏及可能产生人身危险的操作应及时制止和纠正，并在教师考核记录表上做必要的记录和评分。

4）教师审阅学生完成的学生实训工单并给出成绩。

5）教师将学生实训工单的成绩填入教师考核记录表内，并合算出总成绩。

习题与思考

一、判断题

(　　)1. 发光强度是光线在给定方向上发光强弱的度量，其单位为勒克斯，用符号 lx 表示。

(　　)2. 照度表明受光物体被光源照明的程度，其单位为坎德拉，用符号 cd 表示。

(　　)3. 用等照度曲线表示的明亮度分布特征称为配光特性，也称光形分布特性。前照灯的配光特性有对称配光和非对称配光两种。

(　　)4. 前照灯的发光强度和光束的照射方向被列为机动车运行安全检测的必检项目，前照灯发光强度和照射方向必须符合国家标准的有关规定。

(　　)5. 前照灯检测不合格有两种情况：一是前照灯发光强度偏低；二是前照灯照射位置偏斜。

(　　)6. 近光光束的分布是不对称的。

(　　)7. 远光光束的分布是对称的。

二、选择题

1.《机动车运行安全技术条件》（GB 7258—2012）规定，在进行汽车前照灯检测时，发动机的状态为(　　)。

A. 电源系统处于充电状态　　B. 发动机处于熄火状态

C. 电源系统处于无电状态　　D. 电源系统处于放电状态

2. 用前照灯检测仪进行检测时，主要是检测前照灯的(　　)。

A. 发光颜色　　B. 功率大小

C. 发光强度和光轴偏斜量　　D. 照射距离和范围

3. 按《机动车运行安全技术条件》（GB 7258—2012）的规定，在用二灯制且最高车速大于70 km/h的汽车前照灯远光的发光强度应为(　　)cd。

A. 15 000　　B. 12 000　　C. 10 000　　D. 18 000

4. 某安检站提供了一组四灯制且最高车速大于 70 km/h 的汽车前照灯远光发光强度的检测记录，从左到右分别如下，其中合格的是(　　)。

A. 9 000 cd，10 000 cd，13 000 cd，10 000 cd

B. 16 000 cd，12 000 cd，9 000 cd，15 000 cd

C. 13 000 cd，8 000 cd，10 000 cd，10 000 cd

D. 13 000 cd，8 000 cd，10 000 cd，9 000 cd

5.(　　)，都会使驾驶员对前方道路情况辨认不清，或在与对面来车交会时造成对方驾驶员眩目等，从而导致事故的发生。

A. 发光强度变强

B. 发光强度不足、照射方向变化

C. 照射方向左右偏移小于标准值

D. 发光强度变弱

6. GB 7258—2012 规定，在用机动车每只前照灯的远光光束发光强度，对于最高设计车速小于 70 km/h 的两灯在用车应达到(　　)cd。

A. 6 000　　B. 15 000　　C. 8 000　　D. 12 000

7. 前照灯检验仪光轴偏斜量的检验原理是在光轴检测电路中有(　　)。

A. 四个发光元件　　B. 四个受光器

C. 四块光电池　　D. 四个执行器

8. GB 7258—2012 规定，对于最高设计车速小于 70 km/h 的在用四只前照灯的车辆，每只灯的发光强度应为(　　)cd 以上。

A. 10 000　　B. 8 000　　C. 6 000　　D. 12 000

9. 前照灯的发光强度和(　　)被列为机动车运行安全检测的必检项目。

A. 光束的照射角度　　B. 光束的照射位置

C. 光束的照射高低　　D. 光束的照射颜色

10. 根据测量距离和测量方法，前照灯检测仪可分为聚光式、屏幕式、投影式、(　　)式和 CCD 电脑检测式。

A. 标准　　B. 分散　　C. 自动追光轴　　D. 主动

三、问答题

1. 为什么要进行前照灯技术状况的检测？
2. 说明前照灯发光强度和光轴偏斜量的检测原理。
3. 前照灯检测仪有哪几种类型？简述其基本检测原理。
4. 简述汽车前照灯检测前的准备。
5. 简述汽车前照灯的检测步骤。
6. 前照灯技术状况检测不合格的原因有哪些？

项目八　汽车车速表检测

任务目标

1. 知道汽车车速表示值误差的形成原因。
2. 叙述车速表检测台的结构与工作原理。
3. 会使用车速表检测台对汽车车速表技术状况进行检测。
4. 根据检测结果进行分析，对汽车车速表技术状况做出评价，并提出维修建议。
5. 培养良好的安全与卫生习惯和团结协作意识。

任务引入

汽车行驶速度对交通安全有很大影响，为了保证行车安全，特别是在限速路段和限速车道上行驶时，驾驶员必须按照车速表的指示值，根据车辆、行人和道路状况，准确地控制车速。所以，车速表一定要准确可靠。如果车速表指示误差过大，驾驶员就难以正确控制车速，容易因判断失误而造成交通事故。因此，为确保行车安全，车速表的指示误差被列为汽车安全检测的必检项目。本任务要求学生能利用车速表检测台正确地检测出车速表的技术状况。

相关知识

一、车速表误差的形成与测量原理

1. 车速表误差形成的原因

汽车车速表的误差往往会随着汽车使用时间的延长而逐渐增大。造成车速表失准的原因主要有两个方面：一方面是车速表自身的问题；另一方面与轮胎的状况有关。

车速表有磁感应式和电子式等类型，往往与里程表组合在一起。磁感应式车速表是利用蜗轮蜗杆和软轴的传动作为传感器，利用磁电互感作用并通过指针的摆动来指示汽车行驶速度的。机件在使用过程中发生自然磨损、磁性元件的磁性发生变化和轮胎滚动半径发生变化等原因，都会造成车速表指示误差增大。不管是磁感应式车速表还是电子式车速表，在本身技术状况正常的情况下，轮胎滚动半径的变化是造成车速表误差的主要原因。轮胎滚动半径的变化主要是由于轮胎磨损、气压不足或气压过高等原因造成的。

汽车行驶速度用下式计算：

$$V = 0.377\frac{rn}{i_g i_0}$$

式中　V——汽车行驶速度，km/h；

r——车轮滚动半径，mm；

n——发动机转速，r/min；

i_g——变速器传动比；

i_0——主减速器传动比。

由上式可以看出，汽车实际行驶速度与车轮滚动半径成正比关系。因此，即使车速表的技术状况正常，车速表的指示值也会因车轮滚动半径的变化，与实际车速形成误差。

2. 车速表误差的测量原理

为了在室内测得车速表的指示误差，须采用滚筒式车速表检测台对车速表进行检测。用滚筒式车速表检测台检测车速表的指示误差，是把与车速表有传动关系的车轮置于检测台滚筒上旋转，以滚筒的表面作为连续移动的路面，模拟汽车在路试中的行驶状态，进行车速表误差测量。车速表误差的测量原理如图 8-1 所示。测量时，将汽车上与车速表有传动关系的车轮（视车速表形式而定，多数情况下是驱动车轮）置于车速表检测台的滚筒上，由车轮驱动滚筒旋转或由滚筒驱动车轮旋转。车速表检测台滚筒的端部装有速度传感器，能发出与车速变化成正比的电信号。

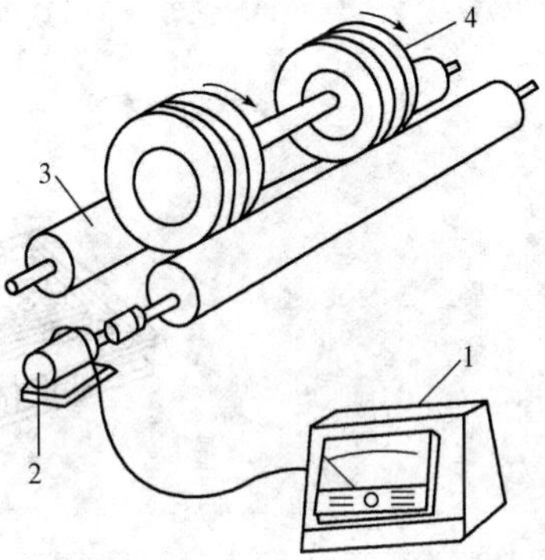

图 8-1　车速表误差的测量原理

1—实际车速的指示仪表；2—速度传感器；3—车速表检测台滚筒；4—驱动车轮

滚筒表面的线速度、滚筒的圆周长度和滚筒转速之间的关系，可用下式表示：

$$V = Ln \times 60 \times 10^{-6}$$

式中　V——滚筒表面的线速度，km/h；

L——滚筒的圆周长度，mm；

n——滚筒的转速，r/min。

由于滚筒表面的线速度就是车轮的线速度，因此上述计算值即为汽车的实际车速值，由车速表检测台上的速度指示仪表显示，也称为检测台指示值。

车轮带动滚筒或滚筒带动车轮转动的同时，汽车驾驶室内的车速表也在显示车速值，称为车速表指示值。将车速表指示值与实际车速值（检测台指示值，下同）相比较，即可获得车速表指示误差。该误差可用下式表示：

车速表指示误差＝（车速表指示值－实际车速值）/实际车速值×100％

二、车速表检测台结构与工作原理

常见的车速表检测台有三种类型：无驱动装置的标准型，它依靠被测车轮带动滚筒旋转；有驱动装置的驱动型，它由电动机驱动滚筒旋转；与制动检测台、底盘测功机等组合在一起的综合型。

1. 标准型车速表检测台

标准型车速表检测台由速度测量装置、速度指示装置和速度报警装置等组成，如图 8-2 所示。

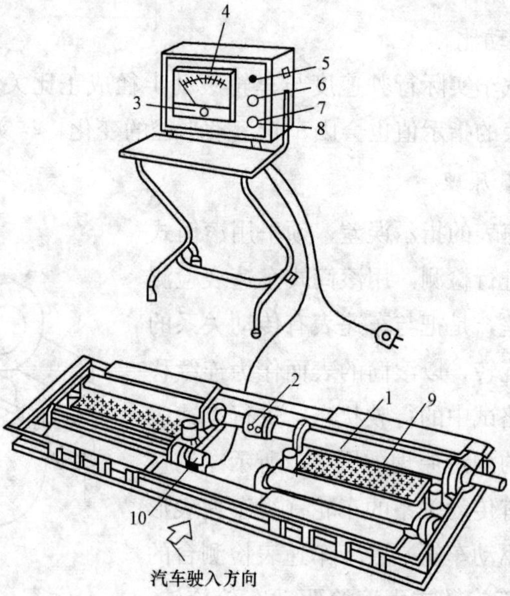

图 8-2　标准型车速表检测台

1—滚筒；2—联轴器；3—零点校正螺钉；4—速度指示仪表；5—蜂鸣器；
6—报警灯；7—电源灯；8—电源开关；9—举升器；10—速度传感器（测速发电机式）

（1）速度测量装置

该装置主要由框架、滚筒装置、举升器和速度传感器等组成。滚筒为 4 个，直径一般为 185 mm 或更大，通过滚动轴承安装在框架上。试验时，为防止汽车驱动轴差速器行星齿轮自转，车速表检测台的两个前滚筒用联轴器连接在一起。为使汽车进、出车速表检测台方便，在前后滚筒之间设有举升器。举升器与滚筒装置联动。当举升器升起使车轮进、出检测台时，滚筒因自身制动装置的制动作用而不会转动。速度传感器有测速发电机式、差动变压器式、磁电式和光电式等多种形式，它安装在滚筒的一端，将对应于滚筒转速发出的电信号送至速度指示装置。

（2）速度指示装置

该装置按照速度传感器发出的电信号进行工作，能把以滚筒圆周长度与滚筒转速算出的线速度，以 km/h 为单位在仪表上指示。

（3）速度报警装置

速度报警装置是为判明车速表误差是否在合格范围内而设置的。一般有如下 3 种类型：

1）用检测台报警装置指示检查车速。当汽车实际行驶车速达到某一规定值时，报警装置灯发亮或蜂鸣器发声，指示驾驶员车辆已到达检测车速，须注意观察驾驶室内车速表指示值是否在合格范围内。比如，当检测台速度表指示值为 40 km/h 时，汽车车速表指示值的合格范围为 40～48 km/h。

2）以指示仪表上涂成绿色区域表示车速表指示值与实际车速误差的合格范围。试验时，汽车车速表指示值达到某一检测车速时，观察检测台速度表指示值是否在合格的绿色区域内。比如，当汽车车速表指示 40 km/h 时，测试台速度表指示值的合格范围应在 32.8～40 km/h。

3）同时具备上述两种装置的报警装置，检测时可根据需要选择其中的一种。

2. 驱动型车速表检测台

多数汽车的车速表转速信号取自变速器或分动器的输出端，即取自汽车的驱动系统。但是，也有一些汽车的车速表转速信号取自汽车从动系统的车轮。驱动型车速表检测台就是为适应后一种汽车而设置的，如图 8-3 所示。需要指出的是，该种车速表检测台在滚筒与电动机之间装有离合器。当离合器处于分离状态时，驱动型车速表检测台也可以作为标准型车速表检测台使用。

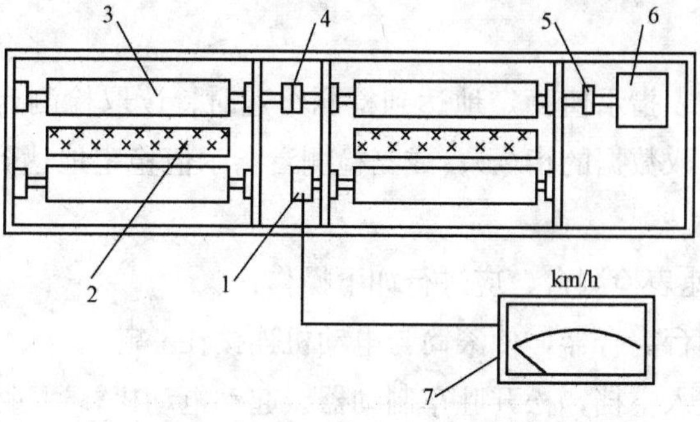

图 8-3　驱动型车速表检测台

1—测速发电机；2—举升器；3—滚筒；4—联轴器；5—离合器；6—电动机；7—速度指示仪表

任务实施

一、技能学习

1. 准备工作

（1）车速表检测台的准备

1）在车速表检测台滚筒处于静止状态下，检查指示仪表的指针是否在机械零点上。若指针不在零点上，可用零点调整螺钉予以调零。若指示仪表为数码管式，数码管亮度应正常，且均处于零位。

2）检查车速表检测台滚筒上是否粘有油、水、泥、砂等杂物。若有，应清除干净。

3）检查车速表检测台举升器的升、降动作是否自如。若动作阻滞或有泄漏部位，应予以修理。

4）检查车速表检测台导线的连接情况。若有接触不良或断路，应予以修理或更换。对于经常使用的车速表检测台，不一定每次使用前都要进行上述全面检查。

（2）被检车辆的准备

1）检查轮胎气压，应符合汽车制造厂的规定。

2）当轮胎上粘有油、水、泥、砂或花纹内嵌有小石子时，应清除干净。

2. 检测程序

（1）检测方法

1）接通车速表检测台电源。

2）升起滚筒之间的举升器。

3）将汽车开上车速表检测台，使与车速表有传动关系的车轮停于两个滚筒之间。

4）降下举升器，至轮胎与举升器平板脱离为止。

5）对于标准型车速表检测台，应进行如下操作：

①汽车挂入最高挡，松开驻车制动器，踩下加速踏板，使驱动车轮带动滚筒平稳地加速运转。

②当驾驶室内车速表指示值稳定地达到检测车速时，读取检测台指示值（或操作遥控器，向工位电脑发出读取数据的指令）；或当检测台指示值稳定地达到检测车速时，读取驾驶室内车速表的指示值。

6）对于驱动型车速表检测台，应进行如下操作：

①接合车速表检测台离合器，使滚筒与电动机连接在一起。

②将汽车变速器挂入空挡，松开驻车制动器，起动电动机，通过滚筒带动车轮旋转。

③当车速表指示值稳定达到检测车速时，读取检测台指示值（或操作遥控电报开关，向工位电脑发出读取数据的指令）；或当检测台指示值稳定达到检测车速时，读取车速表指示值。

7）读取数据后，轻轻踩下汽车制动踏板，使滚筒和车轮停止转动。对于驱动型车速表检测台，必须先关断电动机电源，再踩制动踏板。

8）升起举升器，汽车开出检测台。

9）关断检测台电源，测量工作结束。

（2）检测注意事项

1）检查汽车的轴荷，以保证待检汽车轴荷在检测台允许范围内。

2）对于前轮驱动的汽车，驶上检测台时应在低速情况下操纵方向盘以确保汽车处于直驶状态，然后再加速到检测车速。切忌汽车上检测台就迅速加速。

3）对电机驱动型车速表检测台，在不用驱动装置进行测试时，务必分离离合器，使滚筒与电动机脱开。

3. 检测标准

(1) GB 18565—2001 的规定

GB 18565—2001 规定，车速表允许误差范围为−5%～+20%。当该机动车车速表的指示值（V_1）为 40 km/h 时，车速表检测台速度指示仪表的指示值（V_2）在 32.8～40 km/h 范围内为合格。

(2) GB 7258—2012 的规定

GB 7258—2012《机动车运行安全技术条件》规定，车速表允许误差范围为 $0 \leqslant v_1 - v_2 \leqslant (v_2/10) + 4$。其中 v_1 为车速表指示值，v_2 为实际车速值。即当车速表示值为 40 km/h 时，实际车速应在 32.8～40 km/h 范围内时为合格。

(3) JT/T 198—2004 的规定

一级车：车速表允许误差范围为 0～+15%。即当车速表示值为 40 km/h 时，实际车速应为 34.8～40 km/h。

二级车、三级车：车速表允许误差范围为 $0 \leqslant v_1 - v_2 \leqslant (v_2/10) + 4$。其中 v_1 为车速表指示值，v_2 为实际车速值。即当车速表示值为 40 km/h 时，实际车速应为 32.8～40 km/h。

二、技能考核

1. 准备工作

1）教师为考核准备好检测仪器、设备及必要的工具。

2）学生完成对车辆的检查准备工作。

2. 考核实施

1）学生每两人为一组，互为检测员和引车员。

2）小组相互合作完成本任务规定的实操项目，并完成学生实训工单的填写。

3）教师全过程观察学生操作情况，对可能造成仪器、设备等损坏及可能产生人身危险的操作及时制止和纠正，并在教师考核记录表上做必要的记录和评分。

4）教师审阅学生完成的学生实训工单并给出成绩。

5）教师将学生实训工单的成绩填入教师考核记录表内，并合算出总成绩。

习题与思考

一、判断题

(　　)1.《机动车运行安全技术条件》(GB 7258—2010) 中规定：当该机动车车速表指示值（v_1）为 40 km/h 时，车速表检测台速度指示仪表的指示值（v_2）在 32.8～40 km/h 范围内为合格。

(　　)2.《机动车运行安全技术条件》(GB 7258—2010) 中规定：当该机动车车速表指示值（v_1）为 40 km/h 时，车速表检测台速度指示仪表的指示值（v_2）在

40～48 km/h 范围内为合格。

(　　)3.《机动车运行安全技术条件》(GB 7258—2010) 中规定：车速表检测台速度指示仪表的指示值 (v_2) 为 40 km/h 时，读取该机动车车速表指示值 (v_1)，v_1 在 40～48 km/h 范围内为合格。

(　　)4.《机动车运行安全技术条件》(GB 7258—2010) 中规定：车速表检测台速度指示仪表的指示值 (v_2) 为 40 km/h 时，读取该机动车车速表指示值 (v_1)，v_1 在 32.8～40 km/h 范围内为合格。

(　　)5. 虽然轮胎磨损、气压不符合标准（过高或过低）等原因影响车轮半径的变化，但是并不影响车速表的示值误差。

(　　)6. 驱动型车速表检测台在滚筒与电动机之间装有离合器，若试验时将离合器分离，又可作为标准型检测台使用。

(　　)7. 驱动型车速表检测台作为标准型检测台使用时，一定要将离合器接合，使滚筒与电动机脱开。

(　　)8. 对于后置发动机的汽车，由于转速信号取自前轮，可以利用驱动型车速表检测台检测车速。

(　　)9. 对于后置发动机的汽车，不可以利用驱动型车速表检测台检测车速。

(　　)10. 驱动型车速表检测台与标准型车速表检测台基本相同，不同的是在滚筒的一端装有电动机，用以驱动滚筒，再带动汽车从动轮旋转。

二、选择题

1. 检测车速表常用的方法是当汽车车速表的指示值 v_1 达到规定检测车速(　　)km/h 时，读出检测台速度指示仪表的指示值 v_2。

   A. 40　　B. 80　　C. 60　　D. 50

2. 车速表检测时，汽车轮胎(　　)，轮胎沾有水、油等或轮胎花纹沟槽内嵌有小石子时，应清除干净。

   A. 气压应符合汽车制造厂的规定
   B. 气压应高于汽车制造厂的规定
   C. 气压应低于汽车制造厂的规定
   D. 气压无规定

3. 车速表检测台有三种类型：标准型、驱动型、综合型。驱动型可以转换成(　　)。

   A. 标准型　　B. 综合型　　C. 驱动型　　D. 其他型

4. 造成车速表失准的原因，主要有两个方面：一方面是车速表自身的问题；另一方面与(　　)。

   A. 发动机有关　　B. 轮胎的状况有关
   C. 主减速器有关　　D. 传动系有关

5. 将被测机动车的车轮驶上车速表检测台的滚筒上使之旋转，当车速表检测台速度指示仪表的指示值（v_2）为 40 km/h 时，读取该机动车车速表的指示值（v_1），当 v_1 的读数在(　　)km/h 范围内时为合格。

A. 32.8～40　　B. 40～48　　C. 33.3～42.1　　D. 48～52

6. 将被测机动车的车轮驶上车速表检测台的滚筒上使之旋转，当该机动车车速表的指示值（v_1）为 40 km/h 时，车速表检测台速度指示仪表的指示值（v_2）为(　　)km/h 为合格。

A. 32.8～40　　B. 40～48　　C. 33.3～42.1　　D. 48～52

三、问答题

1. 车速表误差是如何形成的？简述车速表误差的测量原理。
2. 叙述车速表检测台的结构与工作原理。
3. 当车轮轮胎磨损后，车速表指示的数值将偏快还是偏慢？为什么？

项目九　汽车排气污染物检测

任务目标

1. 了解汽车排气污染物的主要成分及危害。
2. 叙述汽车排气污染物检测相关标准。
3. 知道汽车排气检测设备的结构及工作原理。
4. 会使用排气检测设备检测汽车排气污染物。
5. 根据检测结果进行分析，对汽车尾气排放性能做出评价，并提出维修建议。
6. 培养良好的安全与卫生习惯和团结协作意识。

任务引入

汽车排放的污染物，是公认的城市公害之一。它污染了人类的生存环境，影响人类的身体健康，已发展成为严重的社会问题。因此，监督并检测排气污染物浓度，已成为汽车检测项目中极为重要的组成部分。汽车排气的污染物，主要是一氧化碳（CO）、碳氢化合物（HC）、氮氧化合物（NO_x）、硫化物（主要是 SO_2）、碳烟及其他一些有害物质。污染物中 CO、HC、NO_x 和碳烟主要来源于汽车尾气的排放，少部分来自曲轴箱窜气，其中，有部分 HC 来自于油箱和整个供油系的蒸发与滴漏。

检测这些排气污染物中有害气体的含量以及判断其是否超出了有关标准，就需要熟悉汽车排气污染物的种类、现行标准以及相关检测仪器的使用方法，只有这样，才能正确地对汽车排气污染物进行检测。

相关知识

一、汽车排气污染物的主要成分及危害

1. 一氧化碳（CO）

CO 气体的产生是因为输送至燃烧室的氧气不足，以致燃油不能充分燃烧造成的（即混合气太浓）。废气中的 CO 浓度（体积比）一般是由空燃比决定的，而且基本上是随空燃比变化的，降低废气中 CO 浓度的最好方法是尽可能提高空燃比（使混合气变稀），使燃烧充分。

CO 是一种无色、无刺激的气体，是汽车发动机排气中有害浓度最大的成分。人体吸入

的 CO 很容易和血红蛋白结合并输送到体内，阻碍血红素带氧，造成体内缺氧而引起窒息。

2. 碳氢化合物（HC）

不完全燃烧的汽油或未燃烧的汽油从燃烧室排出，以未净化 HC 气体形式进入大气。HC 和 CO 一样，如果汽油在燃烧室完全燃烧，HC 气体就不会产生。但实际上，即使在这种情况下，由于空燃比、气缸压力、气门开启重叠角和断火等因素的影响，也常常产生 HC。碳氢化合物总称烃类，是发动机未燃尽的燃料分解产生的气体，汽车排放污染物中的未燃烃的 20%～25%来自曲轴箱窜气；20%来自供油系统与燃油箱的蒸发；其余 55%由排气管排出。

单独的 HC 只有在浓度相当高的情况下才会对人体产生影响，一般情况下影响不大，但它却是产生光化学烟雾的重要因素。

3. 氮氧化合物（NO_x）

废气中有 95%是 NO，NO 是在燃烧室里生成的。氮分子（N）在正常条件下是稳定的，但在高温（1 800℃）和高浓度氧气的条件下，氮和氧便能发生反应，生成 NO。所以 NO_x 是在混合气完全燃烧的条件下生成的，而不是像 CO 和 HC 是在不完全燃烧中生成的。因为只有完全燃烧，才能达到足够高温，支持生成 NO 的反应。如果温度达不到 1 800℃以上，N_2 和 O_2 将不会结合成 NO，而是分别从排气系统中排出。这就是说，对燃烧中产生 NO_x 的浓度影响最大的因素是燃烧室所能达到的最高温度和空燃比。

所以，减少废气中的 NO_x 含量的最好方法是阻止燃烧室内的最高温或者缩短这个高温持续的时间；另一个可能方法则是降低氧的浓度。

高浓度的 NO 能引起神经中枢的障碍，并且容易氧化成剧毒的 NO_2，NO_2 有特殊的刺激性气味，严重时会引起肺气肿。HC 与 NO_2 的混合物在紫外线作用下能进行光化学反应。由光化学过氧化物而形成的黄色烟雾（其主要成分是臭氧），被称为“光化学烟雾”。在大气中产生臭氧等过氧化物，对人的眼、鼻和咽喉黏膜都有较强的刺激作用，会引起结膜炎、鼻炎、支气管炎等症状，并伴随有难闻的臭味，严重时可致癌。

4. 微粒（PM）

汽油机中的主要微粒是铅化物、硫酸盐、低分子物质；柴油机中的主要微粒是石墨形的含碳物质（碳烟）和高分子量有机物（润滑油的氧化和裂解产物）。柴油机的微粒量比汽油机多 30～60 倍，成分比较复杂。特别是碳烟，其主要由直径 0.1～10 μm 的多孔性炭粒构成，它除了会被人体吸入肺部沉淀下来外，还往往黏附有 SO_2 及致癌物质，严重危害人体健康。

柴油发动机燃料燃烧不完全时，其内含有大量的黑色碳颗粒。其形成的碳烟能影响道路上的能见度，并因含有少量的带有特殊臭味的乙醛，往往引起人们恶心和头晕。碳烟不仅本身对人的呼吸系统有害，而且碳烟粒的孔隙中往往吸附着二氧化硫及有致癌作用的多环芳香烃等。

5. 硫氧化物

汽车尾气中硫氧化物的主要成分为二氧化硫（SO_2）。当汽车使用催化净化装置时，即使很少量的 SO_2 也会逐渐在催化剂表面堆积，造成催化剂中毒，不但危害催化剂的使用寿命，还危害人体健康，而且 SO_2 还是形成酸雨的主要物质。

6. 二氧化碳

世界工业化进程引起的能源大量消耗，导致大气中 CO_2 剧增，其中约 30%来自汽车排气。CO_2 为无色无毒气体，对人体无直接危害，但大气中 CO_2 的大幅度增加，因其对红外热辐射的吸收而形成温室效应，会使全球气温上升、南北极冰层融化、海平面上升、大陆腹地沙漠趋势加剧，使人类和动植物赖以生存的生态环境遭到破坏。因此，近年来对 CO_2 的控制也已上升为汽车排放研究的重要课题。

除以上几种物质外，还有臭气。它由多种成分组成，主要是燃料的不完全燃烧产物，如甲醛、丙烯醛等，当汽车停留在街道路口时，产生这些物质较多，它能刺激眼睛的黏膜。除了与燃烧条件有关外，臭气的产生还与燃料的组成有关，随着燃料中芳香烃的增加，排气中的甲醛略有减小，芳香醛的少许增加，可以适当减少臭气，但却增加了更容易产生光化学烟雾的芳烃。

二、我国汽车排放检测的相关标准

我国的汽车排放标准是根据我国汽车排放污染物的历史与现状以及我国汽车环保技术发展的状况而制定的。随着国家对环境保护的不断重视，我国汽车排放污染物的标准不断得到更新与提升。特别是近年来，我国制定的一系列新的汽车排放标准，使我国的汽车污染物排放水准逐步接近国际先进水平。我国从 1999 年起汽车开始实施欧Ⅰ排放标准，同年停止含铅汽油的生产和使用，并不再生产化油器汽车。2004 年 7 月 1 日，我国轻型汽车全面实施国家第 2 阶段排放标准（相当于欧Ⅱ标准），重型车辆（最大总质量>3.5 t）自 2004 年 9 月 1 日实施欧Ⅱ标准。自 2005 年 7 月 1 日起，我国所有机动车全面实施欧Ⅱ标准。从 2007 年 7 月 1 日起，我国所有新定型轻型车全面实施欧Ⅲ标准，而北京市于 2005 年 7 月 1 日就已率先实施轻型汽车尾气排放欧Ⅲ标准，上海也于 2006 年实施欧Ⅲ标准，也就是说自 2007 年 7 月 1 日以来，我国的汽车排放标准就已与国际上先进汽车排放标准接轨。

2005 年 7 月 1 日起，我国汽车排放污染物限值实施的国家标准主要有 GB 18285—2005《点燃式发动机汽车排气污染物排放限值及测量方法（双怠速法及简易工况法）》、GB 3847—2005《车用压燃式发动机和压燃式发动机汽车排气烟度排放限值及测量方法》、GB 14763—2005《装用点燃式发动机重型汽车燃油蒸发污染物排放限值》、GB 11340—2005《装用点燃式发动机重型汽车曲轴箱污染物排放限值》。这四项标准是目前国内汽车排放污染物限值及其检测方法的主要依据。

从 2007 年 7 月 1 日起，我国排放污染物限值将实施的国家标准主要有 GB 18352.3—2005《轻型汽车污染物排放限值及测量方法（中国Ⅲ、Ⅳ阶段）》、GB 17691—2005《车用压燃式、气体燃料点燃式发动机与汽车排气污染物排放限值及测量方法（中国Ⅲ、Ⅳ、Ⅴ阶段）》。

1.2005年7月1日起在国内实施的四项汽车排放国家标准

1）GB 18285—2005《点燃式发动机汽车排气污染物排放限值及测量方法（双怠速法及简易工况法）》。该标准规定了点燃式发动机汽车怠速和高怠速工况排气污染物排放限值及测量方法，同时也规定了点燃式发动机轻型汽车稳态工况法、瞬态工况法和简易瞬态工况法三种简易工况测量方法。标准增加了高怠速工况排放限值和对过量空气系数（λ）的要求，适用于装用点燃式发动机的新生产和在用汽车。该标准具有强制执行的效力。

2）GB 3847—2005《车用压燃式发动机和压燃式发动机汽车排气烟度排放限值及测量方法》。该标准规定了车用压燃式发动机和压燃式发动机汽车的排气烟度排放限值及测量方法，适用于压燃式发动机排气烟度的排放，包括发动机形式核准和生产一致性检查。压燃式发动机汽车排气烟度的排放，包括新车形式核准和生产一致性检查、新生产汽车和在用汽车的检测。本标准也适用于按 GB 14761.6—1993《柴油车自由加速烟度排放标准》生产制造的在用汽车，还适用于污染物排放符合 GB 18352.3—2005 的装用压燃式发动机的轻型汽车。该标准不适用于低速载货汽车和三轮汽车。

3）GB 14763—2005《装用点燃式发动机重型汽车燃油蒸发污染物排放限值》。该标准规定了装用点燃式发动机重型汽车燃油蒸发污染物排放的形式核准申请、形式核准试验及排放限值、形式核准的扩展以及生产一致性检查方法及排放限值。该标准适用于装用以汽油和两用燃料为燃料的点燃式发动机重型汽车。该标准不适用于单一燃料车辆和气体燃料车辆。标准不适用于已按 GB 18352.2—2001《轻型汽车污染物排放限值及测量方法（Ⅱ）》规定的密闭室法进行了燃油蒸发污染物排放形式核准的车辆。

4）GB 11340—2005《装用点燃式发动机重型汽车曲轴箱污染物排放限值》。该标准规定了装用点燃式发动机重型汽车曲轴箱污染物排放的形式核准申请、形式核准试验方法及排放限值、生产一致性检查方法及排放限值。该标准适用于装用点燃式发动机的重型汽车，被测试发动机应包括已采取防漏措施的发动机，但不包括那些即使结构上存在微量的泄漏，也会引起工作不正常的发动机（例如卧式对置发动机）。

2.2007年7月1日起在国内实施的两项汽车排放国家标准

1）GB 18352.3—2005《轻型汽车污染物排放限值及测量方法（中国Ⅲ、Ⅳ阶段）》。该标准规定了装用压燃式发动机的轻型汽车，在常温下排气污染物的排放限值及测量方法以及对污染控制装置的耐久性要求和对车载诊断（OBD）系统的技术要求及测量方法。

该标准也规定了轻型汽车形式核准的要求以及生产一致性和在用车符合性的检查与判定方法。同时规定了对燃用液化石油气（LPG）或天然气（NG）轻型汽车的特殊要求。

该标准也规定了作为独立技术总成、拟安装在轻型汽车上的替代用催化转化器，在污染物排放方面的形式核准规程。该标准适用于以点燃式发动机或压燃式发动机为动力、最大设计车速大于或等于 50 km/h 的轻型汽车。不适用于已根据 GB 17691—2005（第Ⅲ阶段或第Ⅳ阶段）规定得到形式核准的 N1 类汽车。

与 GB 18352.2—2001 相比，GB 18352.3—2005 对排放限值的要求更严格；改变了Ⅰ型试验和Ⅳ型试验的试验规程；增加了Ⅵ型试验的要求、双怠速试验的内容、车载诊断

(OBD) 系统及其功能的要求、在用车符合性检查及其判定规程、燃用液化石油气（LPG）或天然气（NG）轻型汽车的特殊要求和作为独立技术总成的替代用催化转化器的形式核准要求；修订了试验用燃料的技术要求。

2）GB 17691—2005《车用压燃式、气体燃料点燃式发动机与汽车排气污染物排放限值及测量方法（中国Ⅲ、Ⅳ、Ⅴ阶段）》。该标准规定了装用压燃式发动机汽车及其压燃式发动机所排放的气态和颗粒污染物的排放限值及测试方法，并规定了装用以天然气（NG）或液化石油气（LPG）作为燃料的点燃式发动机汽车及其点燃式发动机所排放的气态污染物的排放限值及测量方法。

该标准适用于设计车速大于 25 km/h 的 M2、M3、N1、N2 和 N3 类及总质量大于 3 500 kg的 M1 类机动车装用的压燃式（含气体燃料点燃式）发动机及其车辆的形式核准、生产一致性检查和在用车符合性检查。若装备压燃式（含气体燃料点燃式）发动机的 N1 和 M2 类车辆已经按照 GB 18352.3—2005《轻型汽车污染物排放限值及测量方法（中国Ⅲ、Ⅳ阶段）》的规定进行了形式核准，则其发动机可不按本标准进行形式核准。

与 GB 17691—2001 比，GB 17691—2005 的排气污染物排放限值更加严格；增加了装用以天然气（NG）或液化石油气（LPG）作为燃料的点燃式发动机汽车及其点燃式发动机的气态污染物的排放限值及测量方法；试验工况由稳态循环（ESC）、负荷烟度试验（ELR）和瞬态循环（ETC）工况构成，针对不同车种或不同控制阶段，应用不同的试验工况；从第Ⅳ阶段开始，增加了车载诊断系统（OBD）或车载测量系统（OBM）的要求，增加了排放控制装置的耐久性要求，增加了在用车符合性的要求。

GB 17691—2005 增加了新型发动机和新型汽车的型式核准规程，改进了生产一致性检查及其判定方法。

三、汽车排气污染物的评价指标

1. 汽油车排气污染物的评价指标

（1）一氧化碳（CO）

装配点燃式发动机的在用汽车在采用双怠速法和简易稳态工况法对汽车排放进行检测时，排气中 CO 的计量单位为体积分数，而体积分数即为体积浓度。在检测时，采用体积分数“%”来表示。在采用瞬态工况法和简易瞬态工况法对汽车排放进行检测时，排气中 CO 的计量单位为质量单位，用“g/km”来表示。

（2）碳氢化合物（HC）

装配点燃式发动机的在用汽车，在采用双怠速法和简易稳态工况法对汽车排放进行检测时，排气中 HC 的计量单位为体积分数，而体积分数即为体积浓度，在检测时采用体积分数“10^{-6}”来表示。在采用瞬态工况法和简易瞬态工况法对汽车排放进行检测时，排气中 HC 的计量单位为质量单位，用“g/km”来表示。

（3）过量空气系数（λ）

装配点燃式发动机的在用汽车，在采用双怠速法对汽车排放进行检测时，要对 λ 进行判定，λ 是指燃烧 1 kg 燃料的实际空气量与理论上所需空气量之质量比。对于使用闭环控制电子燃油喷射系统和三元催化转化器技术的汽车，当发动机转速为高怠速时，λ 应在 1.00±0.03 或制造厂家规定的范围内。

（4）氮氧化合物（NO_x）

装配点燃式发动机的在用汽车，在采用简易稳态工况法对汽车排放进行检测时，排气中氮氧化合物的计量单位为体积分数，而体积分数即为体积浓度，在检测时，采用体积分数“10^{-6}”来表示。在采用瞬态工况法和简易瞬态工况法对汽车排放进行检测时，排气中氮氧化合物的计量单位为质量单位，用“g/km”来表示。

2. 柴油车排气污染物的评价指标

1）对于 2001 年 10 月 1 日以前生产的装配压燃式发动机的在用汽车的排气烟度，采用 GB 3847—2005 规定的自由加速试验，使用滤纸式烟度计进行检测，排气烟度值采用波许（BOSCH）单位，用“Rb”表示。

2）对于 2001 年 10 月 1 日以后生产的装配压燃式发动机的在用汽车的排气烟度，采用 GB 3847—2005 规定的自由加速试验，使用不透光烟度计进行检测，排气烟度值采用光吸收系数 K 表征，用“m^{-1}”表示。

3）在采用加载减速法对装配压燃式发动机的在用汽车的排气烟度进行检测时，排气烟度值采用光吸收系数 K 表征，用“m^{-1}”表示。

四、汽车排气污染物检测仪的结构与工作原理

1. 不分光红外线气体分析仪的结构与工作原理

汽车排气中的 CO、HC、NO 和 CO_2 等气体，对红外线分别具有吸收其一定波长的性质，而且红外线被吸收的程度与废气浓度之间有一定的关系，如图 9-1 所示。不分光红外线分析法就是根据这一原理来进行测量的，即根据废气吸收一定波长红外线能量的变化，来检测废气中各种污染物的含量。在各种气体混在一起的情况下，这种检测方法具有对于各种气体的测量值相互间不受影响的特点。

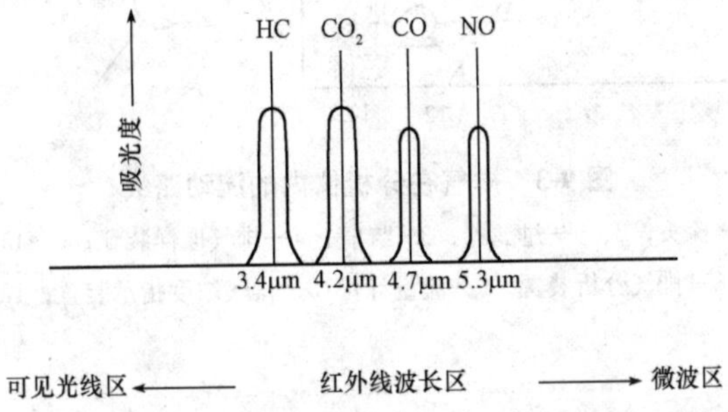

图 9-1　四种气体吸收红外线的情况

利用不分光红外线分析法制成的分析仪，既可以制成单独检测 CO 或 HC 含量的单项分析仪，也可以制成能测量这两种气体含量的综合分析仪。排气中 CO 的浓度是直接测量

的，而排气中HC的成分非常复杂，因此要把各种HC成分的浓度换算成正己烷（C_6H_{14}）的浓度后再作为HC浓度的测量值。

如图9-2所示为MEXA－324F型汽车排气分析仪，它是一种能够从汽车排气管中采集气样，利用不分光红外线分析法对其中所含CO和HC的浓度进行连续测量的仪器。它由排气取样装置、排气分析装置、排气浓度指示装置和校准装置等组成。排气在分析仪内的流动路线如图9-3所示。

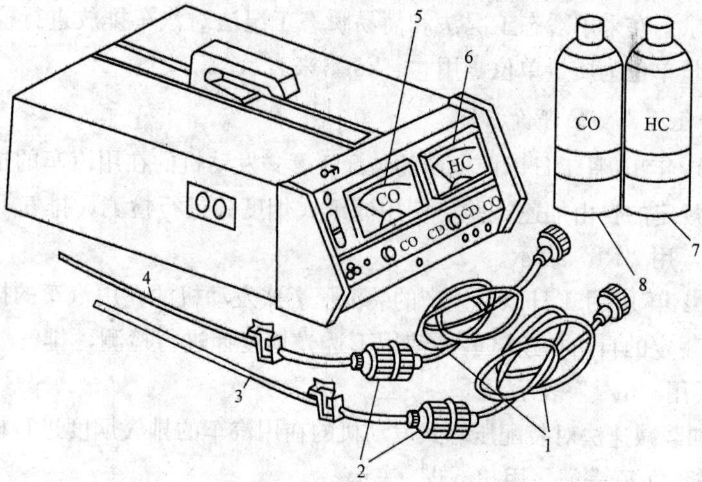

图9-2　MEXA－324F型汽车排气分析仪

1—导管；2—滤清器；3—低浓度取样探头；4—高浓度取样探头；
5—CO指示仪表；6—HC指示仪表；7—标准HC气样瓶；8—标准CO气样瓶

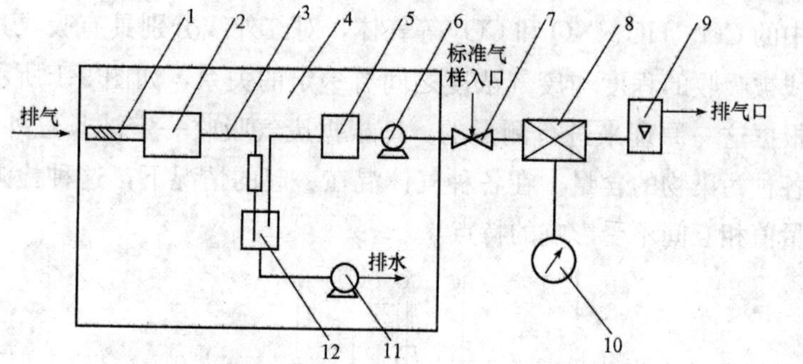

图9-3　排气在分析仪内的流动路线

1—取样探头；2、5—过滤器；3—导管；4—排气取样装置；6、11—泵；
7—换向阀；8—排气分析装置；9—流量计；10—排气浓度指示装置；12—水分离器

（1）排气取样装置

排气取样装置由取样探头、滤清器、导管、水分离器和泵等组成。它通过取样探头、导管和泵从车辆排气管里采集排气，再用滤清器和水分离器把排气中的碳渣、灰尘和水分等除掉，然后送入分析装置。为了使取样探头具有耐热性和防止导管吸附HC气体，它们均是用特殊材料制成的。

(2) 排气分析装置

排气分析装置由红外线光源、气样室、旋转扇轮（截光器)、测量室和传感器等组成。该装置按照不分光红外线分析法，从来自取样装置的混有多种成分的排气中，分析 CO 和 HC 的含量，并将其含量转变成电信号输送给含量指示装置。按传感器形式不同，排气分析装置可分为电容微音器式和半导体式等不同形式；按功能不同，又可分为 CO、HC 等单项式和 CO、HC 等综合式两种形式。目前应用比较多的是电容微音器式分析装置。

电容微音器式分析装置如图 9-4 所示。从两个红外线光源发出的红外线，分别通过标准气样室和测量气样室后到达测量室。在标准气样室内充入不吸收红外线的 N_2 气体，在测量气样室内充入被测量的发动机排气。测量室由两个分室组成，二者之间留有通道，并在通道上装有金属膜式电容微音器以作为传感器。为了能够从排气中选择需要测量的成分，在测量室的两个分室内，充入适当含量的与被测气体相同的气体。即在测量 CO 浓度分析装置里的测量室内要充入 CO 气体，在测量 HC 含量分析装置里的测量室内要充入正己烷气体。

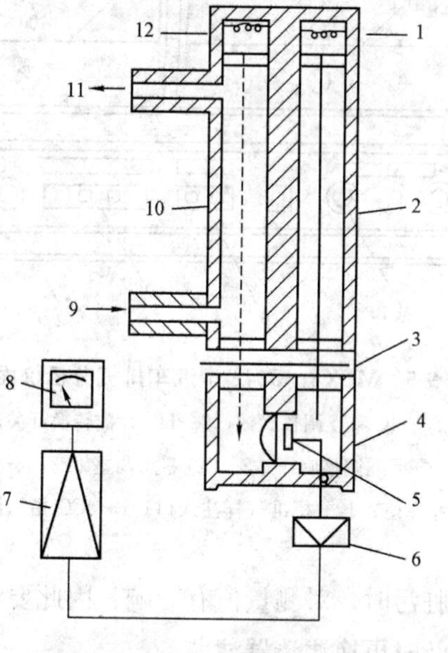

图 9-4　电容微音器式分析装置

1、12—红外线光源；2—标准气样室；3—旋转扇轮；4—测量室；5—电容微音器；6—前置放大器；7—主放大器；8—指示仪表；9—排气入口；10—测量气样室；11—排气出口

旋转扇轮也称为截光器，能连续地导通、截止两个红外线光源，从而形成射线脉冲。当红外线通过旋转扇轮断续地到达测量室时，由于通过测量气样室时被所测气体按浓度大小吸收掉一部分一定波长范围的红外线，而通过标准气样室的红外线完全没有被吸收，因此在测量室的两个分室内，因红外线能量的差别出现了温度差别，温度差别又导致了测量室内压力差别，致使金属膜片弯曲变形。排气中被测气体含量越大，金属膜片弯曲变形也越大。膜片弯曲变形致使电容微音器输出电压改变，该电压信号经放大器放大后送往含量

指示装置。由于尾气中的 HC 由多种成分构成，所以使用固体滤光片，将除正己烷之外的气体过滤掉，仅让具有 HC（只含正己烷）3.5 μm 附近的波长的红外线到达检测室内。HC 被封入检测器，样品室中的 HC 吸收量即可被检测器检测出来。

（3）含量指示装置

CO 和 HC 综合式气体分析仪的含量指示装置主要由 CO 指示装置和 HC 指示装置组成，有指针式仪表和数字式显示器两种类型。从排气分析装置送来的电信号，在 CO 指示仪表上，CO 的体积分数以百分数（%）表示；在 HC 指示仪表上，HC 的体积分数以正己烷当量的百万分数（10^{-6}）表示。如图 9-5 所示，指针式仪表的指示，可利用零点调整旋钮、标准调整旋钮和计数转换开关等进行控制。

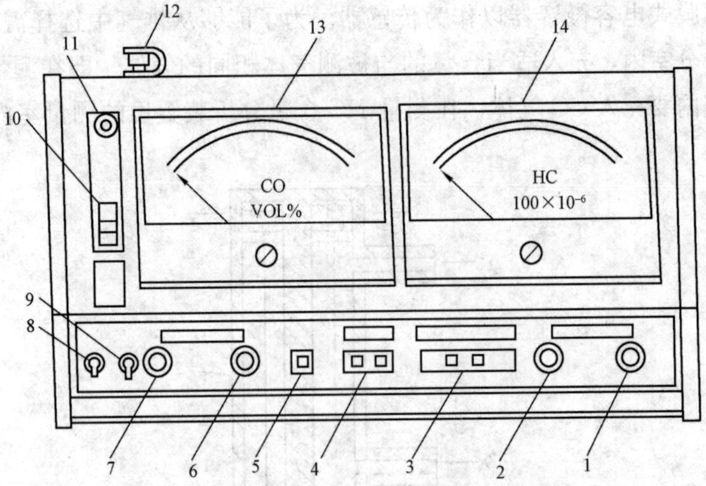

图 9-5 MEXA－324F 型汽车排气分析仪面板

1—HC 标准调整旋钮；2—HC 零点调整旋钮；3—HC 计数转换开关；4—CO 计数转换开关；5—简易校准开关；6—CO 标准调整旋钮；7—CO 零点调整旋钮；8—电源开关；9—泵开关；10—流量计；11—电源指示灯；12—标准气样注入口；13—CO 指示仪表；14—HC 指示仪表

气体分析仪内的滤清器脏污时，对测量值有影响，因此要经常观察流量计的指示情况。当发现指针进入红区时，应及时更换滤清器滤芯。

（4）校准装置

校准装置是一种为了保持分析仪的指示精度，使之能准确指示测量值的装置。在此装置中，往往既设有用加入标准气样进行校准的装置，也设有用机械方式简易校准的装置。

1）标准气样校准装置。它是把标准气样从分析仪上单设的一个专用注入口直接送到排气分析装置，再通过比较标准气样浓度值和仪表指示值的方法来进行校准的装置。

2）简易校准装置。它通常是用遮光板把排气分析装置中通过测量气样室的红外线遮挡住一部分，用减少一定量红外线能量的方法进行简单的校准。

2. 化学发光法气体分析仪的结构与工作原理

鉴于目前实施的怠速工况测定 CO、HC 两种气体的排气检测手段已无法有效反映汽车排气污染物对大气的污染现状，更不能满足环保部门对全球环境进行全面严格监测的要求。因此，除测定 CO、HC 外，还必须测定汽车排气中的 NO_x 和 CO_2。

汽车排气中的含氧量是装有电控燃油喷射式发动机的汽车计算机监测空燃比、控制排放量、保护三元催化反应器正常工况的重要信号。因此，现代开发的汽车尾气分析仪又增加了 O_2 的测试功能。

对于这五种气体成分的浓度通常采用两类不同方法来测定，其中 CO、CO_2、HC 通过不分光红外线不同波长能量吸收的原理来测定，可获得足够的测试精度。而 NO_x 与 O_2 的浓度通常采用电化学的原理来测定，排气中含氧量的浓度通过在测试通道中设置氧传感器即可测定。NO_x（NO、NO_2）浓度可采用化学发光法的原理进行精确测定。

利用化学发光法检测 NO_x（NO、NO_2）浓度的基本原理如图 9-6 所示。通过适当的化学物质（如不锈钢或碳化物、钼化物）将排气中的 NO_2 全部还原成 NO。NO 与 O_3 在气态接触时发生化学反应生成某些激发态的 NO_2^* 分子。这些激发态的 NO_2^* 分子衰减到基本态 NO_2 时会发出波长为 0.59～2.5 μm 光量的光量子。其发光强度与排气中存在的 NO 的质量流量成正比。使用适当波长的光电检测器（如光电二极管）即可根据检测计信号强弱换算出 NO 的含量，这种方法简称 CLD 法。

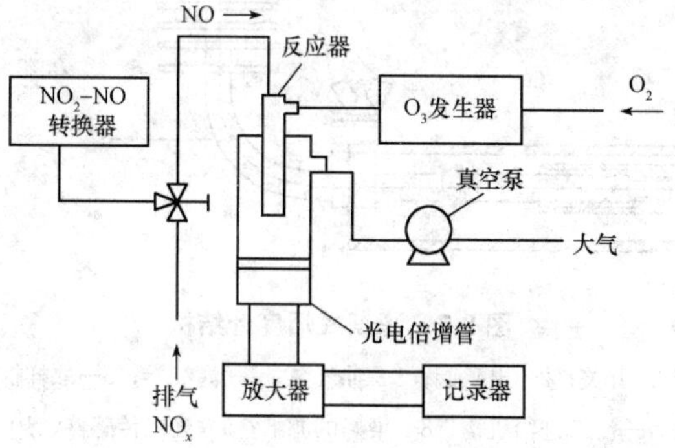

图 9-6　CLD 测试过程

化学发光法气体分析仪从原理上讲只能测量 NO，而无法测量 NO_2。但实际应用中可以先通过适当的转换将 NO_2 还原成 NO，然后再进行 NO 的测量，即可用间接方法测出 NO_2。因此，用同一仪器也可测得 NO_2 和 NO。

因 CLD 法测定 NO_x 浓度的设备结构较复杂，市场上提供的在线快速检测用五废气分析仪没有被采用，而多根据与 CO、CO_2、HC 相同的不分光红外线原理来测定，但需说明的是，对 NO_x 来说，这种方法测定的精度较低。

3. 烟度计的结构与工作原理

（1）滤纸式烟度计

滤纸式烟度计采用一个活塞式抽气泵，从柴油机排气管中抽取一定容积的排气，使它通过一张一定面积的白色滤纸，排气中的碳烟存留在滤纸上，使其染黑。用检测装置测定滤纸的染黑度，该染黑度即代表柴油车的排气烟度，如图 9-7 所示。

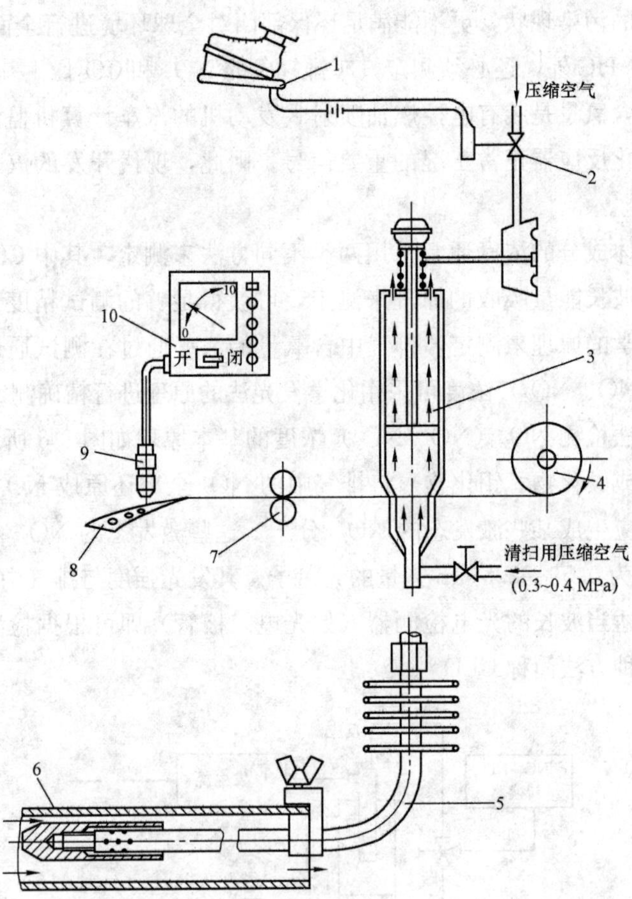

图 9-7　滤纸式烟度计结构

1—脚踏开关；2—电磁阀；3—抽气泵；4—滤纸卷；5—取样探头；
6—排气管；7—滤纸进给机构；8—染黑的滤纸；9—光电传感器；10—指示仪表

滤纸式烟度计是世界上应用最广泛的烟度计之一，有手动、半自动和全自动三种类型。滤纸式烟度计由排气取样装置、染黑度检测与指示装置和控制装置等组成，一般还配备有微型打印机。

1）排气取样装置。取样装置由取样探头、活塞式抽气泵、取样软管和清洗机构等组成。取样探头分为台架试验用和整车试验用两种形式。整车试验用取样探头带有散热片，其上装有夹具以便固定在排气管上。取样探头在活塞式抽气泵的作用下抽取排气，其结构形状应能保证在取样时不受排气动压的影响。

活塞式抽气泵由泵筒、活塞、活塞杆、手柄、回位弹簧、锁止装置、电磁阀和滤纸夹持机构等组成。活塞式抽气泵在使用前，需先压下抽气泵手柄，直至克服回位弹簧的张力使活塞到达泵筒最下端，并由锁止机构锁止，完成复位过程，以准备下一次抽取排气。当需要取样时，或在自由加速工况开始的同时通过捏压橡皮球向抽气泵锁止机构充气（手动式），或通过套在加速踏板上的脚踏开关，在自由加速工况开始的同时操纵电磁阀向抽气泵锁止机构充入压缩空气（半自动式和全自动式），使抽气泵锁止机构取消对活塞的锁止作用，于是活塞在回位弹簧张力作用下迅速而又均匀地回到泵筒的最上端，完成取样过程。此时，若滤纸式烟度计为波许（BOSCH）式，则抽气泵活塞移动全程的抽气量为330 mL±15 mL，抽气时间为1.4 s±0.2 s，且在1 min时间内外界空气的渗入量不大于15 mL。

活塞式抽气泵下端装有滤纸夹持机构。当活塞式抽气泵每次完成复位过程后，通过手动或自动实现对滤纸的夹紧和密封，使取样过程中的排气经滤纸进入泵筒内，碳烟存留在滤纸上并将其染黑，夹持机构应能保证滤纸的有效工作面直径为ϕ32 mm。一旦完成抽气过程，滤纸夹持机构松开，染黑的滤纸位移至光电检测装置下的试样台上。

取样软管把取样探头和活塞式抽气泵连接在一起，由于泵的抽气量与软管的容积有关，所以GB/T 3846—1993《柴油车自由加速烟度的测量滤纸烟度法》规定，取样软管长度为5.0 m，内径为ϕ5－0.2 mm，取样系统局部内径不得小于ϕ4 mm。

压缩空气清洗机构能在排气取样之前，用压缩空气吹洗取样探头和取样软管内的残留排气碳粒。清洗用压缩空气的压力为0.3～0.4 MPa。

2）检测与指示装置。检测与指示装置由光电传感器、指示电表或数字式显示器、滤纸和标准烟样等组成。光电传感器由光源（白炽灯泡）、光电元件（环形硒光电池）和电位器等组成，其工作原理如图9-8所示。电源接通后白炽灯泡发亮，其光亮通过带有中心孔的环形硒光电池照射到滤纸上。当滤纸的染黑度不同时，反射给环形硒光电池感光面的光线强度也不同，因而环形硒光电池产生的光电流强度也就不同。线路中一般配备有电阻R_1和R_2作为白炽灯泡电流的粗调与细调电阻，以便获得适度的光强，使光源和硒光电池的灵敏度相匹配。

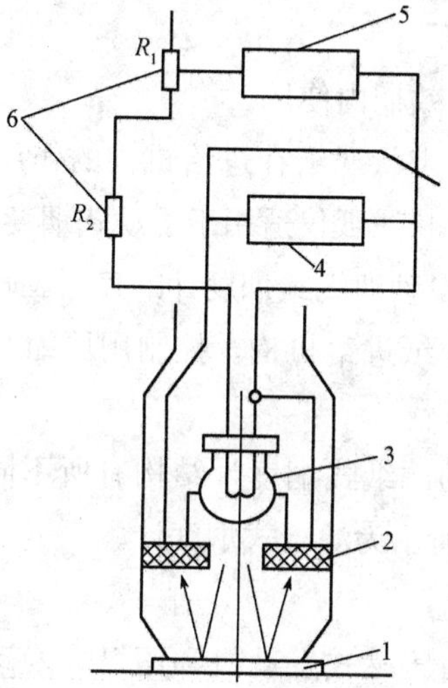

图9-8　光电传感器原理

1—滤纸；2—光电元件；3—光源；4—指示电表；5—电源；6—电阻

指示电表是一个微安表，是滤纸染黑度即排气烟度的指示装置。当环形硒光电池送来的电流强度不同时，指示电表指针的位置也不相同。指示表头以0～10 Rb单位表示。其中，0 是全白滤纸的 Rb 单位，10 是全黑滤纸的 Rb 单位，从 0～10 均匀分布（波许式）。国产 FQD－201 型半自动排气烟度计指示装置面板如图 9-9 所示。

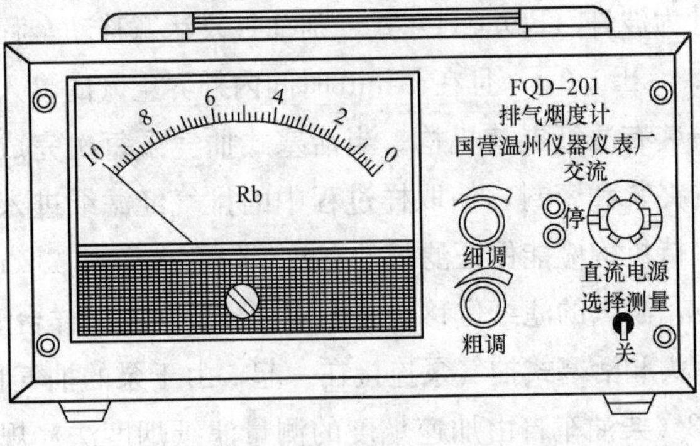

图 9-9　FQD－201 型半自动排气烟度计指示装置面板

由微机控制的排气烟度计，其指示装置一般采用数字式显示器。如国产 FQD—201B 型半自动数字式排气烟度计采用了 MCS－48 系列单片机作为仪器机芯，显示器由两位 LED 数码管组成，并配备有微型打印机。

检测装置还应备有供标定或校准用的标准烟样和符合规定的滤纸。标准烟样也称为烟度卡，应在烟度计上标定，精确度为 0.5%。当标准烟样用于标定烟度计时，按量程均匀分布不得少于 6 张；当用于校准烟度计时，每台烟度计 3 张，标定值选在 Rb5 左右。当烟度计指示电表需要校准时，只要把标准烟样放在光电传感器下，用调节旋钮把指示电表的指针调整到标准烟样所代表的染黑度数值即可达到目的。这可使指示电表保持指示精度，以得出准确的测量结果。

烟度卡必须定期标定，在有效期内使用。

滤纸有带状和圆片状两种。带状滤纸在进给机构的作用下能实现连续传送，适用于半自动式和全自动式烟度计；圆片状滤纸仅适用于手动式烟度计。

3）控制装置。半自动和全自动滤纸式烟度计的控制装置，包括用脚操纵的抽气泵脚踏开关和滤纸进给机构。控制用压缩空气的压力为 0.4～0.6 MPa。

各检测设备生产厂家生产的滤纸式烟度计结构有所不同，但其检测原理基本一致。如图 9-10 所示为滤纸式烟度计。

图 9-10　滤纸式烟度计

（2）不透光式烟度计

根据 GB 3847—2005《车用压燃式发动机和压燃式发动机汽车排气烟度排放限值及测量方法》规定，应采用光吸收系数来度量可见污染物的大小，并且规定使用不透光度仪测量压燃式发动机和装用压燃式发动机车辆的可见污染物。

不透光式烟度计是一种利用透光衰减率来测定排气烟度的典型仪器。如图 9-11 所示，不透光式烟度计的主要元件有光源、充满排气并有一定长度的光通路及放置在光源对面将透光信号转变成电信号的光电元件。光电元件的输出电压与烟气所造成的光强度衰减成正比。

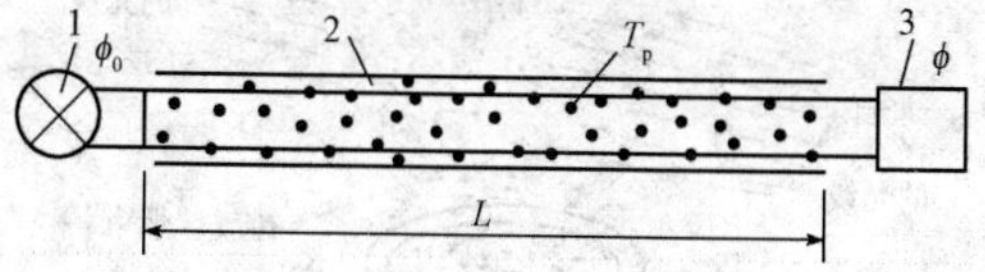

图 9-11　不透光式烟度计测量原理

1—光源；2—烟气测量管；3—光电管检测器

通常，不透光法测得的不透光度（即烟度）N 用百分比表示，即

$$N=100\left(1-\frac{\phi}{\phi_0}\right)$$

式中　ϕ——有烟时的光强度；

ϕ_0——无烟时的光强度。

光吸收系数 K 与不透光度 N 之间的关系为

$$K=\left(-\frac{1}{L}\right)\ln\left(1-\frac{N}{100}\right)$$

从上式中可以看出，K 值与碳烟的质量浓度成正比。

不透光式烟度计可分为全流式和分流式两类，全流式不透光烟度计测量全部排气的透光衰减率，有在线式和排气管尾端式两种，如图 9-12 所示。美国 PHS 烟度计就是一种全流式不透光烟度计，其原理如图 9-13 所示。在排气管口端不远处的排气烟束两侧分别布置有光源和光电池，光电池接收到的光线与排气烟度成反比。为了不受排气热影响，光源和光电元件置于离排气通路有一定距离的地方。

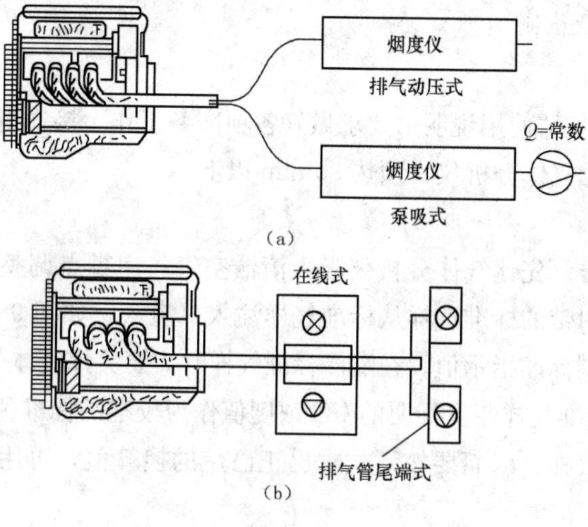

图 9-12　不透光式烟度计的形式

(a) 分流式；(b) 全流式

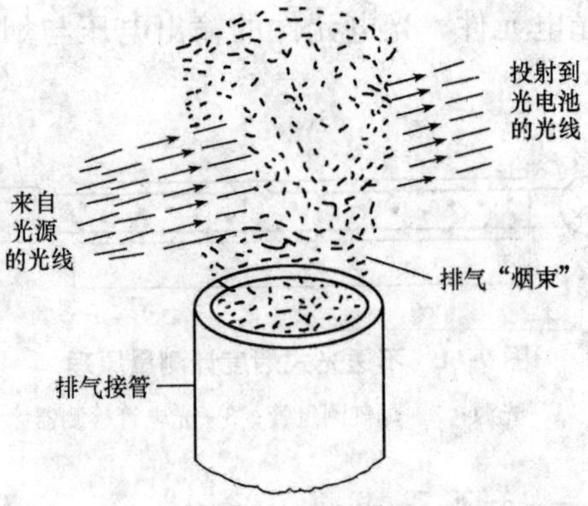

图 9-13　全流式不透光烟度计的工作原理

分流式不透光烟度计是将排气中一部分烟气引入测量烟气取样管，送入烟度计进行连续分析的。

此外，还有一种便携式的分流式烟度计，可直接插在排气管尾部或中部接口，安装及使用都较方便，适用于现场检测。由于排烟是连续不断通过测试管的，所以不论稳态、非稳态和过渡状态，烟度的测定都很方便。但是由于光学系统的污染，这种烟度计测定中容易产生误差，因此必须注意清洗，而排气烟中所含的水滴和油滴也可能作为烟度显示出来。当抽样检验的排烟温度超过 500℃时，必须采用其他热交换器来冷却排烟。

任务实施

一、技能学习

1. 汽油车尾气排放检测

（1）准备工作

1）仪器准备。按仪器使用说明书要求做好各项准备工作。接通电源，对不分光红外线气体分析仪（以下简称气体分析仪）预热 30 min 以上。

2）仪器校准。

①用标准气样校准。先让气体分析仪吸入清洁空气，用零点调整旋钮把仪表指针调整到零点；然后把仪器附带的标准气样从标准气样注入口灌入，如图 9-14 所示，再用标准调整旋钮把仪表指针调到标准指示值。在灌注标准气样时，要关掉气体分析仪上的泵开关。

CO 测定器是以标准气样瓶上标明的 CO 浓度值作为校准的标准值；而 HC 测定器，由于是用丙烷作为标准气样，因而要按下式求出正己烷的换算值，再用正己烷的换算值作为校准的标准值。

校准的标准值（即正己烷换算值）＝标准气样（丙烷）含量×换算系数

式中：标准气样（丙烷）含量即标准气样瓶上标明的含量值；换算系数是气体分析仪的给出值（标注在仪器壳体一侧），一般为 0.472～0.578。

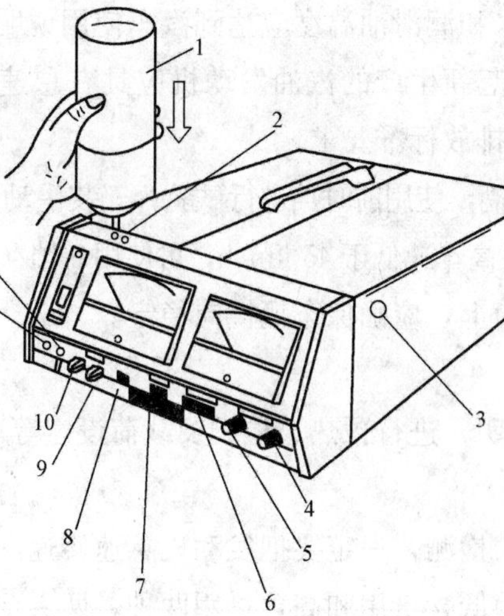

图 9-14　标准气样校正

1—标准气样瓶；2—标准气入口；3—简易校正值调节电位器（CO、HC）；
4—HC 量距旋钮；5—HC 零位旋钮；6—HC 量程切换开关；7—CO 量程切换开关；
8—机械检查开关；9—CO 量距旋钮；10—CO 零位旋钮；11—电源开关；12—泵开关

②简易校准。先接通简易校准开关，如图 9-15 所示，对于有校准位置刻度线的仪器，可用标准调整旋钮把仪表指针调整到正对校准刻度线位置。对于没有校准刻度线的仪器，要在标准气样校正后立即操纵简易校准开关进行简易校准，此时要用标准调整旋钮把仪表指针调整到与标准气样校准后的指示值重合位置。应记住这一指示位置，以便今后简易校准时使用。

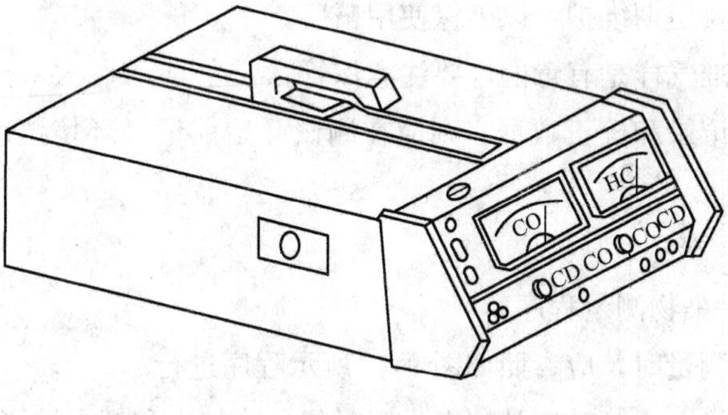

图 9-15　废气分析仪的简易校准

3）把取样探头和取样导管安装到气体分析仪上，检查取样探头和导管内是否有残留 HC。如果管内壁吸附残留 HC 较多，仪表指针大大超过零点以上时，要用压缩空气吹洗或用布条等物清洁取样探头和导管内壁。

仪器经过上述检查和校准后，即可投入使用。

（2）被检车辆准备

1）进气系统应装有空气滤清器，排气系统应装有排气消声器，并不得有泄漏。

2）汽油应符合 GB 17930—1999《车用无铅汽油》的规定。

3）测量时发动机冷却水和润滑油温度应达到汽车使用说明书所规定的热状态。

4）自 1995 年 7 月 1 日起新生产的汽油发动机应具有怠速螺钉限制装置。点火提前角在其可调整范围内都应达到排放标准要求。

5）安装自动变速器的车辆，使用前时挡进行试验；安装手动变速器的车辆，使用 2 挡进行试验，如果 2 挡所能达到的最高车速低于 45 km/h，可使用 3 挡（此项要求仅限于稳态工况）。

6）车辆驱动轮位于滚筒上，应确保车辆横向稳定。

（3）底盘测功机准备

按底盘测功机的使用说明，进行预热、检调及载荷设定等准备工作。

（4）注意事项

1）汽油车怠速污染物的检测，一定要把发动机怠速转速和温度控制在规定范围之内。

2）取样探头、导管分为低含量用和高含量用两种，两者要分别使用。

3）检测时导管不要发生弯折现象。

4）多部车辆连续检测时，一定要把取样探头从排气管里抽出并等仪表指针回到零点后再进行下一辆车的测量。

5）不要在有油或有有机溶剂的地方进行检测。

6）要注意检测地点的室内通风换气，以防人员中毒。

7）检测结束后，要立即把取样探头从排气管里抽出来。

8）取样探头不用时要垂直吊挂，不要平放，以防管内的积水腐蚀取样探头。

9）气体分析仪不要放置在湿度大、温度变化大、振动大或倾斜的地方。

10）气体分析仪要定期维护，以确保使用精度。

11）校准用的标准气样是有毒的，要注意保管。

12）如果需人工记录和校正数据，则应在测试开始前记录环境温度、相对湿度和大气压力等。

（5）测试步骤

1）双怠速排放污染物测量程序。

当使用双怠速法测量时，应参照如图 9-16 所示程序进行。

①必要时在发动机上安装转速计、点火正时仪、冷却水和润滑油测温计等测量仪器。

②发动机由怠速工况加速至 0.7 倍额定转速，维持 60 s 后降至高怠速。

③发动机降至高怠速状态后，将气体分析仪取样探头插入排气管中，深度为 400 mm，并固定于排气管上。

④先把气体分析仪指示仪表的读数转换开关置于最高量程挡位，再一边观看指示仪表，一边用读数转换开关选择适于排气含量的量程挡位。

⑤发动机在高怠速状态维持 15 s 后，检测人员应开始读数，读取 30 s 内的污染物最高值和最低值，取平均值即为高怠速排放测量结果。

⑥发动机从高怠速状态降至怠速状态，检测人员应在怠速状态维持 15 s 后开始读数，

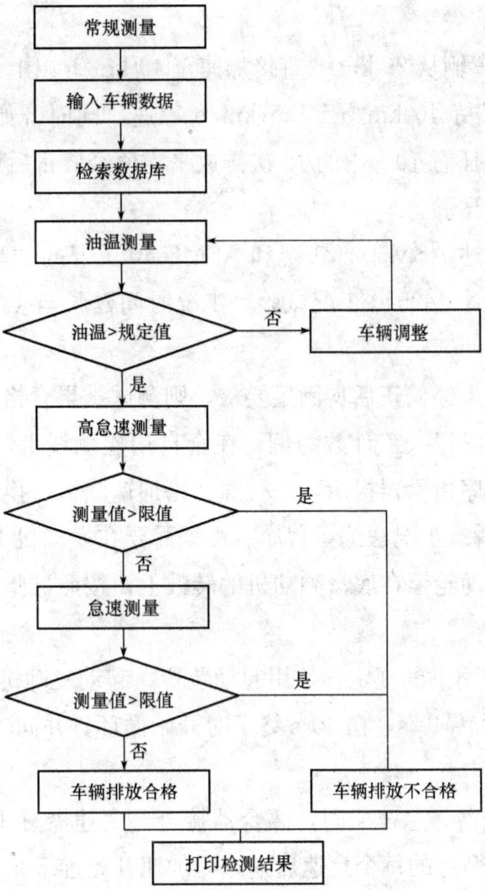

图 9-16　双怠速法检测程序

读取 30 s 内的污染物最高值和最低值，其平均值即为怠速排放测量结果。

⑦若为多排气管时，则取各排气管测量结果的算术平均值。

⑧测量工作结束后，把取样探头从排气管里抽出来，让它吸入新鲜空气 5 min，待仪器指针回到零点后再关闭电源。

2）加速模拟工况法测量程序。

①车辆驱动轮位于底盘测功机滚筒上，将分析仪取样探头插入排气管中，深度为400 mm，并固定于排气管上，如图 9-17 所示。独立工作的多排气管应同时取样。

图 9-17　加速模拟工况法检测实况

②ASM5025 工况。车辆经预热后，加速至 25 km/h 以上。此时底盘测功机自动根据试验工况要求加载，车辆保持 25 km/h±1.5 km/h 等速，同时开始计时、测量与计算。在 25～90 s 的测量过程中，任意 10 s 内的 10 次排放平均值经修正后如满足限值的要求，则试验结束；否则应进行下一工况

（ASM2540）试验。

③ASM2540 工况。车辆从 25 km/h 直接加速至 40 km/h 以上。此时底盘测功机根据试验工况要求加载，车辆保持 40 km/h±1.5 km/h 等速，同时开始计时、测量与计算。在 25～90 s 的测量过程中，任意 10 s 内的 10 次排放平均值经修正后如满足限值的要求，则试验结束；否则应进行复检试验。

④复检试验。按照上述 ASM5025 工况和 ASM2540 工况的试验程序及试验结果判定方法连续进行 ASM5025 和 ASM2540 工况试验，工况时间延长至 145 s（$t=145$ s），总试验时间为 290 s。

如果两个工况测试结果经修正后均满足要求，则测试结果合格；否则测试结果不合格。

说明：以上检测程序是以人工计数为例，在全自动检测线上，由于测量过程的自动控制，引车员只需按检验程序指示器提示，进行踩、松加速踏板，换挡等操作即可。

3）瞬态工况和简易瞬态工况法测量程序。根据需要在发动机上安装转速表和润滑油测温计等测试仪器；车辆驱动轮停在底盘测功机的转鼓上；按照试验运转循环开始进行试验。

①起动发动机。

a. 按照制造厂使用说明书的规定，使用起动装置，起动发动机。

b. 发动机保持怠速运转 40 s，在 40 s 终了时开始循环，并同时开始取样。

②怠速。

a. 手动或半自动变速器。怠速期间，离合器接合，变速器置于空挡位置。为了按正常循环进行加速，车辆应在循环的每个怠速后期，即加速开始前 5 s，使离合器脱开，变速器置于 1 挡。

b. 自动变速器。在试验开始时，选择好挡位后，在试验期间，任何时候不得再操作换挡杆，但自动变速器如果在规定时间内不能完成加速工况，则应按手动变速器的要求，操作换挡杆。

③加速。

a. 进行加速时，在整个工况过程中，应尽可能地使加速度恒定。

b. 如果在规定时间内未能完成加速工况，如果可能，所需的额外时间应从工况改变的复合公差允许的时间中扣除；否则，应该从下一等速工况的时间内扣除。

c. 自动变速器如果在规定时间内不能完成加速工况，则应按手动变速器的要求，操作挡位选择器。

④减速。

a. 在所有减速工况时间内，应使油门踏板完全松开，离合器接合，当车速降至10 km/h 时，使离合器脱开，但不操作变速杆。

b. 如果减速时间比相应工况规定的时间长，则允许使用车辆的制动器，以使循环按照规定的时间进行。

c. 如果减速时间比相应工况规定的时间短，则应由下一个等速或怠速工况中的时间补偿，使循环按规定的时间进行。

⑤等速。

a. 从加速工况过渡到下一等速工况时，应避免猛踏油门踏板或关闭节气门。

b. 等速工况应采用保持油门踏板位置不变的方法实现。

⑥当车速降低到 0 km/h 时（车辆停止在转鼓上），变速器置于空挡，离合器接合。

排气污染物测量值应由系统主机自动进行计算和修正。

（6）检测标准

1）相关说明。

轻型汽车：最大总质量不超过 3 500 kg 的 M1 类、M2 类和 N1 类车辆。

重型汽车：最大总质量大于 3 500 kg 的车辆。

M1 类车辆：至少有四个车轮，或有三个车轮且厂定最大总质量超过 1 000 kg，除驾驶员座位外，乘客座位数不超过 8 个的载客车辆。

M2 类车辆：至少有四个车轮，或有三个车轮且厂定最大总质量超过 1 000 kg，除驾驶员座位外，乘客座位数超过 8 个，且厂定最大总质量不超过 5 000 kg 的载客车辆。

N1 类车辆：至少有四个车轮，或有三个车轮且厂定最大总质量超过 1 000 kg，厂定最大总质量不超过 3 500 kg 的载货车辆。

第一类轻型汽车：设计乘员数不超过 6 人（包括司机），且最大总质量≤2 500 kg 的 M1 类车。

第二类轻型汽车：除第一类轻型车以外的其他所有轻型汽车。

单一燃料车：是指能燃用汽油和一种气体燃料，但汽油仅限于紧急情况或发动机起动用，且汽油箱容积不超过 15 L 的车辆。

双燃料汽车：具有两套燃料供给系统，一套供给天然气或液化石油气，另一套供给天然气或液化石油气之外的燃料，两套燃料供给系统按预定的配比向气缸供给燃料，在缸内混合燃烧的汽车，如柴油—压缩天然气双燃料汽车、柴油—液化石油气双燃料汽车等。

电动汽车：纯电动汽车、混合动力（电动）汽车和燃料电池电动汽车的总称。

2）双怠速测试标准。装配点燃式发动机的车辆进行双怠速测试排气污染物限值见表9-1。

表 9-1　装配点燃式发动机的车辆双怠速试验排气污染物限值

车型	类别			
	怠速		高怠速	
	CO/%	HC/$\times 10^{-6}$	CO/%	HC/$\times 10^{-6}$
1995 年 7 月 1 日前生产的轻型汽车	4.5	1 200	3.0	900
1995 年 7 月 1 日起生产的轻型汽车	14.5	900	3.0	900
2000 年 7 月 1 日起生产的第一类轻型汽车	0.8	150	0.3	100

续表

车型	类别			
	怠速		高怠速	
	CO/%	HC/$\times10^{-6}$	CO/%	HC/$\times10^{-6}$
2000 年 7 月 1 日起生产的第二类轻型汽车	1.0	200	0.5	150
1995 年 7 月 1 日前生产的重型汽车	5.0	2 000	3.5	1 200
1995 年 7 月 1 日起生产的重型汽车	4.5	1 200	3.0	900
2004 年 9 月 1 日起生产的重型汽车	1.5	250	0.7	200
注：对于 2001 年 5 月 31 日以前生产的 5 座以下（含 5 座）的微型面包车，执行 1995 年 7 月 1 日起生产的轻型汽车的排放标准。				

3）稳态工况测试标准。

①对于 2000 年 7 月 1 日以前生产的第一类轻型汽车和 2001 年 10 月 1 日以前生产的第二类轻型汽车，参考的稳态工况法排放限值见表 9-2。

表 9-2　稳态工况法排气污染物排放限值Ⅰ（参考）

基准质量（*RM*）/kg	最低限值						最高限值					
	ASM5025			ASM2540			ASM5025			ASM2540		
	HC/$\times10^{-6}$	CO/%	HC/$\times10^{-6}$	HC/$\times10^{-6}$	CO/%	HC/$\times10^{-6}$	HC/$\times10^{-6}$	CO/%	HC/$\times10^{-6}$	HC/$\times10^{-6}$	CO/%	HC/$\times10^{-6}$
$RM\leqslant$1 020	230	2.2	4 200	230	2.9	3 900	120	1.3	2 600	110	1.4	2 400
1 020$<RM\leqslant$1 250	190	1.8	3 400	190	2.4	3 200	100	1.1	2 100	90	1.2	2 000
1 250$<RM\leqslant$1 470	170	1.6	3 000	170	2.1	2 800	90	1.0	1 900	80	1.1	1 750
1 470$<RM\leqslant$1 700	160	1.5	2 650	150	1.9	2 500	80	0.9	1 700	80	1.0	1 550
1 700$<RM\leqslant$1 980	130	1.2	2 200	130	1.6	2 050	70	0.8	1 400	70	0.8	1 300
1 980$<RM\leqslant$2 150	120	1.1	2 000	120	1.5	1 850	60	0.7	1 300	60	0.8	1 150
2 150$<RM\leqslant$2 500	110	1.1	1 700	110	1.3	1 600	60	0.6	1 100	50	0.7	1 000

②对于 2000 年 7 月 1 日起生产的第一类轻型汽车和 2001 年 10 月 1 日起生产的第二类轻型汽车，参考的稳态工况法排放限值见表 9-3。

表 9-3　稳态工况法排气污染物排放限值Ⅱ（参考）

基准质量（*RM*）/kg	最低限值						最高限值					
	ASM5025			ASM2540			ASM5025			ASM2540		
	HC/$\times10^{-6}$	CO/%	HC/$\times10^{-6}$	HC/$\times10^{-6}$	CO/%	HC/$\times10^{-6}$	HC/$\times10^{-6}$	CO/%	HC/$\times10^{-6}$	HC/$\times10^{-6}$	CO/%	HC/$\times10^{-6}$
RM≤1 020	230	1.3	1 850	230	1.5	1 700	120	0.6	950	110	0.6	850
1 020<*RM*≤1 250	190	1.1	1 500	190	1.2	1 350	100	0.5	800	90	0.5	700
1 250<*RM*≤1 470	170	1.0	1 300	170	1.1	1 200	90	0.5	700	80	0.5	650
1 470<*RM*≤1 700	160	0.9	1 200	150	1.0	1 100	80	0.4	600	80	0.4	550
1 700<*RM*≤1 980	130	0.8	1 000	130	0.8	900	70	0.4	500	70	0.4	450
1 980<*RM*≤2 150	120	0.7	900	120	0.8	800	60	0.3	450	60	0.3	450
2 150<*RM*≤2 500	110	0.6	750	110	0.7	700	60	0.3	400	50	0.3	350

4）瞬态工况法测试标准。

①对于 2000 年 7 月 1 日以前生产的第一类轻型汽车和 2001 年 10 月 1 日以前生产的第二类轻型汽车，参考的瞬态工况法排放限值见表 9-4。

表 9-4　瞬态工况法排气污染物排放限值Ⅰ（参考）

基准质量（*RM*）/kg	CO/（g·km^{-1}）	HC/（g·km^{-1}）	NO_x/（g·km^{-1}）
RM≤750	19	3.5	2.5
750<*RM*≤850	21	3.7	2.5
850<*RM*≤1 020	22	3.8	2.5
1 020<*RM*≤1 250	26	4.1	3.0
1 520<*RM*≤1 470	29	4.4	3.5
1 470<*RM*≤1 700	33	4.7	3.7
1 700<*RM*≤1 930	36	5.0	3.8
1 930<*RM*≤2 150	39	5.2	3.9
2 150<*RM*≤2 500	42	5.6	4.0

②对于 2000 年 7 月 1 日起生产的第一类轻型汽车和 2001 年 10 月 1 日起生产的第二类轻型汽车，参考的瞬态工况法排放限值见表 9-5。

表 9-5　瞬态工况法排气污染物排放限值Ⅱ（参考）

车辆类型		基准质量（*RM*）/kg	限值/（g·km^{-1}）	
			CO	HC+NO_x
第一类车		全部	3.5	1.5
第二类车	Ⅰ类	*RM*≤1 250	3.5	1.5
	Ⅱ	1 250<*RM*≤1 700	6.5	2.0
	Ⅲ	1 700<*RM*	8.5	2.5

5）简易瞬态工况法测试标准。

①对于 2000 年 7 月 1 日以前生产的第一类轻型汽车和 2001 年 10 月 1 日以前生产的第二类轻型汽车，参考的简易瞬态工况法排放限值见表 9-6。

表 9-6　瞬态工况法排气污染物排放限值Ⅰ（参考）

基准质量（*RM*）/kg	最低限值			最高限值		
	CO/（g·km^{-1}）	HC/（g·km^{-1}）	NO_x/（g·km^{-1}）	CO/（g·km^{-1}）	HC/（g·km^{-1}）	NO_x/（g·km^{-1}）
RM≤1 020	41.9	5.9	6.7	22	3.8	2.5
1 020<*RM*≤1 470	45.2	6.6	6.9	29	4.4	3.5
1 470<*RM*≤1 930	48.5	7.3	7.1	36	5.0	3.8
RM>1 930	51.8	8.0	7.2	39	5.2	3.9

②对于 2000 年 7 月 1 日起生产的第一类轻型汽车和 2001 年 10 月 1 日起生产的第二类轻型汽车，参考的简易瞬态工况法排放限值见表 9-7。

表 9-7　瞬态工况法排气污染物排放限值Ⅱ（参考）

车辆类型		基准质量（*RM*）/kg	最低限值		最高限值	
			CO/（g·km^{-1}）	HC+NO_x/（g·km^{-1}）	CO/（g·km^{-1}）	HC+NO_x/（g·km^{-1}）
第一类车		全部	12.0	4.5	6.3	2.0
第二类车	Ⅰ	*RM*≤1 250	12.0	4.5	6.3	2.0
	Ⅱ	1 250<*RM*≤1 700	18.0	6.3	12.0	2.9
	Ⅲ	1 700<*RM*	24.0	8.1	16.0	3.6

6）JT/T 198－2004 标准。对于营运车辆分级评定，JT/T 198－2004《营运车辆技术等级划分和评定要求》标准规定，其标准限值见表 9-8。

表 9-8　在用汽油双怠速法排气污染物限值

车辆分类＼技术等级		一级				二级、三级				备注
		怠速		高怠速		怠速		高怠速		
		CO/%	HC/$\times10^{-6}$	CO/%	HC/$\times10^{-6}$	CO/%	HC/$\times10^{-6}$	CO/%	HC/$\times10^{-6}$	
轻型汽油车	1995年7月1日前生产的	3.5	700			4.5	1 200	3.0	900	
	1995年7月1日起生产的					4.5	900	3.0	900	
	2000年7月1日起第一类	0.7	135	0.25	90	0.8	150	0.3	100	
	2001年10月1日起第二类	0.85	180	0.45	130	1.0	200	0.5	150	
	2005年7月1日起第一类					0.5	100	0.3	100	
	2005年7月1日起第二类					0.8	150	0.5	150	
重型汽油车	1995年7月1日前生产的	4.0	1 000			5.0	2 000	3.5	1 200	
	1995年7月1日起生产的					4.5	1 200	3.0	900	
	2004年9月1日起生产的					1.5	250	0.7	200	
	2005年7月1日起生产的					1.0	200	0.7	200	

（7）检测结果分析

1）废气检测值与发动机故障的关系。在不同工况下废气排放浓度值的范围见表 9-9；废气检测值与发动机系统故障的关系见表 9-10。

表 9-9　不同工况下废气排放浓度值范围

转速	CO/%	HC/$\times10^{-6}$	CO_2/%	O_2/%
怠速	0.5～3	0～250	13～15	1～2
1 500/min，空负荷	0～2.0	0～200	—	1～2
2 500/min，空负荷	0～1.5	0～150	13～15	1～2

表 9-10　废气检测值与系统故障的关系

CO	HC	CO_2	O_2	故障原因
低	很高	低	低	间歇性失火
低	很高	低	低	气缸压力
很高	很高/高	低	低	混合气浓
很高	很高/高	低	很高/高	混合气稀
高	低	正常	正常	点火太迟
低	高	正常	正常	点火太早

续表

CO	HC	CO_2	O_2	故障原因
变化	变化	低	正常	EGR 阀漏气
很低	很低	很低	很高	空气喷射系统
低	低	低	高	排气管漏气

2）排气检测参数中的数据分析。如果燃烧室中没有足够的空气保证正常燃烧，在通常情况下，二氧化碳（CO_2）的读数和一氧化碳（CO）、氧（O_2）的读数相反。燃烧越完全，二氧化碳（CO_2）的读数就越高，最大值在 13.5%～14.8%，此时一氧化碳（CO）的读数应该非常接近 0。

O_2 的读数是最有用的诊断数据之一。O_2 的读数和其他 3 个读数一起，能帮助找出诊断问题的难点。通常，装有催化转化器的汽车，O_2 的读数应该是 1.0%～2.0%，说明发动机燃烧很好，只有少量未燃烧的 O_2 通过气缸。

O_2 的读数小于 1.0%，说明混合气太浓，不利于很好地燃烧。O_2 的读数超过 2.0%，说明混合气太稀。燃油滤清器堵塞、燃油压力低、喷油器阻塞、真空系统漏气、废气再循环（EGR）阀泄漏等，都可能导致过稀失火。

2. 柴油车尾气排放检测

（1）用滤纸式烟度计检测排气烟度

1）准备工作。按照 GB/T 3846—1993《柴油车自由加速烟度的测量滤纸烟度法》的规定，柴油车自由加速烟度的检测应在自由加速工况下，采用滤纸式烟度计按测量规程进行。以下以 FQD—201 型排气烟度计为例介绍柴油车自由加速烟度的检测方法。

①仪器校准。

a. 未接通电源时，先检查指示电表指针是否在机械零点上，否则用零点调整螺钉使指针与“0”的刻度重合。

b. 接通电源，仪器进行预热，然后打开测量开关，在光电传感器下垫上 10 张洁白滤纸，调节粗调电位器和细调电位器，使表头指针与“0”的刻度重合。

c. 在 10 张洁白滤纸上放上标准烟样，光电传感器对准标准烟样中心垂直放置在其上。此时，表头指针应指在标准烟样所代表的染黑度数值上，否则应调节仪器后面板上的小型电位器。

②检查取样装置和控制装置中各部机件的工作情况，特别要检查脚踏开关与活塞抽气泵动作是否同步。

③检查控制用压缩空气和清洗用压缩空气的压力是否符合要求。

④检查滤纸进给机构的工作情况是否正常。

⑤检查滤纸，应洁白无污。

⑥车辆准备。

a. 进气系统应装有空气滤清器，排气系统应装有消声器并且不得有泄漏。

b. 柴油应符合 GB 10327 的规定，不得使用燃油添加剂。

c. 测量时发动机的冷却水和润滑油温度应达到汽车使用说明书所规定的热状态。

d. 自 1995 年 7 月 1 日起新生产柴油车装用的柴油机，应保证起动加浓装置在非起动工况不再起作用。

2）测试步骤：

①用压力为 0.3～0.4 MPa 的压缩空气清洗取样管路。

②把活塞式抽气泵置于待抽气位置，将洁白的滤纸置于待取样位置，并夹紧。

③将取样探头固定于排气管内，插入深度为 300 mm，并使其轴线与排气管轴线平行。

④将脚踏开关引入汽车驾驶室内，但暂不固定在油门踏板上。

⑤按图 9-18 所示测量规程进行自由加速烟度检测。先由怠速工况将油门踏板踩到底，维持 4 s 即松开，然后怠速运转 16 s，共计 20 s。在怠速运转 16 s 的时间内，要用压缩空气清洗机构对取样软管和取样探头吹洗数秒钟。上述操作重复三次，以熟悉加速方法并把排气管内的碳渣等积存物吹掉。然后，把脚踏开关固定在油门踏板上，如图 9-19 所示。

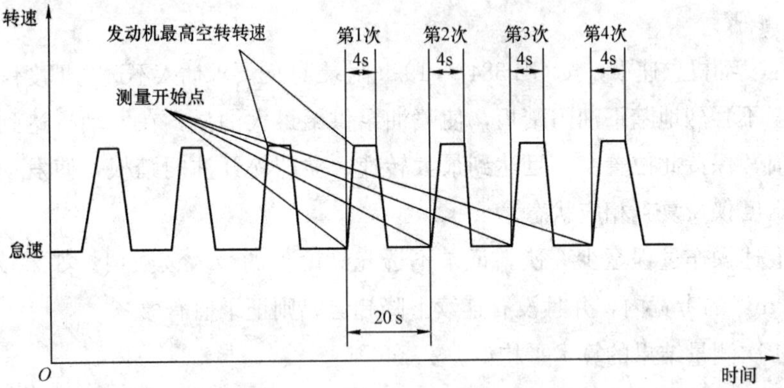

图 9-18　自由加速烟度测量规程

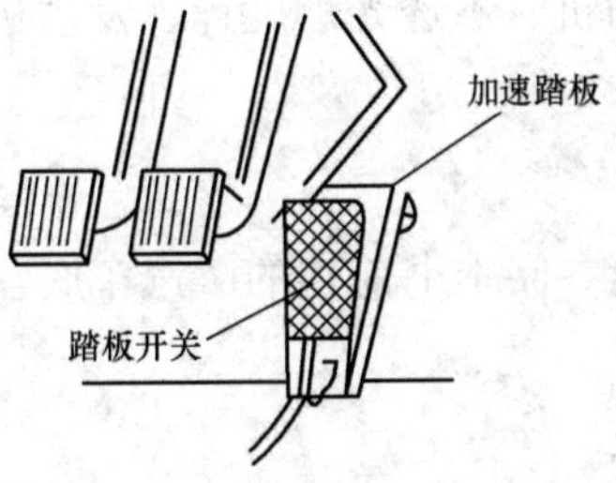

图 9-19　安装脚踏开关

⑥进行实测，将油门踏板与脚踏开关一并迅速踩到底，至 4 s 时立刻松开，维持怠速运转 16 s，共计 20 s。在 20 s 时间内应完成排气取样、滤纸染黑、走纸、抽气泵复位、检测并指示烟度、清洗等工作。

从第1次开始加速至第2次开始加速为一个循环，每个循环共计20 s时间。实测中需操作4个循环，取后3个循环烟度读数的算术平均值作为所测烟度值。当汽车发动机出现黑烟冒出排气管的时间与抽气泵开始抽气的时间不同步现象时，应取最大烟度值作为所测烟度值。

⑦在被染黑的滤纸上记下试验序号、试验工况和试验日期等，以便保存。

⑧检测结束，及时关闭电源和气源。

3）注意事项。

①取样软管的内径和长度有规定，不能随意用其他型号的软管代替。

②指示装置不用时，应把测量开关置于关的位置，以免在移动或运输时损坏指示电表。

③指示装置应避开有振动和湿度大的地方。

④滤纸和校准用标准烟样，不要放置在阳光下暴晒或灰尘多的地方。

⑤标准烟样必须定期检定，在有效期内使用。

（2）用不透光式烟度计测试排气可见污染物含量

1）准备工作。按照仪器说明书的规定进行仪器的预热、检查和校准；对被检车辆的准备工作同前述“滤纸烟度计法”。

2）测试步骤。

①车辆在发动机怠速下，按GB 3847—1999附录H的要求插入不透光烟度仪取样探头。

②迅速但不猛烈地踏下油门踏板，使喷油泵供给最大油量，在发动机达到调速器允许的最大转速前，保持此位置。一旦达到最大转速，立即松开油门踏板，使发动机恢复至怠速，不透光烟度仪恢复到相应状态。

③重复上述操作过程至少6次，记录不透光烟度仪的最大读数值。如果读数值连续4次均在0.25 m^{-1}的带宽内，并且没有连续下降趋势，则记录值有效。

④计算4次测量结果的算术平均值。

（3）在用汽车加载减速试验

对装配压燃式发动机的在用汽车排气烟度的检验，可以使用加载减速工况法。所使用的检测设备主要包括：底盘测功机、不透光烟度计、发动机转速传感器等，由中央控制系统集中控制。

1）准备工作。

①对仪器设备的准备工作请参阅本书前述的“汽车底盘测功”等相关内容或参阅相关仪器、设备的使用说明书。

②连接好发动机转速传感器。

③选择合适的挡位，使加速踏板在最大位置时，受检车辆的最高车速接近70 km/h。

④由控制系统判定测功机是否能够吸收受检车辆的最大功率，如果车辆最大功率超过了测功机的功率吸收范围，不能进行检测。

2）检测程序。

①正式检测开始前，检测员应按以下步骤操作，以使控制能够获得自动检测所需的初

始数据。

a. 起动发动机，变速器置于空挡，逐渐增大油门踏板直到达到最大，并保持在最大开度状态，记录此时发动机的最大转速，然后松开油门踏板，使发动机回到怠速状态。

b. 使用前进挡驱动被检车辆，选择合适的挡位，使油门踏板处于全开位置时，测功机指示的车速最接近 70 km/h，但不能超过 100 km/h。对装有自动变速器的车辆，应注意不要在超速挡下进行测量。

②计算机对按上述步骤获得的数据自动进行分析，判断是否可以继续进行检测，所有被判定不适合检测的车辆，都不允许进行加载减速烟度试验。

③在确认机动车可以进行排放检测后，将底盘测功机切换到自动检测状态。

a. 加载减速测试的过程必须完全自动化，在整个检测循环中，都是由计算机控制系统自动完成对底盘测功机加载减速过程的管理。

b. 自动控制系统采集三组检测状态下的检测数据，以判定受检车辆的排气光吸收系数 K 是否达标。三组数据分别为最大功率下的转鼓线速度点、90％最大功率下的转鼓线速度点和 80％最大功率下的转鼓线速度点。

c. 上述三组检测数据包括轮边功率、发动机转速和排气光吸收系数 K，必须将不同工况点的检测结果都与排放限值进行比较。若修正后的最大轮边功率低于所要求的最小功率，或者测得的排气度光吸收系数 K 超过了标准规定的限值，均应判定该车的排放不合格。

④检测开始后，检测员始终将加速踏板踩到底，直到检测系统通知松开加速踏板为止。在试验过程中，检测员应实时监控发动机冷却液温度和机油压力。一旦冷却液温度超出了规定的温度范围，或者机油压力偏低时，都必须立即停止检测。当冷却液温度过高时，检测员应松开加速踏板，将变速器置于空挡，使车辆停止运转。然后，使发动机在怠速工况下运转，直到冷却液温度重新恢复到正常范围为止。

⑤在检测过程中，检测员应时刻注意受检车辆或检测系统的工作情况。

⑥检测结束后，打印检测报告并存档。

⑦将受检车辆驶离底盘测功机以前，检测员应检查是否已经完成相关的检测工作，并完成对相关检测数据的记录和保护。

⑧按下列步骤将受检车辆驶离底盘测功机：

a. 从受检车辆上拆下所有测试和保护装置。

b. 举起底盘测功机举升板，锁住转鼓。

c. 去掉车轮挡块，确认受检车辆及其行驶路线周围没有障碍物或人员。

d. 慢慢将受检车辆驶离底盘测功机，并停放到指定地点。

3）注意事项。

①每条检测线至少应配备三名检测员，一名检测员操作控制计算机，一名检测员负责驾驶受检车辆，一名检测员进行辅助检查，并随时注意受检车辆在检测过程中是否出现异常情况。

②除检测员外，在检测过程中，其他人员不得在检测现场逗留。

③对非全时四轮驱动车辆，应选择后轮驱动方式。

④对紧密型多轴驱动的车辆，或全时四轮驱动车辆，不能进行加载减速检测，应进行自由加速排气烟度排放检测。

⑤如果发现受检车辆的车况太差，不适宜进行加载减速法检测，必须先进行修理后才能进行检测。

⑥检测过程中由于发动机发生故障，使检测工作终止时，必须待故障排除后重新进行排放检测。

⑦在加载减速检测过程中，不论什么原因，如果操作驾驶员想通过松开油门踏板来暂时停止检测工作，检测工作都将被提前中断。在这种情况下，自动试验程序认为检测工作已经中止。

⑧不透光烟度计至少每年检定一次，每次维修后必须进行检定，经检定合格后方可重新投入使用。

（4）检测标准

1）对于 GB 3847—2005 实施后生产的在用汽车。自 2005 年 7 月 1 日起，按标准规定经形式核准生产的在用汽车，应按《在用车不透光烟度法》进行自由加速试验，所测得的排气光系数不应大于车型核准的自由加速排气烟度排放限值，再加 0.5m^{-1}。

2）对于 2001 年 10 月 1 日起至 2005 年 7 月 1 日生产的汽车，应按标准规定进行自由加速试验，所测得的排气光系数不应大于以下限值：

自然吸气式：2.5m^{-1}；

涡轮增压式：3.0m^{-1}。

3）对于 2001 年 10 月 1 日前生产的在用汽车。对于 1995 年 7 月 1 日起至 2001 年 9 月 30 日期间生产的汽车，应按《在用汽车自由加速试验滤纸烟度法》进行自由加速试验，所测得的烟度值应不大于 4.5 Rb。对于 1995 年 6 月 30 日以前生产的汽车，应按《在用汽车自由加速试验滤纸烟度法》进行自由加速试验，所测得的烟度值应不大于 5.0 Rb。

4）加载减速法检测限值。采用加载减速工况法检测柴油机排放时，其限值标准参照表 9-11。

表 9-11　加载减速法排放限值范围

车型		光吸收系数/m^{-1}
轻型车	重型车	
2005 年 7 月 1 日起生产的第一类轻型车和 2006 年 7 月 1 日起生产的第二类轻型车	2004 年 9 月 1 日起生产的重型车	1.00～1.39
2000 年 7 月 1 日起生产的第一类轻型车和 2001 年 10 月 1 日起生产的第二类轻型车	2001 年 9 月 1 日起生产的重型车	1.39～1.86

续表

车型		光吸收系数/m^{-1}
轻型车	重型车	
2000 年 7 月 1 日前生产的第一类轻型车和 2001 年 10 月 1 日前生产的第二类轻型车	2001 年 9 月 1 日前生产的重型车	1.86～2.13
注：对于新车型或发动机机型排放达到 GB 17691—2005 第Ⅲ阶段排放标准的在用车，可参照表中的第一项，即限值为 1.00～1.39m^{-1}执行。		

5）JT/T 198—2004 标准。对于营运车辆分级评定，JT/T 198—2004《营运车辆技术等级划分和评定要求》标准规定，在用柴油车自由加速排气污染物检测有两种方法，一种是滤纸烟度法，另一种是不透光烟度法。其标准限值见表 9-12。

表 9-12　在用柴油车自由加速试验排气污染物限值

技术等级 车辆分类	一级	二、三级	四级
1995 年 6 月 30 日前生产的	≤3.6 Rb	≤5.0 Rb	滤纸烟度法
1995 年 7 月 1 日起生产的	≤3.6 Rb	4.5 Rb	
2001 年 10 月 1 日起生产的	≤2.2 m^{-1}	≤2.5 m^{-1}（自然吸气）	不透光烟度法
2001 年 10 月 1 日起生产的	≤2.2 m^{-1}	≤3.0 m^{-1}≤（涡轮增压）	
2005 年 7 月 1 日起生产的		≤车型核准限值+0.5 m^{-1}	
注：空缺的限值为 JT/T 198—2004 目前尚没有的规定限值。			

（5）检测结果分析

在压燃式发动机的烟气排放中，微粒和碳烟的生成机理还未完全研究清楚。目前，一般都认为燃烧时的一段高温范围和局部存在特别浓的混合气，是产生微粒和碳烟的必要条件。

装配压燃式发动机的在用汽车的排气烟度检测结果超标，主要原因是柴油机供油系调整不当所致。此外，柴油机气缸活塞组和曲柄连杆机构的技术状况及柴油的质量等对排放烟度也有影响。柴油机供油系统调整不当和相关系统技术状况的变化，主要表现在柴油机出现冒黑烟、蓝烟及白烟故障。其黑烟对排放烟气检测结果的影响最大。柴油机工作时黑烟浓重，其故障多属于喷油量过大，雾化不良，各缸喷油量不均匀，喷油时刻过早，调速器失调和空气滤清器堵塞等因素引起。

此外，柴油机冒黑烟还与柴油质量有关，为使着火性能良好，一般柴油机选用十六烷值为 40～45 的柴油为宜。若十六烷值超过 65，则柴油蒸发性变差，致使燃烧不彻底，工作时也会发生冒黑烟现象。

二、技能考核

1. 准备工作

1）教师为考核准备好检测仪器、设备及必要的工具。

2）学生完成对车辆的检查准备工作。

2. 考核实施

1）学生每两人为一组，互为检测员和引车员。

2）小组相互合作完成本任务规定的实操项目，并完成学生实训工单的填写。

3）教师全过程观察学生操作情况，对可能造成仪器、设备等损坏及可能产生人身危险的操作及时制止和纠正，并在教师考核记录表上做必要的记录和评分。

4）教师审阅学生完成的学生实训工单并给出成绩。

5）教师将学生实训工单的成绩填入教师考核记录表内，并合算出总成绩。

习题与思考

一、判断题

(　　)1. 柴油机排气管排出的尾气，其主要污染物成分是 HC、NO_x 和大量的颗粒物。

(　　)2. 汽油车发动机排气管排出的尾气，其主要污染物成分是 CO、HC 和 NO_x。

(　　)3. 用双怠速法检测汽油车排气污染物时，在插入取样探头前要先使被检车以 0.7 倍额定转速运转 60 s。

(　　)4. 用加速模拟工况法检测排气污染物时，将分析仪取样探头插入排气管中，深度为 400 mm，并固定于排气管上。对独立工作的多排气管应从其中一个排气管取样。

(　　)5. 在对装配压燃式发动机的在用汽车进行滤纸烟度法检验时，应在 20 s 内完成一个测量循环。

(　　)6. 在进行自由加速测量时，必须在 1 s 内，将加速踏板快速、连续地完全踩到底，使喷油泵在最短时间内供给最大油量。

(　　)7. 在进行不透光烟度法检测时，在计算均值时不可以忽略与测量均值相差很大的测量值。

(　　)8. 对于同一车型的在用汽车实施排放监控，环保定期检测时不可以采用两种或两种以上的排气污染物排放检测方法。

(　　)9. 四气体/五气体分析仪用于检测装配点燃式发动机的在用汽车排气污染物的排放浓度。

(　　)10. 不透光式烟度计是利用透光衰减率来测定排气烟度的。

(　　)11. 不透光式烟度计可分为全流式和分流式两类。

(　　)12. 对每一次自由加速测量，在松开加速踏板前，发动机必须达到断油点转速。

(　　)13. 不透光烟度计也称透光式烟度计或透射式烟度计。

二、选择题

1. 用双怠速法进行排气污染物测量时，取样探头插入排气管中的深度至少为(　　)mm。

A. 400　　B. 500　　C. 600　　D. 700

2. 用双怠速法进行排气污染物测量时，发动机从70%额定转速降至高怠速状态维持15 s后开始读数，读取(　　)s 内的最高值和最低值，取其平均值即为高怠速排放测量结果。

A. 30　　B. 50　　C. 60　　D. 70

3. 用双怠速法进行排气污染物测量时，发动机从高怠速状态降至怠速状态维持 15 s 后开始读数，读取(　　)s 内的最高值和最低值，取其平均值即为怠速排放测量结果。

A. 30　　B. 50　　C. 60　　D. 70

4.《点燃式发动机汽车排气污染物排放限值及测量方法》(GB 18285—2005) 中，将轻型汽车的高怠速转速规定为(　　)r/min。

A. 1 800±100　　B. 2 000±100　　C. 2 500±100　　D. 2 800±100

5.《点燃式发动机汽车排气污染物排放限值及测量方法》(GB 18285—2005) 中，将重型汽车的高怠速转速规定为(　　)r/min。

A. 1 800±100　　B. 2 000±100　　C. 2 500±100　　D. 2 800±100

6. 汽车排气中(　　)的含量，是装有闭环控制电子燃油喷射系统和三效催化转化技术的汽车计算机监控空燃比、控制排放量、保护三效催化转化器正常工作的重要信号。

A. CO　　B. CO_2　　C. O_2　　D. NO_x

7. 滤纸式烟度计指示装置间歇使用时，可关光源开关，不关电源开关，但启用时，光源开启后应预热(　　)min。

A. 3　　B. 5　　C. 7　　D. 9

8. 双排气管的汽油车测量怠速污染物排放值应取(　　)。

A. 两根排气管污染物排放值之和　　B. 两根排气管污染物排放值平均值

C. 两根排气管污染物排放值中之大者　　D. 两根排气管污染物排放值之差

9. 2005 年 7 月 1 日起汽油汽车应用(　　)进行排气污染物检测。

A. 怠速法　　B. 双怠速法　　C. 高怠速法　　D. 加速法

10. 关于检测双怠速尾气排放，下列叙述正确的是(　　)。

A. 高怠速的转速值为发动机额定转速的 0.7 倍

B. 双怠速法检测尾气时，应先检测高怠速，后检测怠速

C. 检测结果为高怠速检测值与怠速检测值的平均值

D. 检测结果为高怠速检测值与怠速检测值的差值

三、问答题

1. 为什么要检测汽车尾气排放污染物的含量?

2. 汽油车尾气中的主要污染物有哪些?

3. 汽油车尾气排放污染物的评价指标有哪些?各评价指标分别有什么含义?

4. 简要说明不分光红外线气体分析法和化学发光法的检测原理。

5. 简要说明不分光红外线气体分析仪的结构与工作原理。

6. 柴油车尾气中的主要污染物有哪些?

7. 柴油车尾气排放污染物的评价指标有哪些?各评价指标分别有什么含义?

8. 简要说明滤纸式烟度计和不透光烟度计的检测原理。

项目十　汽车噪声检测

任务目标

1. 知道汽车噪声的危害及汽车噪声的评价指标。
2. 叙述声级计的结构与工作原理。
3. 会用声级计进行汽车定置噪声、驾驶员耳旁噪声和喇叭噪声级的检测。
4. 根据检测结果进行分析，对汽车噪声性能做出评价，并提出维修建议。
5. 培养良好的安全与卫生习惯和团结协作意识。

任务引入

噪声就是使人烦躁的、讨厌的、不需要的，并希望利用一定的控制措施消除掉的声音总称。噪声不仅有声学方面的性质，而且还具有生理学、心理学方面的含义，包括声音产生的不舒适程度和对人体影响程度等内容。噪声是一种声波，具有一切声波所具有的运动特点和性质。

随着汽车向快速和大功率方面的发展，汽车噪声已成为一些大城市的主要噪声源。汽车噪声主要包括：发动机的机械噪声、燃烧噪声、进排气噪声和风扇噪声；底盘的机械噪声、制动噪声和轮胎噪声；车厢振动噪声、货物撞击噪声；喇叭噪声和转向、倒车时的蜂鸣声等噪声。长期在噪声环境中生活，容易使人产生疲劳和注意力分散，因而危害比较大，所以噪声也是一种环境污染，必须对其加以控制。

相关知识

一、噪声的主要物理参数

1. 声压和声压级

噪声的主要物理参数有声压与声压级、声强与声强级和声功率与声功率级。其中声压与声压级是表示声音强弱的最基本的参数。

声压是指声波的存在引起的在弹性介质中压力的变化值。声音的强弱取决于声压，声压越大听到的声音越强。人耳可以听到的声压范围是 2×10^{-5}（听阈声压）～20 Pa（痛阈声压），相差 100 万倍，因此用声压的绝对值表示声音的强弱会感到很不方便，所以人们常用声压级来表示声音的强弱。

声压级是指某点的声压 P 与基准声压（听阈声压）P_0 的比值取常用对数再乘以 20 的值（$L_p=20\lg\dfrac{P}{P_0}$），单位为分贝（dB）。可闻声声压级范围为 0～120 dB。

2. *声强与声强级*

声强是指与声波传播相垂直方向单位面积、单位时间内通过的声能量，用 I 表示，单位为 W/m^2。声强也可用声强级来表示。声强级可用下式表示：

$$L_i=10\lg(I/I_0)$$

式中 I——声强，W/m^2；

I_0——基准声强，等于听觉能感受的最低声强值，$I_0=10^{-12}\ W/m^2$。

3. *声功率*

声功率是指声源在单位时间内向外辐射的总能量，单位为 W。声功率同样也可用声功率级表示，声功率级的表达式为

$$L_w=10\lg(W/W_0)$$

式中 W——声功率；

W_0——基准声功率，$W_0=10^{-12}$ W。

4. *噪声的频谱*

人耳对声音的感觉不仅与声压有关，而且还与声音的频率有关。人耳可闻声音的频率范围为 20～20 000 Hz。一般的声源，并不是仅发出单一频率的声音，而是发出具有很多频率成分的复杂声音。声音听起来之所以会有很大的差别，就是因为它们的组成成分不同造成的。因此，要全面了解一个声源的特性，仅知道它在某一频率下的声压级和声功率级是不够的，还必须知道它的各种频率成分和相应的声音强度，这就是频谱分析。

以声音频率（Hz）为横坐标、以声音强度（如声压级 dB）为纵坐标绘制的噪声测量图形，称为频谱图。

人耳可闻声音的频率有 1 000 多倍的变化范围，在实际频谱分析中不可能进行逐个频率分析。在声音测量中，让噪声通过滤波器把可闻声音的频率范围分割成若干个小的频段，称为频程或频带。频带的上限频率 f_h（或称上截止频率）与下限频率 f_L（或称下截止频率）具有 $f_h/f_L=2^n$ 的关系，频带的中心频率 $f_m=\sqrt{f_h\cdot f_L}$，当 $n=1$ 时称为倍频程或倍频带。可闻声音频率范围用 10 段倍频程表示，见表 10-1。

表 10-1 倍频程中心频率及频率范围 Hz

中心频率	31.5	63	125	250	500
频率范围	22～45	45～90	90～180	180～355	355～710
中心频率	1 000	2 000	4 000	8 000	16 000
频率范围	710～1 400	1 400～2 800	2 800～5 600	5 600～11 200	11 200～22 400

如果需要更详细地分析噪声，可采用 1/3 倍频程，即可以把每个倍频程分成 3 份（$n=1/3$）。

二、噪声的评价指标

噪声的评价指标有响度级和噪声级。

1. 响度级

与人耳生理感觉相适应的指标来评价声音的强弱，即响度级，单位为“方”。

人耳对声音的感觉不仅与声压有关，而且还与声音的频率有关。人耳可闻声音的频率范围为 20～20 000 Hz。往往声压级相同，但由于频率不同，听起来并不一样响，相反，不同频率的声音，虽然声压级不同，但有时听起来却一样响。

选取 1 000 Hz 的纯单音为基准音，其噪声听起来与该纯音一样响，该噪声的响度级就等于这个纯音声压级的分贝数。

响度级是表示声音响度的主观量，它把声压级和频率用一个概念统一起来了。

2. 噪声级

用声压级测定的声音强弱与人们的生理感觉往往不一样。因而，对噪声的评价常采用与人耳生理感觉相适应的指标。

为了模拟人耳在不同频率有不同的灵敏性的特质，在声级计内设有一种能够模拟人耳的听觉特性，把电信号修正为与听觉近似值的网络，这种网络称为计权网络。通过计权网络测得的声压级，已不再是客观物理量的声压级，而是经过听感修正的声压级，称为计权声级或噪声级。

国际电工委员会（IEC）对声学仪器规定了 A、B、C 等几种国际标准频率计权网络，它们是参考国际标准等响曲线而设计的。由于 A 计权网络的特性曲线接近人耳的听感特性，故目前普遍采用 A 计权网络对噪声进行测量和评价，记作 dB（A）。

三、声级计的结构与工作原理

在汽车噪声的测量方法中，国家标准规定使用的仪器是声级计。声级计是一种能把噪声以近似于人耳听觉特性来测定其噪声级的仪器，可以用来检测机动车的行驶噪声、排气噪声和喇叭声音响度级等。

根据声级计在标准条件下测量 1 000 Hz 纯音所表现出的精度，20 世纪 60 年代，国际上把声级计分为两类：一类称为精密声级计，另一类称为普通声级计。我国采用这种分类法。20 世纪 70 年代以来，有些国家推行四类分类法，即分为 0 型、1 型、2 型和 3 型。它们的测量精度分别为±0.4 dB、±0.7 dB、±1.0 dB 和±1.5 dB。根据声级计所用电源不同，还可将声级计分为交流式声级计和用于干电池的直流式声级计两类，后者也可以称为便携式声级计。便携式声级计具有体积小、重量轻和现场使用方便等优点。

声级计一般由传声器、放大器、衰减器、计权网络、检波器、指示表头和电源等组成。其工作原理是：被测的声波通过传声器被转换为电压信号，根据信号大小选择衰减器或放大器，放大后的信号送入计权网络作处理，最后经过检波并在以 dB 为标度的表头上指示出噪声数值。如图 10-1 所示为我国生产的 ND2 型精密声级计，其组成如图 10-2 所示。

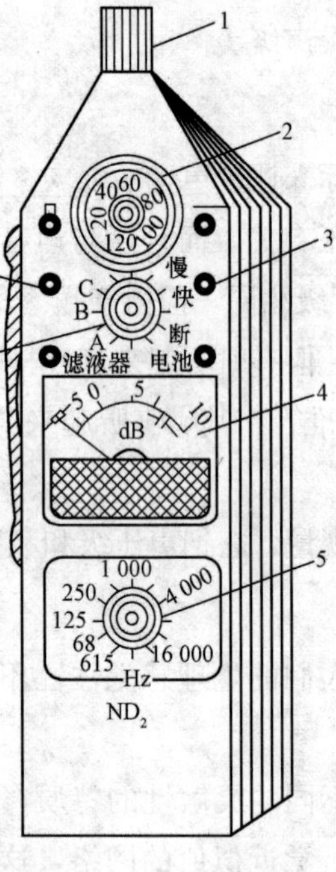

图 10-1　ND2 型精密声级计

1—电容传声器；2—衰减器；3—放大器输出；4—指示表头；

5—滤波器旋钮；6—计权网络旋钮；7—外接滤波器

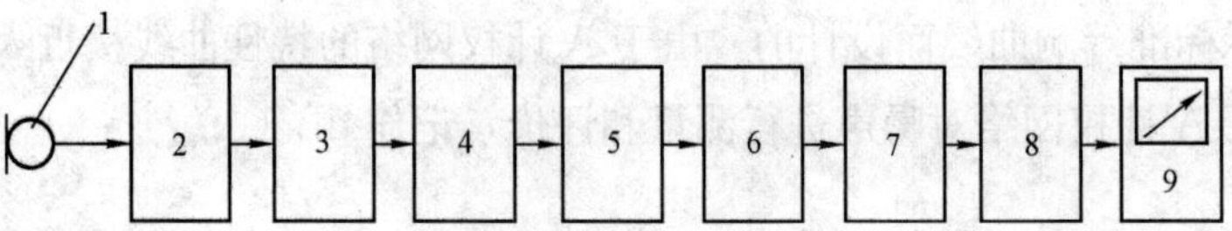

图 10-2　声级计的组成

1—传声器；2—前置放大器；3—输入衰减器；4—输入放大器；

5—计权网络；6—输出衰减器；7—输出放大器；8—检波器；9—指示表头

1. 传声器

传声器是把声压信号转变为电信号的装置，也称为话筒，是声级计的传感器。常见的传声器有晶体式、驻极体式、动圈式和电容式等多种形式。

动圈式传声器由振动膜片、可动线圈、永久磁铁和变压器等组成。振动膜片受到声波压力以后开始振动，并带动着和它装在一起的可动线圈在磁场内振动，以产生感应电流。该电流根据振动膜片受到声波压力的大小而变化。声压越大，产生的电流就越大；声压越小，产生的电流也越小。

电容式传声器主要由金属膜片和靠得很近的金属电极组成，实质上是一个平板电容，其结构如图 10-3 所示。金属膜片与金属电极构成了平板电容的两个极板。当膜片受到声压作用时，膜片发生变形，使两个极板之间的距离发生变化，电容量也发生变化，从而产生交变电压，其波形在传声器线性范围内与声压级波形成比例，实现了将声压信号转变为电压信号的作用。

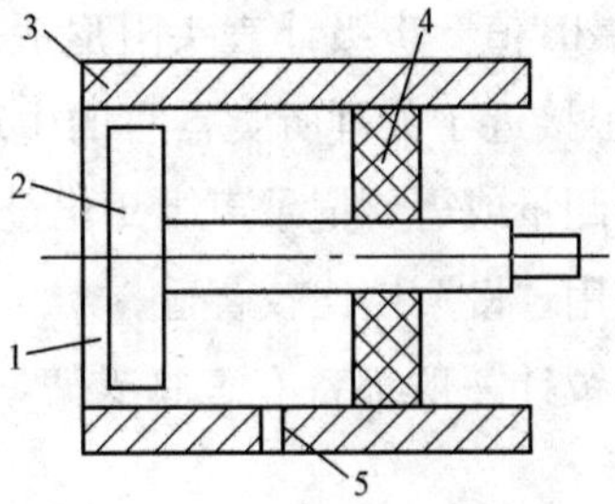

图 10-3　电容式传声器的结构

1—金属膜片；2—电极；3—壳体；4—绝缘体；5—平衡孔

电容式传声器是声学测量中比较理想的传声器，具有动态范围大、频率响应平直、灵敏度高和在一般测量环境中稳定性好等优点，因而应用广泛。

2. 放大器和衰减器

目前流行的许多国产与进口的声级计，在放大线路中都采用两级放大器，即输入放大器和输出放大器，其作用是将微弱的电信号放大。输入衰减器和输出衰减器是用来改变输入信号的衰减量和输出信号衰减量的，以便使表头指针指在适当的位置上。衰减器每一挡的衰减量为 10 dB。输入放大器使用的衰减器调节范围为测量低端（如 0～70 dB），输出放大器使用的衰减器调节范围为测量高端（如 70～120 dB）。输入和输出两个衰减器的刻度盘常做成不同的颜色，以黑色刻度盘与透明刻度盘配对为多。由于许多声级计的高、低端以 70 dB 为界限，故在旋转时要防止超过界限，以免损坏装置。

3. 计权网络

计权网络一般有 A、B、C 三种。A 计权声级是模拟人耳对 55 dB 以下低强度噪声的频率特性，B 计权声级是模拟 55～85 dB 的中等强度噪声的频率特性，C 计权声级是模拟高强度噪声的频率特性。三者的主要差别是对噪声低频成分的衰减程度：A 衰减最多，B 次之，C 最少。A 计权声级由于其特性曲线接近于人耳的听感特性，因此是目前世界上噪声测量中应用最广泛的一种计权声级，B 计权声级、C 计权声级应用较少。

从声级计上得出的噪声级读数，必须注明采用的是何种计权网络。

4. 检波器和指示表头

为了使经过放大的信号通过表头显示出来，声级计还需要有检波器，以便把迅速变化的电压信号转变成变化较慢的直流电压信号。这个直流电压的大小要正比于输入信号的大小。根据测量的需要，检波器有峰值检波器、平均值检波器和均方根值检波器之分。峰值检波器能给出一定时间间隔中的最大值，平均值检波器能在一定时间间隔中测量其绝对平均值。除了像枪炮声那样的脉冲声需要测量它的峰值外，在多数的噪声测量中均采用均方根值检波器。

均方根值检波器能对交流信号进行平方、平均和开方，得出电压的均方根值，最后将均方根电压信号输送到指示表头。指示表头是一只电表，只要对其刻度进行一定的标定，就可从表头上直接读出噪声级的 dB 值。声级计表头阻尼一般都有“快”和“慢”两个挡。“快”挡的平均时间为 0.27 s，很接近于人耳听觉器官的生理平均时间。“慢”挡的平均时间为 1.05 s。当对稳态噪声进行测量或需要记录声级变化过程时，使用“快”挡比较合适；在被测噪声的波动比较大时，使用“慢”挡比较合适。

为适应测量现场的需要，声级计一般都备有三脚支架，以便根据需要将声级计固定在三脚支架上。

声级计面板上一般还备有一些插孔。这些插孔如果与便携式倍频带滤波器相连，可组成小型现场使用的简易频谱分析系统；如果与录音机组合，则可把现场噪声录制在磁带上储存下来，待以后再进行更详细的研究；如果与示波器组合，则可观察到声压变化的波形，并可存储波形或用照相机、摄像机把波形摄制下来；还可以把分析仪、记录仪等仪器与声级计组合、配套使用，这要根据测试条件和测试要求而定。

任务实施

一、技能学习

1. 准备工作

（1）声级计的准备

1）在未接通电源时，先检查声级计仪表指针是否在机械零点上。若不在零点，可用零点调整螺钉使指针与零点重合。

2）检查电池容量，把声级计功能开关对准“电池”，此时声级计仪表指针应达到额定红线或规定区域，否则读数不准。打开后盖便可更换电池。

3）打开电源开关，预热仪器 10 min。

4）对声级计进行校准。每次测量前或使用一段时间后，必须对声级计的电路和传声器进行校准。声级计上一般都配有电路校准的“参考”位置，可校验放大器的工作是否正常。如不正常，应调节微调电位器。电路校准后，再利用已知灵敏度的标准传声器对声级计上的传声器进行对比校准。常用的标准传声器有声级校准器和活塞式发声器，它们的内部都有一个可发出恒定额率、恒定声级的机械装置，因而很容易对比出被检传声器的灵敏度。声级校准器产生的声压级为 94 dB，频率为 1 000 Hz；活塞式发声器产生的声压级为 124 dB，频率为 250 Hz。

5）将声级计的功能开关对准“线性”“快”挡。如果此时在室内，由于一般办公室内的环境噪声为 40～60 dB，因此声级计上应有相应的示值。变换衰减器刻度盘，表头示值应相应变化 10 dB 左右。

6）检查计权网络。接以上步骤，将“线性”位置依次变为“C”“B”“A”计权网络。由于室内环境噪声多为低频成分，故经频率计权后的噪声级示值将低于线性值，而且应依次递减。

7）考查“快”“慢”挡。将声级计衰减器刻度盘调至高 dB 值处（例如 90 dB），操作人员断续发出声响，并注意观察“快”挡时的指针摆动能否跟上发音速度，“慢”挡时的指针摆动是否明显迟缓。这是“快”“慢”两挡所要求的表头阻尼程度的基本特征。

8）经过上述检查和校准后，声级计便可投入使用。在不知道被测声级多大时，必须把衰减器刻度盘预先放在最大衰减位置上（即 120 dB 处），然后在实测中再逐步旋至被测声级所需要的衰减挡。

（2）测量环境

1）测量场地。

①测量场地应为开阔的，由混凝土、沥青等坚硬材料所构成的平坦地面。其边缘至车辆外廓至少 3 m，如图 10-4 所示。测量场地之外的较大障碍物（如停放的车辆、建筑物、广告牌、树木、平行的墙等），距离传声器不得小于 3 m。

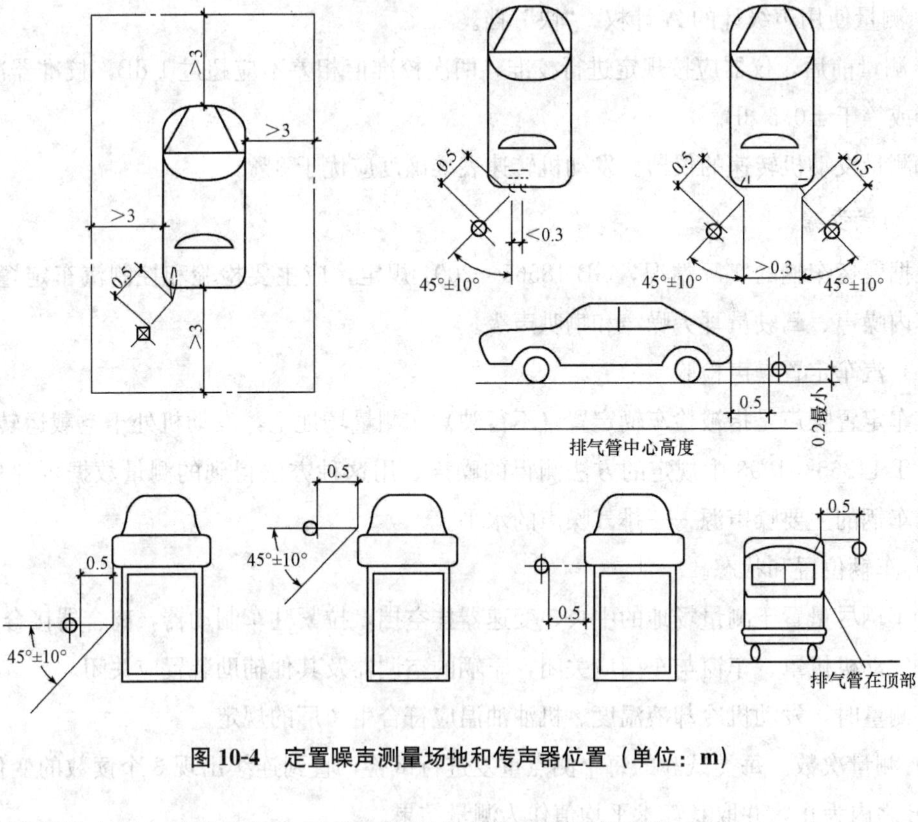

图 10-4　定置噪声测量场地和传声器位置（单位：m）

②除测量人员和驾驶员外，测量现场不得有影响测量的其他人员。

2）背景噪声。

①测量过程中，传声器位置处的背景噪声（包括风的影响）应比被测噪声低 10 dB（A）

以上。这里所指的背景噪声是指车辆以外的噪声。

②如果背景噪声比测量噪声低 6～10 dB（A），测量结果应减去表 10-2 中的修正值；如果差值小于 6 dB（A），测量无效。

表 10-2　背景噪声修正值　　dB

测量噪声与背景噪声差值	6～8	9～10	＞10
修正值	1.0	0.5	0

3）风速。

①风速超过 2 m/s 时，声级计应使用防风罩，同时注意阵风对测量的影响。

②测量的风速大于 5 m/s，测量无效。

4）测量仪器。

①噪声测量仪器。

a. 声级计或相当声级计的其他测量系统应符合 GB 3185 中对Ⅰ型或Ⅱ型仪器的要求。

b. 测量使用声级计的 A 计权、“快”挡。

c. 测量前后，仪器应按规定进行校准，两次校准值相差不应超过 1 dB，校准器准确度应优于或等于±0.5 dB。

②测量发动机转速的仪器。发动机转速表准确度应优于 3%。

2. 测试步骤

根据营运车辆的实际情况，GB 18565—2001 规定，应主要检验和控制汽车定置噪声、客车车内噪声、驾驶员耳旁噪声和喇叭声级。

（1）汽车定置噪声检验

汽车定置噪声是指被检车辆定置（不行驶）在测量场地上，发动机处于空载运转状态，按 GB/T 14365—1993 中规定的方法测得的噪声。用这种方法得到的测量数据可评价、检查机动车辆的主要噪声源——排气噪声的水平。

1）车辆位置和状态。

①车辆尽量置于测量场地的中央，变速器挂空挡，拉紧驻车制动器，离合器接合。

②发动机机罩、车窗与车门应关闭，车辆的空调器及其他辅助装置应关闭。

③测量时，发动机冷却液温度、机油油温应符合生产厂的规定。

2）测量次数。每类试验的每个测点重复进行试验，直到连续出现 3 个读数的变化范围在 2 dB 之内为止，并取其算术平均值作为测量结果。

3）测量程序。

①传声器位置。

a. 传声器与排气口端等高，在任何情况下，距地面不得小于 0.2 m。

b. 传声器的参考轴应与地面平行，并和通过排气口气流方向且垂直地面的平面，呈45°±10°夹角。传声器朝向排气口，距排气口端 0.5 mm，放在车辆外侧。

c. 车辆装有两根或更多根排气管，且排气管之间的间隔不大于 0.3 m，并连接于一个消声器时，只需取一个测量位置。传声器应选择位于最靠近车辆外侧的排气管。如果两根或两根以上的排气管同时在垂直于地面的直线上，则选择离地面最高的排气管。

d. 装有多根排气管，并且各排气管的间隔又大于 0.3 m 的车辆，对每一根排气管都要测量，并记录下其最高声级。

e. 排气管垂直向上的车辆，传声器放置高度应与排气管口等高，传声器朝上，其参考轴应垂直地面。传声器应放在离排气管较近的车辆一侧，并距排气口端 0.5 m。

f. 车辆由于设计原因（如备胎、油箱、蓄电池等）不能满足放置条件时，应画出测点图，并标注传声器选择的位置。传声器朝向排气口，放在尽可能满足上述条件，并距最近障碍物大于 0.2 m 地方。

②发动机运转条件：发动机取 3/4 额定转速±50 r/min。

③测量时，当发动机稳定在上述转速后，测量由稳定转速尽快减速到怠速过程的噪声，记录最高声级值。

（2）汽车驾驶员耳旁噪声检测

1）基本要求：

①环境噪声应低于被测噪声值至少 10 dB（A）。

②声级计应置于“A”计权、“快”挡。

2）测试步骤：

①将声级计按图 10-5 所示测点位置放置，声级计的传声器应朝向驾驶员耳朵方向。

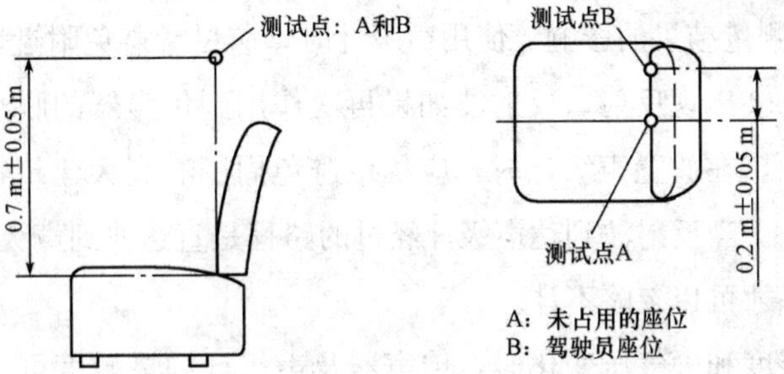

图 10-5　传声器相对于座椅的位置

②关闭车辆门窗。

③车辆应处于静止状态且变速器置于空挡，启动发动机并使其处于额定转速状态。

④从声级计上读取数据。

（3）汽车喇叭噪声级的检测

1）将声级计安放于汽车前 2 m 处，距地面高度为 1.2 m，如图 10-6 所示。

2）声级计用“A”计权网络、“快”挡进行测量，按下喇叭开关读取声级计表头最大读数。测量时应注意不被偶然的其他声源峰值所干扰。测量次数宜在两次以上，并注意监听喇叭声是否悦耳。

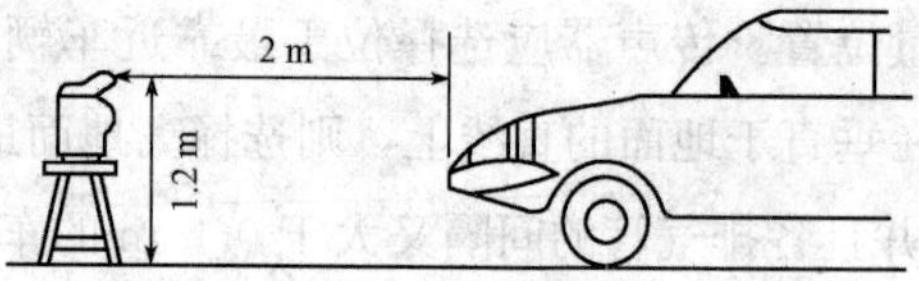

图 10-6　汽车喇叭声的测点位置

3. 测量注意事项

1）时间计权（电表阻尼）特性的选择。声级计一般具有“快”和“慢”时间计权（电表阻尼）特性，测量时要根据测量规范的要求来选择。例如，测量汽车噪声规定用“快”特性，测量城市环境噪声规定用“慢”特性。在没有规定时，对于比较稳定的噪声，“快”和“慢”特性都会得到相同的测量结果；对于不稳定噪声，当用“快”特性时，电表指针摆动较大（如大于 4 dB)，就应用“慢”特性。又如需要测量某一时间内的最大值，则应当用“快”特性。

2）背景噪声影响的修正。在实际测量中，除了被测声源外，还会有其他噪声存在，这种噪声称为背景噪声（或本底噪声）。背景噪声会影响测量的准确性，但可通过背景噪声影响的修正曲线，对测量结果进行修正。

3）风罩的应用。在有风的环境下测量噪声，当风吹到传声器上时，传声器的膜片上压力会发生变化，从而引起风噪声，这会影响到测量结果的准确性，此时，在传声器上加装一只风罩，就可以大大地衰减风噪声，而对声音却没有衰减，从而提高了在有风环境下测量的准确性。但是，当风速大于 5 m/s 时，一般不应进行测量。

4）减少环境对测量结果的影响。使用声级计时，应尽量避免附近墙壁或物体反射的影响。声波遇到障碍物会出现反射，反射波如果再次作用到传声器的膜片上，将影响到测量结果的准确性，因而，在放置声级计时，应尽量避免周围有高大建筑物，同时，测试者也应尽可能远离声级计。当反射波到达声级计经过的路程是直达波到声级计处所经过路程的 3 倍以上时，这个误差才可以忽略不计。

在环境温度、湿度和大气压变化时，传声器及声级计的灵敏度可能发生变化，在测试中，必须按照生产厂家规定的条件使用声级计。

在强磁场、强电场的环境中，会给声级计的测量带来误差，应当避免在这样的环境中测量；振动传给传声器的膜片，也会影响量测结果，应当尽量避免。

4. 检测标准

(1) 汽车定置噪声的限值

汽车定置噪声的限值见表 10-3。

表 10-3　汽车定置噪声的限值　　dB（A）

<table>
<tr><th rowspan="2">车辆类型</th><th rowspan="2" colspan="2">燃料种类</th><th colspan="2">出厂日期</th></tr>
<tr><th>1998 年 1 月 1 日以前</th><th>1998 年 1 月 1 日以后</th></tr>
<tr><td>轿车</td><td colspan="2">汽油</td><td>87</td><td>85</td></tr>
<tr><td>微型客车、货车</td><td colspan="2">汽油</td><td>90</td><td>88</td></tr>
<tr><td rowspan="2">轻型客车、货车</td><td rowspan="2">汽油</td><td>$n_r \leqslant 4\ 300$ r/min</td><td>94</td><td>92</td></tr>
<tr><td>$n_r > 4\ 300$ r/min</td><td>97</td><td>95</td></tr>
<tr><td>越野车</td><td colspan="2">柴油</td><td>100</td><td>98</td></tr>
<tr><td rowspan="2">中型客车、货车
大型客车</td><td colspan="2">汽油</td><td>97</td><td>95</td></tr>
<tr><td colspan="2">柴油</td><td>103</td><td>101</td></tr>
<tr><td rowspan="2">重型货车</td><td colspan="2">$N \leqslant 147$ kW</td><td>101</td><td>99</td></tr>
<tr><td colspan="2">$N > 147$ kW</td><td>105</td><td>103</td></tr>
<tr><td colspan="5">注：N——汽车发动机额定功率；
n_r——发动机额定转速。</td></tr>
</table>

（2）驾驶员耳旁噪声限值

GB 18565—2001《营运车辆综合性能要求和检验方法》及 GB 7258—2004/XG3—2008《机动车运行安全技术条件》国家标准第 3 号修改单规定，汽车（三轮汽车和低速货车除外）驾驶员耳旁噪声声级不应大于 90 dB（A）。

（3）喇叭噪声级的限值

GB 18565—2001《营运车辆综合性能要求和检验方法》及 GB 7258—2004/XG3—2008《机动车运行安全技术条件》国家标准第 3 号修改单规定，喇叭声级应在 90～115 dB（A）的范围内。

对于营运车辆，该项目为不分级项，即各级车均应达到上述合格标准。

二、技能考核

1. 准备工作

1）教师为考核准备好检测仪器、设备及必要的工具。

2）学生完成对车辆的检查准备工作。

2. 考核实施

1）学生每两人为一组，互为检测员和引车员。

2）小组相互合作完成本任务规定的实操项目，并完成学生实训工单的填写。

3）教师全过程观察学生操作情况，对可能造成仪器、设备等损坏及可能产生人身危险的操作及时制止和纠正，并在教师考核记录表上做必要的记录和评分。

4）教师审阅学生完成的学生实训工单并给出成绩。

5）教师将学生实训工单的成绩填入教师考核记录表内，并合算出总成绩。

习题与思考

一、判断题

(　　)1. 声波作用于大气使大气压强发生变动的变动量称为声压。

(　　)2. 声级计的传声器是用来把被测电信号变换成声信号，也称为话筒，它是声级计的传感器。

(　　)3. 从声级计上得出的噪声级读数，必须注明测量条件，如单位为 dB，且使用的是 A 计权网络，则应记为 dB（A）。

(　　)4. 声级计内设置的一种能够模拟人耳的听觉特性，把电信号修正为与听感近似值的网络，称为计权网络。

(　　)5. 声级计一般具有“快”和“慢”时间计权（电表阻尼）特性，测量时要根据测量规范的要求来选择。例如测量汽车噪声规定用“慢”特性，测量城市环境噪声规定用“快”特性。

(　　)6. 噪声测量时，只有反射波到达声级计经过的路程是直达波到声级计处所经过路程的 3 倍以上时，这个误差才可以忽略不计。

(　　)7. 进行汽车定置噪声测量的场地应为开阔的，由混凝土、沥青等坚硬材料所构成的平坦地面，其边缘距车辆外廓至少 5 m。

(　　)8. 汽车定置噪声测量时，测量场地之外停放的车辆、建筑物、广告牌、树木、平行的墙等，距离传声器不得小于 3 m。

二、选择题

1. 常见的传声器有晶体式传声器、驻极体式传声器、动圈式传声器和(　　)。

A. 电容式传声器　　B. 电流式传声器

C. 电阻式传声器　　D. 电感式传声器

2. 汽车喇叭声级应在(　　)dB（A）的范围内。

A. 90～105　　B. 90～115　　C. 90～125　　D. 90～135

3. 汽车定置噪声检验时，测量场地应为开阔的，由混凝土、沥青等坚硬材料所构成的平坦地面，其边缘至车辆外廓至少(　　)m。

A. 3　　B. 4　　C. 5　　D. 6

4. 汽车定置噪声检验时，测量场地之外的较大障碍物，例如，停放的车辆、建筑物、广告牌、树木、平行的墙等，距离传声器不得小于(　　)m。

A. 3　　B. 4　　C. 5　　D. 6

5. 汽车定置噪声测量过程中，传声器位置处的背景噪声（包括风的影响）应比被测噪声低(　　)dB（A）以上。这里所指的背景噪声是指车辆以外的噪声。

A. 10　　B. 12　　C. 14　　D. 16

6. 汽车定置噪声检验时，每类试验的每个测点重复进行试验，直到连续出现(　　)个读数的变化范围在 2 dB 之内为止，并取其算术平均值作为测量结果。

A. 2　　B. 3　　C. 4　　D. 6

7. 为避免汽车辐射的声音通过建筑物、墙壁或汽车外的类似大型物体的反射成为车内噪声，在进行测量的过程中，汽车与这类大型物体之间的距离应该大于(　　)m。

A. 15　　B. 20　　C. 25　　D. 30

8. 汽车定置噪声测量时，传声器与排气口端等高，在任何情况下距地面不得小于(　　)m。

A. 0.4　　B. 0.3　　C. 0.2　　D. 0.6

三、问答题

1. 为什么要进行汽车噪声的检测？
2. 解释汽车噪声的评价指标的含义。
3. 简要说明声级计的结构与工作原理。
4. 说明汽车定置噪声、驾驶员耳旁噪声和汽车喇叭噪声级检测时，声级计的安置要求。

项目十一　汽车的合理使用

任务目标

1. 知道各种特殊条件下对汽车使用性能的影响。
2. 会使用相应措施来改善汽车在各种特殊条件下的使用性能。
3. 培养良好的安全与卫生习惯和团结协作意识。

任务引入

汽车的使用条件十分复杂，各种不同的使用条件对汽车的使用效果有很大的影响。汽车在不同的条件下使用，各总成部件的工作状况常有显著变化，不同的气候条件和复杂的地域环境会导致汽车的使用性能变化。因此必须对使用上的某些特殊情况，掌握其特点并采取相应的措施，以保证汽车的合理使用。

相关知识

一、汽车走合期的使用

汽车走合期是新车或大修车最开始的运行阶段，汽车走合期的行驶里程随车型的不同而不同，一般在 1 000～2 500 km。

1. 走合期的特点

新车或大修车的零件表面总存在着微观的凹凸不平和宏观的装配质量误差，配合间隙小，润滑油膜不易形成，当运动件间相对运动时，摩擦阻力大，温度高，会产生大量的磨屑，使磨损加剧，极易出现过热、拉缸、烧瓦等故障，应给予高度重视。同时，润滑油也易变质，因此走合期应按规定里程更换发动机油底壳的润滑油。

2. 走合期的使用规定

(1) 减载

走合期的装载质量一般按标准装载质量减载 20%～50%，最大装载质量不超过额定装载质量的 75%。在走合期内，汽车不允许拖挂或牵引其他的机械和车辆。各种车型均有减载的具体规定。

(2) 限速

与限载一样，汽车在走合期内的车速也被加以限制，汽车的最高车速一般不超过其经济车速，轿车发动机的转速不超过 4 200～4 500 r/min，各挡位车速也要按规定严格控制。

(3) 选择优质燃料、润滑油

为避免汽车在走合期内产生爆震，加速机件磨损，应选用辛烷值较高的汽油和尽可能选用优质的黏度较低的润滑油。

(4) 正确驾驶

走合期汽车起动前，应对车辆进行检查。起动后应低速运行，发动机冷却液预热到50℃～60℃再起步。行驶中冷却液温度在 80℃～90℃。起动时，不要猛踩加速踏板。严格控制加速踏板行程，以免发动机高速运转。行驶中要及时变换挡位，以控制车速。尽量选择良好路面，避免紧急制动和使用发动机制动。

(5) 按照规定进行走合期的维护、调整作业

按照走合期维护规定，对车辆进行清洁、检查、紧固和润滑作业。

二、汽车在低温条件下的使用

在低温条件下使用汽车，发动机起动困难，机械磨损严重，热状况不良，燃油与润滑油消耗量增加，轮胎强度减弱，行车条件明显变差。

1. 汽车在低温条件下的使用特点

(1) 发动机起动困难

一般气温在－10℃～－15℃范围时，汽车冷起动即有一定困难。当气温降至－40℃以下时，不经预热，则根本无法起动。

发动机低温条件下难以起动的主要原因：一是发动机润滑油黏度增加，从而加大了曲轴的旋转阻力矩，使发动机起动转速降低，缸内压缩力和温度不足而难以起动；二是随着外界温度的降低，燃油的黏度和密度均变大，难以雾化；三是蓄电池工作能力大为降低，蓄电池在发动机的起动过程中，影响起动机的起动转矩和火花塞的火花强度。

(2) 汽车机械磨损严重

汽车在低温环境中行驶，各总成尤其是发动机的磨损都比较严重。在发动机的使用过程中，50%以上的气缸磨损是在起动过程和发动机初始运转中造成的。而冬季低温下起动，又占其磨损量的 60%～70%。

低温下起动发动机造成机件严重磨损的主要原因是：第一，低温起动时，润滑油黏度大，流动性差，机油泵不能将润滑油及时压送到各运动件摩擦表面，使气缸壁、主轴承及连杆轴承等润滑恶化。第二，燃油气化不良，部分燃油以液态进入气缸，冲刷了气缸壁上的润滑油膜并流入曲轴箱，稀释了润滑油，使润滑油油性减退，降低其润滑性能。第三，由于温度低，发动机工作过程中析出的水蒸气凝附在气缸壁上，并与汽油中的含硫氧化物生成酸，引起腐蚀磨损。第四，低温下，曲轴与连杆轴承的合金、轴瓦与轴颈等膨胀系数不同，使配合间隙变小，而且间隙还变得不均匀，使磨损增加。第五，变速器、主减速器和差速器等传动系各总成的润滑油，在低温下过度黏稠甚至凝固，使其润滑能力变差，甚

至失去润滑能力。如果依靠传动系工作产生的摩擦热量去加热润滑油，则温升时间长，机件处于干摩擦或半干摩擦状态，使零件急剧磨损。

（3）燃料消耗量增加

汽车在低温环境中行驶，发动机工作温度低，升温时间长，摩擦内耗大，其输出功率下降，增大燃料消耗量。如汽油机在冷却水温度为60℃时比在80℃时耗油量约增加3%，水温下降到40℃时，耗油量约增加12%，若降低到30℃时，耗油量则增加到25%。因此，低温起动时要尽量缩短发动机升温到40℃～50℃的时间，这段时间越短越好。

（4）零件材料在低温下的物理性能下降

在－30℃或更低气温环境中，碳钢的冲击韧性急剧下降，硅钢、锰钢等合金钢零件（如钢板弹簧）、铸铁件（如气缸盖、变速器壳等）变脆；锡焊合金焊件在－45℃以下时，易产生裂纹或碎成粉末状，从接头的地方断落。同时，在特别严寒的气候下，汽车上的塑料制品会发生破裂；橡胶轮胎逐渐变脆，当受到冲击，特别是受到尖凸等物体的冲击时，容易产生破损。所以，冬季行车为避免轮胎在低温时遭受冲击损伤，冷起动后应低速行驶几千米，待轮胎温度提高后方可常速行驶。

2. 汽车低温环境下行驶防护措施

（1）加强季节性维护

为适应汽车冬季正常运行的要求，在冬季来临之前，应结合二级维护内容，对全车进行一些必要的季节性检查和调整。

1）冷却系统的检查和维护。对冷却系密封情况，节温器工作情况进行检查；及时清除冷却系的水垢；关闭散热器的百叶窗，盖好发动机保温罩，如图11-1所示；换用冬季防冻液。

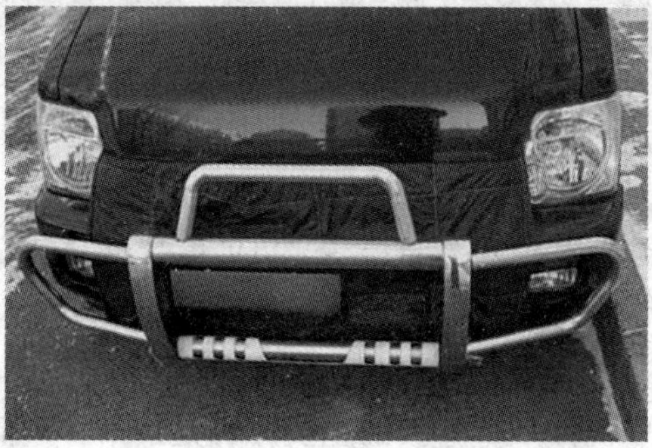

图11-1　发动机保温罩

2）润滑油的维护。在寒冷的冬季，发动机、空气压缩机、机油滤清器等处应换用黏度较低的冬用机油；变速器、差速器、转向器等处清洗、调校啮合间隙后换用冬用齿轮油；清洗轮毂轴承并调整间隙换用标号较低的润滑脂；按规定周期进行检查和维护。

3）蓄电池的维护。冬季气温低，发动机摩擦副间隙会适当变小，加之机油黏度加大，起动所需电流加大，所以要经常检查蓄电池液面高度，将电解液比重调整在1.27～1.31，同时调整发电机调节器，将充电电压调整到比夏季高0.6 V；夜间停驶时最好将蓄电池从车上取下放到温室内；冬季补加蒸馏水后，要及时发动汽车，使水和电解液均匀混合，以防水结冰而冻坏蓄电池。

（2）燃油系统的维护

柴油机在冬季应选用凝点较低的柴油，应根据当地当月最低气温选择。凝点应比环境气温低5℃以上，低温起动可采取预热措施，也可用低温起动液；对汽油机而言，低温起动后要暖车，使油膜不能形成。电喷发动机从快怠速状态的1 200 r/min降至800 r/min的正常怠速后，即可正常行车。

（3）防发动机冻裂措施

冬季最好换用防冻液，若没换用防冻液，则应在出车前后加水和放水。注意加水时要用热水和含矿物质较少的软水，如雨水、雪水等，以防水垢的大量生成；也可在每天放水后将水放入干净的水桶内经沉淀后次日再用，对损失的部分用热水补充即可。对停驶时间短的汽车，应据情况进行间歇发动，以使发动机保持在恒温状态。

（4）防汽车侧滑

在冰雪泥泞道路上行车，轮胎应装上防滑链，拉大前后车距，保持在50 m以上，并严格控制车速在20 km/h以下。同时行车中不得以“前轮侧滑反打方向，后轮侧滑顺打方向”的方法修正方向，以制止侧滑。如图11-2所示为安装了防滑链的车轮。

图11-2　安装防滑链的车轮

（5）防制动效能下降措施

驾驶员应经常清除气压制动储气筒里的冷凝水，长时间停车要将储气筒里的气放掉，及时清除制动鼓上的油液、冰雪、水分、泥污等，保证汽车良好的制动效能。对采用液压制动的汽车，冬季要换冬用制动液，并经常注意检查制动主缸和轮缸的工作情况，检查制动踏板的自由行程，出现变化应及时调整。

（6）挡风玻璃除霜防护措施

1）用甘油和酒精按7∶3或6∶4的比例（体积比）混合组成除霜液或用食盐与甘油混合（体积比2∶1）涂抹于挡风玻璃内侧，气温在－30℃～－20℃时可保持3 h不结冰霜。

2）用冷却系中的防冻液涂于挡风玻璃内侧，除霜效果更佳。

三、汽车在高温条件下的使用

在炎热的夏季，由于气温高、辐射热强，汽车的动力性、经济性及行驶可靠性会变坏，严重时会影响汽车正常行驶。汽车在高温环境里，发动机冷却系的散热温差小，散热能力差，发动机容易过热。夏天，由于外界气温高，发动机冷却液与大气温差变小，导致冷却系散热量变小，使发动机过热，从而会出现一系列的问题。

1. 发动机过热导致的不良现象

（1）发动机的充气系数下降

气温越高，空气密度越小，发动机的实际进气量减少；由于发动机过热，发动机罩内温度更高，发动机充气能力降低。充气系数下降，造成发动机功率下降，使汽车行驶无力。另外，由于充气系数下降，混合气相对变浓，汽车废气中的有害物质（CO、HC、NO_x、碳烟）浓度增大，导致环境污染。

（2）发动机燃烧不正常

大气温度高，进入气缸的混合气温度也高，发动机整个工作循环的温度也高，而散热器的散热效率又低，使发动机处于过热状态，燃烧室内末端混合气接受热量多，加剧焰前反应，容易产生爆燃。另外，过热的发动机使积存于活塞顶部、燃烧室壁、气门顶部及火花塞上的积炭形成炽热点，易造成可燃混合气的早燃。这种不正常的燃烧，加剧了发动机的过热现象，形成恶性循环。气缸体和缸盖易产生热变形甚至裂纹，较为常见的是烧坏气缸垫、气门及气门座。

（3）机油变质

发动机的机油在高温、高压下工作时，使机油的抗氧化安定性变坏，加剧了其热分解、氧化和聚合的过程。机油与燃烧不完全的产物、凝结的水蒸气以及进气中夹带的灰尘混合，引起机油变质。另外，由于机油温度高，黏度下降，使机油变稀，油性变差，机油压力降低，发动机零部件表面不易形成润滑油膜。同时，金属零件由于高温热膨胀较大，零件之间正常配合间隙变小。这些都将加速机件磨损，严重影响发动机的使用寿命。

（4）供油系易发生气阻

气温越高，发动机罩内温度也就越高，越易产生气阻现象。供油系受热后，部分汽油蒸发成气体状态存在于油管及汽油泵中，不仅增加了汽油的流动阻力，同时由于气体的可压缩性，汽油泵出油管中的油蒸气随着汽油泵的脉动压力不断地被压缩和膨胀，破坏了汽油泵在吸油行程中所形成的真空度，造成发动机供油不足甚至中断，形成供油系气阻。这种现象在炎热地区，特别是当汽车满载爬坡或以低速长时间行驶时，更容易发生。

（5）点火系工作不正常

汽车在高温环境中行驶时，因点火线圈过热而使高压火花减弱，容易出现发动机高速断火现象。严重时会使点火线圈烧坏，影响汽车正常行驶。

2. 高温环境对汽车造成的危害

(1) 汽车易发生爆胎

汽车运行时，外界气温高，轮胎散热较慢，而过热则易使气压过高，引起轮胎爆胎。车速越快，轮胎产生的热量越大，越容易发生爆胎。如图 11-3 所示为过热引起的轮胎爆胎。

图 11-3 过热引起的轮胎爆胎

(2) 汽车制动效能下降

汽车的制动效能随着温度的升高而有所下降。液压制动的汽车，制动液在高温下可能产生气阻现象。在经常制动的情况下，制动液温度可达 100℃以上，易导致皮碗膨胀，制动液气阻，致使制动效能下降，影响行车安全。

(3) 蓄电池易损坏

温度高，蓄电池的电化学反应加快，电解液蒸发快，极板易损坏，同时易产生过充电现象，严重影响了蓄电池的使用寿命。

(4) 润滑油性能变差

在炎热的夏季，汽车带负荷连续行驶，变速器、差速器齿轮油的温度会超过 120℃，引起齿轮油变质。另外，汽车润滑脂在高温下易流失（熔点温度一般在 76℃），使润滑效能下降，严重时容易烧坏齿轮和轴承。

3. 防护措施

提高汽车在高温环境下的使用性能应采取以下几点措施：

(1) 加强季节性维护

为了适应汽车夏季正常运行的要求，在夏季来临之前，应结合二级维护对全车进行一些必要的季节性检查与调整。

1) 冷却系的检查与维护：

①对冷却系的密封情况、风扇皮带的松紧度、节温器的工作情况进行检查，并保证系统有充足的冷却液。

②清除冷却系（散热器、水套）的水垢。

③在发动机过热、水箱开锅时，应及时停车降温，且注意不要熄火，防止发动机内部过热而发生拉缸事故。

2）在炎热的夏季，发动机应换用黏度系数高的润滑油，大型载货（客）汽车变速器和差速器应换用厚质齿轮油，应适当缩短换油周期。轮毂轴承换用滴点较高的润滑脂，并按规定周期进行检查与维护。

3）经常检查电解液密度和液面高度。电解液的密度比冬季使用时要小些，应及时补充蒸馏水，并保持通气孔畅通。适当调整发电机调节器，减小发电机的充电电流。

（2）加强轮胎的使用与检查

高温环境下长时间行车必须经常检查轮胎温度，防止胎温过高，必要时，应将车辆停在阴凉的地方降温，待胎温降低后再继续行驶，绝不能采用泼冷水或放气降压的方法降温。行驶中应严格控制车速，并注意加强轮胎的定期换位保养工作。按规定标准对轮胎进行充气，保持气压正常。

（3）防止制动效能下降

液压制动的车辆应选用沸点高（不低于 115℃）的制动液，注意检修制动总泵和分泵，特别是密封皮圈，排除管路中的空气。气压制动的车辆要检查制动软管和分泵皮碗的良好程度，发现问题应及时更换。在行车中如感到制动效能有所下降，应停车检查、降温。另外，也可安装制动毂滴水冷却装置，改善制动毂的散热条件，确保制动良好。

（4）改进散热装置，提高冷却强度

冷却系散热好坏，取决于冷却系统机件是否匹配及设计是否合理。我国幅员辽阔，从寒冷的北方到炎热的南方都使用一种冷却系统就很难适应。因此，可对冷却系某些机件进行适当改进，以提高冷却强度。如增加风扇叶片数、叶片直径或叶片角度，提高风扇转速，以增加风扇对散热器的覆盖面积和通风流量；增加水泵叶轮上的叶片和叶片直径，以提高泵水压力；增大节温器主阀门通道，以加快水的大循环；适当提高散热器盖上压力阀的压力，从而提高冷却水的沸点，达到增加散热器散热量的目的；在散热器旁安装补偿水桶，当冷却水受热膨胀时流入补偿水桶，当温度降低后自动流回散热器，以减少冷却水的损失。

四、汽车在高原和山区条件下的使用

汽车在高原行驶时，由于海拔高、空气稀薄、气压低，发动机充气量少，使汽车动力性和燃料经济性下降。汽车低挡爬坡时，发动机易过热；停车时，发动机又很快冷却。因此，发动机应采取良好的冷却和保温措施。汽车在山区行驶时，换挡、制动和转弯次数多，如图 11-4 所示，底盘机构的载荷大，轮胎磨损大，应适当缩短维护周期。

1. 高原及山区条件下汽车制动系的使用特点

（1）制动效能严重下降

由于山区地形复杂，经常会遇到上坡、下坡、路窄、弯多等问题，所以影响山区行驶安全的主要问题是汽车制动性能。在山区行驶，汽车需要经常制动减速，因此制动系的使用特点是制动频繁，致使摩擦衬片和制动鼓（盘）经常处于发热状态。下长坡时，制动蹄摩擦衬片温度可达400℃左右。在这种情况下，摩擦衬片的摩擦系数急剧下降，严重时可能出现制动失效。此外，摩擦衬片在连续的高温下会磨损加剧并常有碎裂现象。

图 11-4　汽车在山区行驶

（2）前后制动力分配失调，稳定性差

在山区行驶的汽车制动安全性主要存在两个方面的问题，即前轮失去转向能力和后轴侧滑。前者容易发生在坡道、湿路面和超载的情况下；后者容易发生在平路、干路面和空载的情况下。这两个问题造成了汽车前后制动力分配比例上的突出矛盾：第一种情况须防止前轮制动抱死；而第二种情况须防止后轮抱死或提前抱死（后轮比前轮提前抱死超过一定时间间隔）。此外，路面附着特性的变化（山区公路常见现象），道路曲率的变化等也会对汽车制动稳定性产生较大的影响。

（3）气压制动的汽车制动力不足

气压制动在山区使用时，特别是高原山区，因空气稀薄，空气压缩机的生产率下降，供气压力不足，再加上制动次数多，耗气量大，往往不能保证汽车，特别是汽车列车的可靠制动。

（4）制动液易产生气阻

在高原山区行驶的汽车，使用制动频繁，制动器因摩擦而生热，使制动系统温度升高。如使用沸点低的制动液，还会在高温时由于制动液的蒸发而产生气阻，引起制动失灵。

2. 高原及山区条件下对汽车制动系的改进措施

（1）采用ABS制动系统

从总体上来说，采用ABS制动系统可以提高车辆制动的操纵稳定性，提高汽车在山区的行驶安全性。

（2）采用辅助制动器

辅助制动器主要有电涡流、液体涡流和发动机排气制动器。前两种辅助制动器由于体积较大，结构复杂，多用于山区或矿用的重型汽车上，又称电力或液力下坡缓行器。发动机排气制动是一种有效而简便的措施。它是在一般发动机制动的基础上，再在发动机排气管上装一个排气节流阀，当使用排气制动时，切断发动机的燃料供给，关闭排气节流阀，达到降低车速制动汽车的目的。排气制动也属于缓行制动装置，多用在重型汽车上。排气制动可保证各车轮制动均匀，制动功率可达发动机有效功率的 80%～90%。

（3）采用大范围可调制动比例阀

现有的比例阀主要用于防止后轴制动抱死，不能解决前轮制动抱死问题，而一些进口矿用车的前轮制动减压阀，又只能用于防止前轮抱死。比例阀和前轮制动减压阀一般都是固定比例的，不适用于制动工况变化很大的山区情况。因此有必要采用一种从前轮制动减压到后轮制动减压的大范围可调比例阀。

（4）制动鼓淋水

为了防止制动器过热，在下长坡时，对制动鼓外圆进行淋水冷却效果很好，可以基本上防止摩擦衬片的烧蚀现象。但是，这种方法需要有充足的水源，在缺水地区无法使用。此外，经常需要停车加水，增加了驾驶员的劳动强度和降低了运输生产率。

（5）选用合成型汽车制动液

评价制动液高温抗气阻性能的指标是平衡回流沸点。平衡回流沸点是指制动液在测定条件下开始沸腾的温度，平衡回流沸点越高，越不易产生气阻。

（6）采用双缸空气压缩机

为了满足气压制动的供气压力要求，可采用供气量大的双缸空气压缩机。

五、汽车在泥泞道路和冰雪路面的使用

1. 泥泞道路安全行驶技巧

（1）慢慢加油提速

泥泞路面或者有大量积水的路面，行车要缓加速，如果是停车再次启动车辆，加油过快还会导致因轮胎空转而使整个车体左右摇摆。此时，应该立即松开油门踏板，双手紧握方向盘修改方向，车辆前移，慢慢加油提速，确保汽车直线稳定行驶。如图 11-5 所示为在泥泞路面行驶的汽车。

图 11-5　在泥泞路面行驶的汽车

（2）下坡切忌空挡

湿滑路面上坡，急加速和急制动往往都会造成车轮打滑。下坡时则切忌空挡，应根据车速保持相应挡位行驶。如需使用制动则应该持续轻踩踏板，以免长时间踩住制动踏板而导致热效应，使得制动蹄片和刹车盘失去制动力。在非正规路面（柏油和水泥路面以外的路况）上行驶，轮胎打滑的原因多半是加油过多或过急，或者是踩下制动踏板过重，以及弯道路面车速过高。出现轮胎打滑的情况时不要惊慌失措，应该保持镇定，千万不要胡乱扳动方向盘或者干脆彻底丢开方向盘听天由命，绝不能再踩下制动踏板。手动挡车辆此时应该迅速减至低速挡位，利用发动机制动力来降低车速，以免车轮有过量的驱动力，并逐步使四个车轮转动受力平衡，这样车轮可以很快重新拥有地面附着抓地力，车辆便可以正常行驶了。

（3）泥坑自救有方

如果前车轮不慎陷入泥坑，如图 11-6 所示，则需要用小铲子铲开泥坑的边缘，或者使用自备极端泥泞路面垫胎用的铁丝网铺设，“修造”出一个小小的坡路，然后缓缓加油通过。此时急加油导致的结果只能是使泥坑越来越深。

图 11-6　车轮陷入泥坑的汽车

如果坑比较深，而车辆的接近角和离去角又很小，也可以利用路边的平整石块、树枝或者蒿草类植物加垫，如果还是不行，也可以用自己的衣服塞进泥坑。如果车上有同伴，可以让其协助推车，但需注意不要让人站在两只后轮的后方推车，以防止被车轮带出的泥块和石头击伤。如果是越野车，通常使用绞盘进行自救，如图 11-7 所示。

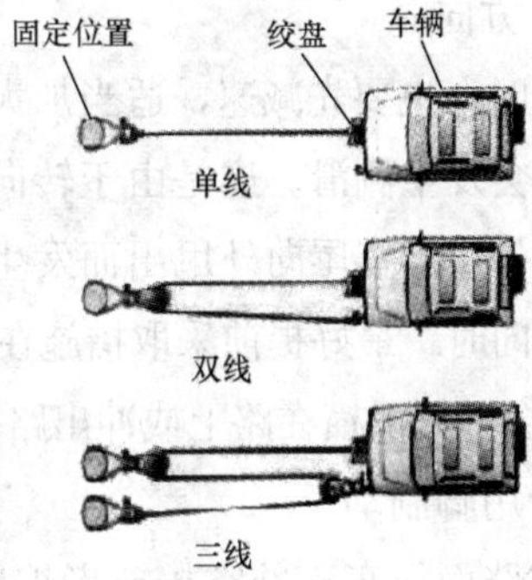

图 11-7　越野车上绞盘的使用

(4) 打滑应急处理

前轮转向不足打滑和后轮侧滑转向过度，都会造成车体后部不能及时摆正行驶路面方向，此时手动挡车应该急速踏下离合器，自动挡车置于“N”挡，让前轮尽可能转向正常行驶方向以增加外侧轮胎的牵引力，使得车身得到正常控制后继续驾驶。

2. 冰雪路面安全行车技巧

(1) 起步时，应缓加油、慢抬离合器

如果在起步时出现车轮打滑的现象，可挂入比平时高一级的挡位，如小轿车可用二挡起步，货车空车用三挡、重车用二挡。离合器松开时比往常要慢，调整传动力的大小最好用半离合的幅度来解决。油门比平时起步时要小，只要发动机不熄火就行。一旦车轮已经转动起来，立即换入低一级挡位，就可以正常加油起步。这些都要求驾驶员换挡动作要快，油门、离合器、挡位配合要准确。特别是在坡路上起步，一旦起步发生侧滑，要充分利用紧打方向的办法来纠正。具体的办法是：前轮驱动的车型侧滑时，立即停止起步，稍微往后溜一点，让前轮躲开平滑的位置重新起步；后轮驱动的车型，车尾向左侧滑，方向就向左打，车尾向右侧滑，方向就向右打，这样可以抵消一部分侧滑力，待车身顺直以后，同时回正方向盘，再慢慢起步就行了。按照以上的做法，如果汽车仍不能起步，应当在驱动轮下铺撒沙土、炉灰或杂草等物，增加车轮的附着力；如果车辆起步后出现溜车的情况，要及时踩下制动踏板停车，然后重新起步。

(2) 在行车中，要始终保持低速平稳驾驶

由于制动距离会随着车速的提高而加大，所以控制车速和与前车保持较大的安全距离是在冰雪路面行车的关键。一般来说，城市道路应控制在 10 km/h 的速度，郊区普通公路也不应该超过 15 km/h，要视道路和交通环境而定。对于保持较大的安全距离，具体地说，多高的行驶速度，就要保持多长的安全行车距离，如以 30 km/h 的速度，就要保持 30 m 长的距离。因为驾驶员从发现情况到踏下制动踏板的时间最快也要 0.03 s，而机械反应时间也需要 8.33 m 的距离。所以，如果车辆行驶速度过快，两辆车之间的安全距离短，一旦遇到紧急情况后果不堪设想。

(3) 忌急打方向

当需要转向时，也要先减速，适当加大转弯半径并慢打方向盘。双手握住方向盘，操作要缓和，否则就会发生侧滑。这是由于转向过猛、转向轮横向偏移，造成车辆前轮阻力突然加大，在惯性的作用下车尾向外甩出而发生的现象。特别是在山区的公路上，有时冰雪路面是间断的，打方向时，最好提前采取措施在间断处完成。如果在冰雪路面急打方向，如图 11-8 所示，很可能会因侧滑横在路上或冲出路基而发生重大交通事故。

(4) 尽量少用脚制动

因为在冰雪路面行车不准空挡或者熄火滑行，所以需要减速停车时，应先利用发动机的“牵阻”制动进行减速，使发动机转速迅速下降，迫使驱动轮转速降低。无论是否带有防抱死制动系统的车型都应该这样做。比如，车辆用 4 挡行驶时，先将右脚从油门踏板松

开放到制动踏板上，左脚迅速踩离合器，将挡位换到 3 挡，遇紧急情况也可以直接从 4 挡换到 2 挡甚至 1 挡，然后抬起离合器，右脚再轻轻反复踩踏制动踏板慢慢停车。

图 11-8　冰雪路面急打方向

（5）超车要有学问

冰雪路面上行车最好不要超车，跟在前车后面谨慎行驶。因为前面的车已将雪地轧出了冰辙，所以要格外小心。最好让冰辙夹在两轮之间绕过去。如果要超车必须变更车道时，千万不要急打方向盘，应缓慢地驶出冰辙后再超过去。同时还要注意观察欲变更车道前后车辆的距离。可以超车时，先打开转向灯，多看相应方向的后视镜，确认没有危险时再变更车道。如果车辆陷在雪中走不了，在不影响其他车辆安全行驶的情况下，可以挂上倒挡，轻踩油门和离合器慢慢往后倒车，离开打滑区域后再向前行驶。

（6）应保持车辆前后风挡玻璃的良好视线

雪天行车之前，首先要检查雨刮器是否正常，玻璃水是否充足，因为车顶上的雪融化后会从前风挡玻璃上流下来，前车行驶中甩起来的泥污也会溅到风挡玻璃上，这时，就要喷玻璃水用雨刮器刷干净，以便保持良好的行车视线。行车中，还要把后风挡玻璃的电热除霜器打开，如果后风挡玻璃结雾会阻碍后视镜的视线，驾驶员不好判断后面车辆的情况。前风挡玻璃和反光镜两侧的玻璃上如果结雾了，可以打开车内的暖风开关，大风量吹散玻璃上的雾气，千万不可手里拿着棉布或毛巾等物擦拭玻璃上的雾气，以免发生交通事故。

（7）会车时要保持较大的横向安全距离

冰雪路面行车进出主路、通过十字路口、左右转弯、双方会车，以及遇有行人和自行车时，要充分顾及他人，礼貌让行，始终保持较大的横向安全距离。特别是一些新司机或骑车人行驶速度缓慢时，应该多谅解，一般不要鸣笛催促，否则会给他人精神上造成恐慌。有时，自行车和行人可能会在混合路段的非机动车道内或胡同的两侧，因路滑不慎摔倒，驾驶员宁可停车让行，也不要抢道行驶，随时避免可能发生的人身伤亡事故。

（8）一定要保持良好的心理状态

对于那些有经验的老司机来说，冰雪路面虽然不可怕，但也要谨慎慢行，分不同情况具体处理就行了。而冰雪路面对新司机而言确实是一个考验。常言道“以柔克刚”，驾驶车辆的各种操作动作要温柔。尤其是在坡度较大的立交桥上行驶，上下坡难度大、易熄火，新司机可改走辅路，避免多次上下桥区行驶的危险。一定切记遇上突发紧急情况千万不要惊慌失措，更不要做过激的动作，应该做到头脑沉着冷静，按照自己的分析判断，果断处理。

任务实施

从汽车的结构和使用的特点，分析改善汽车在各种特殊条件下使用的技术措施。

习题与思考

1. 汽车在走合期必须遵守哪些规定？
2. 低温条件对发动机起动有何影响？应采取哪些技术措施？
3. 汽车在高温条件下使用时应采取哪些技术措施？
4. 高原山区对发动机性能有何影响？
5. 简述在泥泞道路和冰雪路面安全行车的技巧。

参 考 文 献

[1] 张飞，等．汽车使用性能与检测［M］．北京：清华大学出版社，2019.
[2] 李兴卫．汽车使用性能与检测［M］．成都：西南交通大学出版社，2016.
[3] 曾国文．汽车使用性能与检测（第二版）［M］．北京：中国劳动社会保障出版社，2017.
[4] 巩航军．汽车使用性能与检测技术（第二版）［M］．北京：人民交通出版社，2017.
[5] 杨益明．汽车使用性能与检测技术（第三版）［M］．北京：人民交通出版社，2016.
[6] 河南省职业技术教育教学研究室．汽车使用性能与检测［M］．郑州：大象出版社，2014.
[7] 吴兴敏．汽车整车性能检测［M］．北京：北京理工出版社，2013.